审判中心主义视角下的
刑事证据制度改革研究

李明辉　李育侠 / 著

重庆大学出版社

内容提要

审判中心主义是一种建立在马克思主义哲学的理论基础之上、结合中国司法实践的具体情况并以实现依法治国的伟大方略为目标的科学诉讼观和方法论,旨在纠正原来司法实践中存在的侦查中心主义的弊端和倾向,建立科学、合理的司法证据制度,保障法官裁判的真实和正确,维护社会的公平与正义。刑事证据制度是刑事诉讼制度的重要组成部分,是认定案件事实和作出正确裁判的关键和核心,证据制度是否科学、合理直接决定着审判中心主义能否实现,关系着以审判为中心的诉讼制度的建立。因此,想要实现审判中心主义,建立以审判为中心的诉讼制度必须首先对我国的刑事证据制度进行改革,使其符合审判中心主义的要求,本书即以此为主线而展开。本书第一章为我国实行审判中心主义的背景,旨在从时代、实践和哲学三个方面说明实行审判中心主义的必要性;第二章为审判中心主义在证据制度上的要求,紧扣本书主旨,分析在审判中心主义背景下对于证据制度有哪些原则性要求,从而为后面刑事诉讼不同阶段的证据制度改革提供前提和奠定基础。后面三章,即第三、四、五章分别从侦查、起诉和审判三个阶段分析了当前证据制度上存在的问题,然后提出了改革和完善的措施。

图书在版编目(CIP)数据

审判中心主义视角下的刑事证据制度改革研究／李明辉,李育侠著. -- 重庆:重庆大学出版社,2020.6
ISBN 978-7-5689-2246-3

Ⅰ.①审… Ⅱ.①李…②李… Ⅲ.①刑事诉讼—证据—司法制度—体制改革—研究—中国 Ⅳ.①D925.213.4

中国版本图书馆 CIP 数据核字(2020)第 107266 号

审判中心主义视角下的刑事证据制度改革研究
SHENPAN ZHONGXIN ZHUYI SHIJIAO XIA DE XINGSHI ZHENGJU ZHIDU GAIGE YANJIU
李明辉 李育侠 著
策划编辑:鲁 黎

责任编辑:文 鹏 王 倩 版式设计:鲁 黎
责任校对:张红梅   责任印制:张 策

*

重庆大学出版社出版发行
出版人:饶帮华
社址:重庆市沙坪坝区大学城西路21号
邮编:401331
电话:(023)88617190 88617185(中小学)
传真:(023)88617186 88617166
网址:http://www.cqup.com.cn
邮箱:fxk@cqup.com.cn(营销中心)
全国新华书店经销
POD:重庆俊蒲印务有限公司

*

开本:787mm×1092mm 1/16 印张:11.5 字数:247 千
2020 年 6 月第 1 版 2020 年 6 月第 1 次印刷
ISBN 978-7-5689-2246-3 定价:68.00 元

前　言

　　司法是维护社会公平正义的最后一道防线，如果这道防线都崩塌了，那么人民的各种权利必然无法得到保障，社会的公平正义必然无法得到维持，我国社会主义建设必然受到影响。近几年，我国曝光了一些在社会上引起重大影响的冤假错案，由此暴露了国家刑事诉讼制度中存在的诸多问题。因此，我国一直在持续不断地进行司法改革，修改、完善和创制各种刑事诉讼制度，保护人民的生命、财产和自由，维护国家的安全和社会的稳定。

　　刑事司法改革是我国司法改革的重要组成部分，刑事司法改革的成功能够推动和促进司法改革整体的成功，所以刑事司法改革在司法改革中占有重要地位，发挥着重要作用。因此，我国特别重视对于刑事司法改革，出台了一系列文件，以保障刑事司法改革的成功。《最高人民法院关于以审判为中心的刑事诉讼制度改革的实施意见》、"两高三部"《关于办理刑事案件严格排除非法证据若干问题的规定》，以及最高人民法院关于庭前会议、排除非法证据、法庭调查"三项规程"等一系列制度密集出台，筑牢了防范冤假错案的制度基础和程序防线，诉讼证据出示在法庭、案件事实查明在法庭、控辩意见发表在法庭、裁判结果形成在法庭，已逐渐成为刑事审判新常态。

　　众所周知，刑事诉讼程序存在着多个阶段，多个国家机关或部门参与刑事诉讼活动，导致刑事司法制度相对比较复杂，必然会造成刑事司法改革也相对比较复杂。那么，在这种权力交错和纷繁复杂的刑事司法改革中，要想取得改革的成功，必须抓住问题的核心和关键。刑事诉讼活动分为侦查、起诉、审判和执行等不同阶段，不同阶段存在相应的国家权力，相应的国家权力分别掌握在相应的国家机关或部门手中，不同阶段的活动存在着前后相继、互相配合和互相制约的关系。这些机关或部门如果能依法实施各自的权力，全面落实各自的任务和职责，妥善处理好相互之间的关系，就能实现刑事诉讼的目标。但是，如果各个机关或部门之间的关系处理不好，则会直接影响刑事诉讼活动的效果。

　　党的十八届四中全会提出，推进以审判为中心的诉讼制度改革，确保侦查、审查起诉的案件事实证据经得起法律的检验。2016 年 10 月 11 日最高人民法院、最高人民检察院、公安部、国家安全部、司法部发布实施《关于推进以审判为中心的刑事诉讼制度改革的意见》。推进以审判为中心的诉讼制度改革，是我国司法改革进入攻坚阶段后中央提出的重大司法改革部署，是新时期改革完善刑事诉讼制度的指导纲领。习近平总书记在《关于〈中共中央关于全面推进依法治国若干重大问题的决定〉的说明》中强调，"这项改革有利于促使办案人员增强责任意识，通过法庭审判的程序公正实现案件裁判的实体公正，有效防范冤假错案产生"，充分说明了推进以审判为中心的诉讼制度改革具有的重大价值和非常意义。

与"以审判为中心的诉讼制度"密切相关的另外一个概念是学者们提出来的"审判中心主义"，但审判中心主义的含义要比当前司法机关诠释的"以审判为中心"的内涵更为丰富，其对司法改革的指导意义更强。"以审判为中心"实际上是"以庭审为中心"。审判中心主义的含义包含但不限于"以庭审为中心"，审判中心主义是将审判作为整个诉讼的中心环节来看待的。据此，法院具有至高无上的权威，其他诉讼主体尊重并服从法官的裁决。诉讼过程的前置程序服务于审判，成为审判的准备活动。①

总而言之，在审判中心主义的指导下，必须贯彻两项基本原则：一是法院在刑事诉讼中处于中心地位，二是刑事证据制度是刑事司法改革的关键和重点。因此，本书取名《审判中心主义视角下的刑事证据制度改革研究》，旨在研究如何通过改革刑事证据制度以实现法院的中心地位，从而全面落实刑事诉讼既要打击犯罪，又要保障人权的根本目的。通过各级法院的审判活动，真正发挥审查和认定证据的作用，从而真实准确地认定案件事实，正确地适用相关法律，科学、合理地进行裁判，最大限度地避免冤假错案，确实有效地维护社会的公平正义。这是作者进行刑事证据制度改革研究的初衷！

本书由李明辉、李育侠撰写。其中，第一、二章由李育侠撰写，第三、四、五章由李明辉撰写。全书由李明辉审稿、统稿。

由于作者水平所限，错漏之处在所难免，敬请读者批评指正！

谨识

2019 年 12 月

---

① 张建伟. 审判中心主义的实质内涵与实现途径 [J]. 中外法学, 2015, 27 (4)：861-878.

目 录

第一章　我国实行审判中心主义的背景 ………………………………… 1

　　第一节　我国实行审判中心主义的时代背景 ……………………… 1

　　第二节　我国实行审判中心主义的实践背景 ……………………… 14

　　第三节　我国实行审判中心主义的哲学背景——以马克思主义的矛盾论为例

　　　　　　……………………………………………………………… 22

第二章　审判中心主义在证据制度上的要求 …………………………… 30

　　第一节　法院最终认定一切证据的效力 …………………………… 30

　　第二节　证据的审查判断在法庭上完成 …………………………… 41

　　第三节　以直接言词原则认定证据效力 …………………………… 53

　　第四节　全面贯彻证据认定事实的规则 …………………………… 65

第三章　侦查阶段的证据制度改革 ……………………………………… 76

　　第一节　侦查终结的事实认定标准 ………………………………… 76

　　第二节　建立健全符合裁判要求、适应各类案件特点的证据收集指引 … 84

　　第三节　建立侦查阶段录音录像制度 ……………………………… 91

　　第四节　统一司法鉴定标准和程序 ………………………………… 102

　　第五节　完善见证人制度 …………………………………………… 108

　　第六节　建立重大案件讯问合法性核查制度 ……………………… 113

　　第七节　完善补充侦查制度 ………………………………………… 117

第四章　审查起诉阶段的证据制度改革 ·············· 122

　　第一节　建立人民检察院退回补充侦查引导和说理机制 ·············· 122

　　第二节　强化人民检察院庭前准备和当庭讯问、举证、质证 ·············· 133

　　第三节　健全人民检察院对侦查机关移送证据的审查核实制度 ·············· 141

第五章　审判阶段的证据制度改革 ·············· 149

　　第一节　健全庭前证据展示制度 ·············· 149

　　第二节　规范法庭调查程序 ·············· 155

　　第三节　落实鉴定人、侦查人员出庭作证制度 ·············· 161

　　第四节　完善证人保护、出庭、补助制度 ·············· 167

　　第五节　严格落实依法依证裁判规则 ·············· 174

第一章 我国实行审判中心主义的背景

第一节 我国实行审判中心主义的时代背景

审判中心主义的提出与我国目前推进的依法治国以及司法制度改革密不可分，这是审判中心主义提出的时代背景。

一、实行审判中心主义是依法治国的基本要求

（一）依法治国基本方略的提出

依法治国方略，西方早已有之并一直传承至今。在古希腊时期，亚里士多德就指出，"法治应包含两重意义：已成立的法律顾问获得普遍的服从，而大家普遍服从的法律又应该本身是制定得良好的法律"①。自从西方开启了法治传统之后，法治的理念就被西方人接受并扎根于他们的心中，经过历史的浇灌和风雨的洗礼，法治之花早已绽放并长盛不衰。

泱泱华夏，文明古国，曾经有过极度的昌盛和繁荣，也曾经有过难以磨灭的衰落和屈辱。中华民族开始就以"人治"立国，没有"法治"的历史和传统。自从1840年鸦片战争以来，不少炎黄子孙开眼看世界，开始对"法治"进行了孜孜以求的追寻和探索。然而不幸的是，维新变法失败，中国人尝试"法治"之路遭遇重创。"法治"之路真正的开始，应该是在新中国建立之后。

依法治国基本方略的确立，是中国共产党领导人民对国家管理方式进行的一次有

---

① 亚里士多德. 政治[M]. 吴寿彭，译. 北京：商务印书馆，1965：199.

益探索和尝试，是对以前落后的旧的"人治"模式的抛弃和否定。中华人民共和国建立以后，在中国共产党的英明领导下，我国逐步确立了"法治"这种相对比较先进的科学的管理模式。确立"依法治国"的基本方略并非是一蹴而就的，而是经历了一个长期的循序渐进的过程。在确立依法治国基本方略的过程中，国家领导人的讲话、中共中央会议以及全国人大会议都发挥了重要作用。

1. 国家领导人讲话

新中国成立后，国家领导人在不同的历史阶段均曾有过关于依法治国的论述，这些论述对我国依法治国基本方略的确立都发挥了重要作用，它们在政策上为依法治国指明了前进的方向，在思想上为依法治国奠定了坚实的基础。

1978年邓小平同志明确提出："为了保障人民民主，必须加强法制。必须使民主制度化、法律化，使这种制度和法律不因领导人的改变而改变，不因领导人的看法和注意力的改变而改变。"① 在党的十一届三中全会召开前的中央工作会议上，邓小平同志强调：为了保障人民民主，必须加强法制，使民主制度化、法律化，做到有法可依，有法必依，执法必严，违法必究。邓小平同志的这段谈话，用16个字准确而简洁地把健全法制的基本要求概括了出来，这是他民主与法制思想基本精神的核心，成为我国依法治国基本方略的基础理论。

1996年2月，江泽民同志在中共中央举办的法制讲座上明确提出"坚持依法治国"。最初在国家正式文件中的表述是"依法治国，建设社会主义法治国家"。② 这是新中国成立之后，第一次正式提出"依法治国"的概念，并将其作为建设有中国特色的社会主义政治的重要内容；对建设社会主义法治国家今后一个时期内需要解决的一系列重大而突出的问题作了全面的规定，并郑重地将这一治国方略和奋斗目标记载在党的纲领性文件中。这是对邓小平理论的运用、丰富和发展。它标志着我国社会主义法制建设进入了一个新的发展阶段。

2004年9月，胡锦涛同志在首都各界纪念全国人民代表大会成立50周年大会上讲话时强调："必须坚持依法治国的基本方略，不断推进建设社会主义法治国家的进程。""依法治国，前提是有法可依，基础是提高全社会的法律意识和法制观念，关键是依法执政、依法行政、依法办事、公正司法。依法治国首先要依宪治国，依法执政首先要依宪执政。"③

---

① 邓小平. 解放思想,实事求是,团结一致向前看[M]//邓小平文选(第二卷). 北京:人民出版社,1994:146.

② 中华人民共和国国民经济和社会发展"九五"计划和二〇一〇年远景目标纲要[M]//十四大以来重要文献选编(中). 北京:人民出版社,1997:1890.

③ 胡锦涛. 在首都各界纪念全国人民代表大会成立50周年大会上的讲话[M]//中共中央文献研究室. 十六大以来重要文献选编(中). 北京:中央文献出版社,2006:224-225.

习近平总书记在首都各界纪念现行宪法公布施行三十周年大会上的讲话中明确提出，坚持依法治国、依法执政、依法行政共同推进，坚持法治国家、法治政府、法治社会一体建设。2014年4月，习近平总书记在中央政治局第十四次集体学习发表重要讲话时指出，要全面推进依法治国，更好维护人民群众合法权益。引导群众通过法律程序，运用法律手段解决各类社会矛盾，推动形成良好的社会环境，即办事依法、遇事找法、解决问题用法、化解矛盾靠法。

2. 中共中央会议

1993年，党的十四届三中全会通过的《中共中央关于建立社会主义市场经济体制若干问题的决定》提出："各级政府都要依法行政，依法办事。"这是第一次在党的正式文件中提出"依法行政"，将法治政府建设作为法治建设的重点，进一步丰富了依法治国的内涵。

2002年11月，党的十六大明确提出了全面建设小康社会的奋斗目标，提出"社会主义民主更加完善，社会主义法制更加完备，依法治国基本方略得到全面落实"；指出"发展社会主义民主政治，建设社会主义政治文明，是全面建设小康社会的重要目标"；强调"发展社会主义民主政治，最根本的是要把坚持党的领导、人民当家作主和依法治国有机统一起来。党的领导是人民当家作主和依法治国的根本保证，人民当家作主是社会主义民主政治的本质要求，依法治国是党领导人民治理国家的基本方略"[①]。

2003年2月，党的十五大报告第一次深刻地阐述了依法治国的含义，把依法治国确定为党领导人民治理国家的基本方略，提出了"依法治国，建设社会主义法治国家"的历史任务。从此以后，国家治理的基本方略就正式被提出，这就是依法治国。依法治国方略的提出具有里程碑的意义。因为它标志着党在执政理念和领导方式上实现了一次历史性跨越，这是党在全面总结与升华治国理政经验的基础上提出来的，为我国此后的国家治理和社会治理指明了方向。

2004年，党的十六届四中全会提出了"科学执政、民主执政、依法执政"的理念，把法治作为中国共产党治国理政的基本方式。这表明我们党深刻理解在新的历史时期必须实现执政方式的根本转变，把法治作为治国的基本方式。

2012年11月，中国共产党第十八次全国代表大会确立了依法治国的新任务和新目标。国家在2020年全面建成小康社会时，实现"依法治国基本方略全面落实，法治政府基本建成，司法公信力不断提高，人权得到切实尊重和保障"。在提出实现2020年全面建成小康社会的宏伟目标的同时，提出"依法治国"这一战略目标，进一步突出了依法治国的重要性。

---

① 江泽民. 全面建设小康社会,开创中国特色社会主义事业新局面[M]//江泽民文选:第三卷. 北京:人民出版社,2006:543,553-29.

2014 年，中共十八届四中全会专题研究并通过了《中共中央关于全面推进依法治国若干重大问题的决定》，全面规划和部署了中国特色社会主义法治建设。党的十八届四中全会提出了全面推进法治的重大战略任务，本次全体会议《决定》进一步深化了党的十五大报告提出的"依法治国，建设社会主义法治国家"伟大方略，这表明中国的社会主义法治进入了一个新的历史阶段。

党的领导、人民当家作主、依法治国三者是有机统一的，并且得到了全面加强，科学立法、严格执法、公正司法、全民守法也得到了深入推进，从而使得全社会的法治观念有了明显增强，法治国家、法治政府、法治社会建设开始相互促进，具有中国特色的社会主义法治体系日益完善，法治建设开启了新的征程。

党在不同历史时期召开的会议深刻表明，依法治国是党领导人民治理国家的基本方略；依法执政是党执政的基本方式。以习近平同志为核心的党中央在治国理政的实践中，高度重视全面依法治国。实施全面依法治国基本方略是国家治理方式的一场深刻革命，它在我们党领导社会主义法治建设的历史上有着长期的实践探索和经验积累，对于新时代发展中国特色社会主义具有长远战略意义。

3. 全国人大会议

1991 年 3 月 2 日，第七届全国人大常委会第十八次会议通过的《关于深入开展法制宣传教育的决议》中规定："进一步提高广大干部群众的法制观念，保障宪法和法律的实施，坚持依法办事，促进依法治国和依法管理各项事业。"

1996 年 3 月，八届全国人大四次会议通过的《国民经济和社会发展"九五"计划和 2010 年远景目标纲要》明确规定："依法治国，建设社会主义法治国家。加强立法、司法、执法、普法工作。坚持改革、发展与法制建设紧密结合，继续制定实施与经济社会发展相适应的法律法规。加强和改善司法、行政执法和执法监督。坚决纠正有法不依、执法不严、违法不究、滥用职权等现象，建立对执法违法的追究制度和赔偿制度。以廉政建设、整顿纪律、严肃执法的重点，加强司法、执法队伍建设，全面提高政治和业务素质。继续深入开展法制宣传教育，提高全民族的法律意识和法律观念，特别是提高广大干部依法行政、依法管理的水平和能力。各级政府和国家公务员都要依法管理经济和社会事务。"[①]

1999 年 3 月，全国人民代表大会对 1982 年宪法进行修改，将法治与法治国家予以宪法确认："中华人民共和国实行依法治国，建设社会主义法治国家。"依法治国是社会主义现代化建设的一个根本任务和原则，也是建设中国特色社会主义政治的一个基本目标。

---

① 中华人民共和国第八届全国人民代表大会第四次会议文件汇编[M]. 北京:人民出版社,1996:103.

2011 年 1 月 24 日，全国人大常委会召开座谈会，主题是关于中国特色社会主义法律体系的形成，这次会上宣布到 2010 年中国特色社会主义法律体系已经如期形成。到目前为止，国家经济建设、政治建设、文化建设、社会建设以及生态文明建设的各个方面都有了全面而充分的法律依据。这是中国社会主义民主法制建设史上的一个重要里程碑，也是中国特色社会主义制度逐步走向成熟的标志。

现代国家的一个重要标志是法治，国家治理能力中最重要的能力是法治能力，国家治理现代化的一个重要标志是法治化，国家治理现代化的核心内容也是法治化。因此，为了实现国家治理体系和治理能力现代化这一目标，必须全面提升法治能力和法治化，即推进依法治国方略的具体落实，这是当前全面深化改革的重点之一。而要实现依法治国基本方略，历史经验表明，必须全面坚持中国共产党的领导，坚定不移地走中国特色社会主义法治道路，这是中国特色社会主义最本质的特征，也是不断推进社会主义法治建设成功的最根本保证。我国社会主义法治建设形成了一条基本经验，要想建设一个富强、民主、文明、和谐的社会主义现代化国家，必须坚持社会主义法治，唯此才能保障中国人孜孜追求的梦想的实现。

（二）提出依法治国基本方略的原因

1. 依法治国是中外历史经验的总结

中国是一个缺乏法制传统的国家，法制基础比较薄弱。正如邓小平所说："旧中国留给我们的，封建专制传统比较多，民主法制传统很少。"从历史发展过程来看，几千年的封建专制集权体制对中国社会的发展影响是深远和巨大的。专制主义中央集权制度是建立于封建经济基础之上的。封建经济的分散性要求有一个强有力的中央集权来维护国家统一和社会稳定，以保障封建经济的发展。封建地主阶级为维持统治，需要一个强有力的政权来镇压农民的反抗，巩固自己的统治地位。分散的个体小农，也需要依赖政治上强大的力量，以稳定社会，抵御外敌和抗击大的灾害。专制主义中央集权制度是与中国封建生产方式相适应的。作为封建国家的管理体制，其承担着两方面的国家职能：一方面压迫、剥削、镇压人民，另一方面也履行着组织公共事务的职能。

当然，封建专制在历史的发展中曾经起过积极的作用，主要表现在：它促进了统一多民族国家的形成和发展，巩固了国家统一，为封建经济的发展创造了条件，也有利于民族融合，使中国产生了高于同一时期世界上其他国家的物质文明和精神文明。但是，由于这种制度又往往取决于君主个人政治品质的优劣，其消极作用在封建社会后期越来越大，特别是明清以后，阻碍了资本主义萌芽的发展和社会的变革，禁锢了人们的头脑，造成了生产力的停滞。这也是中国长期停滞于封建社会的重要政治原因。因此，要推动社会向前发展，消除封建专制的统治就成为历史的必然，而代之以治理国家的有效方式，就是变人治为现代法治，实行依法治国。

从西方的历史来看，西方资本主义国家已经有长达几百年的法治历史，建立起了比较成熟完备的法治社会，同时也积累了许多对人类社会有益的文明成果和成功经验。早在古希腊时期，柏拉图、亚里士多德等就曾针对法治进行过专门的论述，为实行法治奠定了深厚的思想基础和理论基础。古希腊思想家的法治理念为古罗马的统治者继承、运用和发展，在西方历史上形成了影响深远的罗马法传统。欧洲中世纪时，封建政权和教会进行双重的专制统治，阻碍了资本主义经济的发展，严重侵害了各国人民的自由和财产权利。经过文艺复兴和启蒙运动的思想洗礼，各国纷纷掀起了资产阶级革命。革命胜利后，西方资本主义国家纷纷建立了民主政体，从此以后西方社会确立了法治传统并一直延续至今。法治是西方人民经过历史的比较而作出的慎重选择，它在很大程度上维护了西方社会的和谐与稳定，促进了资本主义经济的繁荣和发展，保障了广大人民的财产、生命和其他权利。

因此，习近平总书记指出："人类社会发展的事实证明，依法治理是最可靠、最稳定的治理。"新中国成立以后，中国民主和法制建设一度有过长足的发展，但由于"左"的指导思想，民主法制建设遭遇了重大挫折。邓小平同志在回答外国记者提问时说："我们这个国家有几千年封建社会的历史，缺乏社会主义的民主和社会主义的法制。现在我们要认真建立社会主义的民主和社会主义的法制。只有这样，才能解决问题。"

2. 依法治国是市场经济发展的需要

我国原来的经济体制属于计划经济，计划经济的主要特征是通过计划进行资源配置，计划由政府制定和实施，依靠行政手段维系经济关系。计划经济体制下，经济自身的价值规律、竞争规律等不被尊重，经济权力高度集中，法律手段丧失了独立的品格，计划经济内在地要求人治而不是法治。为了促进经济的繁荣和发展，我国进行了经济体制改革，由计划经济体制转变为市场经济体制。市场经济的本质特征是以市场需要为标杆进行生产和交易，实现各类资源的优化配置。而要实现这一目的，首先必须保证经济主体的自由、平等和民主，其次必须保证市场交易的安全和有序，此外还需保证竞争的公开、公平和规范。

凡此种种，都是市场经济的内在要求。这些要求的满足，除了依赖经济规律来运作外，同时必须依赖法律手段来维系，客观上要求法律的规范、引导、制约、保障和服务。可见，市场经济内在地要求"法治"而不是"人治"。特别是我国已经加入世界贸易组织，我国经济的发展更加需要国际规则与法律的约束和保障。因此，只有实行依法治国，才能充分发挥社会主义市场经济的优势，维护市场经济秩序，促进市场经济的健康有序发展，最大限度地调动亿万人民创造财富的积极性，推动生产力不断向前发展，从而实现全面建设小康社会的宏伟目标。

3. 依法治国是社会和谐稳定的保障

凡是有人类的地方，必然会有争议或纠纷。若纠纷得不到妥善解决，则极有可能恶化而发展为暴力冲突，以致威胁社会的和谐与稳定。而法律自古以来就具有"定分止争"之功能，不管解决何种矛盾或冲突，必须以法律作为判断是非对错的标准。依法治国的本质特征就是法律至上，唯法是从。法律面前人人平等，任何人都没有超越法律之外的特权。虽然我们在改革开放中取得了伟大成就，但也遇到了一些新的矛盾和问题，存在不少不安定因素。国家稳定、社会和谐是人民的最高利益。法治是解决社会矛盾、促进社会和谐的有效手段。

胡锦涛总书记指出，我们所要建设的社会主义和谐社会，应该是民主法治、公平正义、诚信友爱、充满活力、安定有序、人与自然和谐相处的社会。由此可见，法治和民主共同构成了社会主义和谐社会的首要特征。只有加强依法治国，才能较好地处理社会各种关系，调整社会各种利益，解决纷繁复杂的社会矛盾，促进社会和谐。历史教训表明，没有法治，就难以保障人民的各项权利；没有法治，就难以保证国家的长治久安，就容易出现社会动乱。所以落实好全面依法治国，对维护社会和谐稳定、实现社会公平正义具有重大意义。

4. 依法治国是人权保护的有效途径

人权是一个含义相对比较广泛而又抽象的概念，目前学术界对这一概念的内涵与外延尚未达成完全一致的意见。但是，一般认为，所谓人权，就其完整的意义而言，就是人人自由、平等地生存和发展的权利，或者说，就是人人基于生存和发展所必需的自由、平等权利。提出人权的根本目的是使人能够有尊严地活着，为了实现这一目的，人权应该包含生命权、财产权、发展权等诸项内容。我国一向重视人权的保护和发展。从国务院新闻办公室发表的《2014 年中国人权事业的进展》白皮书可以看到：中国的人权事业，正稳步朝着好的方向发展，并取得了扎实的进步和崭新的成就。

实施依法治国是为了更好地保障人权，全面依法治国则是为了让人权得到更好更全面的保障。尊重和保障人权是法治建设的核心价值，贯穿于法治建设的各个环节，是法治建设的根本目标，而法治又是人权保障最有效的手段。我们相信，随着全面依法治国的持续推进，中国人权事业的发展将更加扎实，将取得更大的成就。中共中央以及司法部门对我国的人权事业非常重视，制定系列政策和文件促进我国人权的保护和发展。

党的十八届四中全会通过了《中共中央关于全面推进依法治国若干重大问题的决定》（以下简称《决定》），《决定》不仅明确提出了"加强人权司法保障"的要求，而且对依法治国的其他方面和环节如何加强人权保障也进行了部署。2016 年《关于推进以审判为中心的刑事诉讼制度改革的意见》关于切实保障人权有了许多新的制度设计，如贯彻了罪刑法定、疑罪从无、证据裁判等原则，明确了审判程序在刑事诉讼中的中心地位，从源头上防范刑讯逼供、非法取证等侵犯人权的违法行为。

（三）实现依法治国必须实行审判中心主义

1. 实现依法治国必须配备科学有效的司法制度

亚里士多德曾经指出，"法治应包含两重意义：已成立的法律获得普遍的服从，而大家普遍服从的法律又应该本身是制定得良好的法律"①。根据亚里士多德的这句话，依法治国基本方略的实现应该具备两个基本条件：

其一，需要制定一系列良好的法律。法律制度在国家生活中所发挥的实际作用与法律的品质密切相关，依法治国实质上是以良法治国。良法是一个历史范畴，应当以联系和发展的观点来进行认识和研究，即必须与一个国家的具体历史阶段相结合，必须与该时期政治、经济、文化等发展程度相适应。就现阶段的中国而言，良法应当是符合习近平新时代中国特色社会主义思想，体现人本主义和人文精神，符合中国当前的基本国情的法律。但是，我国的立法并不尽如人意，有些法律过于强调原则性，不具有可操作性；有些法律缺少"法律责任"的规定，最终无法得以贯彻和落实。因此，党的十八大报告中提出新的十六字方针，首要的就是"科学立法"。

其二，国家制定的所有法律都要得到贯彻和实行。无论国家的法律体系多么完备，法律多么科学合理，条文多么具体可行，只要得不到贯彻和实行，都等于一张白纸，更加实现不了依法治国的基本方略。因此，欲实现依法治国的基本方略，须加强现行法律的贯彻和实行。现行法律之有效贯彻和实行，从古今中外的经验来看，主要有两种途径：

第一，依法行政。为什么依法行政是贯彻和实行法律的途径之一呢？这是因为我国大概80%以上的法律需要行政机关执行，如果行政机关能够做到依法行政，即意味着80%以上的法律得到了贯彻和实行。因此在实现依法治国基本方略中，行政机关起着至关重要的作用。如果行政机关滥用权力，侵犯公民的合法权益，必然会给法治建设和社会发展带来严重的负面影响，进而影响依法治国基本方略的实现。鉴于行政机关在实现依法治国基本方略中的重要作用和地位，党和国家高度重视依法行政，将建设法治政府作为重大的战略任务。党的十六大报告明确提出："加强对执法活动的监督，推进依法行政。"1999年11月8日，国务院公布《关于全面推进依法行政的决定》，第一次提出了加强政府法制建设，全面推进依法行政的总的指导思想和基本要求。2004年3月22日，国务院又发布《全面推进依法行政实施纲要》，确立了建设法

---

① 亚里士多德.政治学[M].吴寿彭，译.北京:商务印书馆,1965:199.

治政府的目标，明确规定了今后十年全面推进依法行政的指导思想和具体目标、基本原则和要求、主要任务和措施。

第二，公正司法。为什么公正司法是贯彻和实行法律的途径之一？这是因为我国法律的贯彻和实行，其中80%左右由行政机关通过执法的方式实现，20%左右则通过公民守法的方式实现。但是，不管是行政机关执法时，还是公民守法时，总会出现这样那样的争议或纠纷。例如，交警对一位司机违法停车的行为进行处罚，但该司机认为其没有违法，交警不应对其进行处罚，双方因此产生争议而引发诉讼；甲乙两人签订一套房屋买卖合同，交房后买方以房屋存在质量问题为由要求卖方退房，卖方认为房屋质量没有问题拒绝退房，双方因此纠纷而对簿公堂；某日，张三与李四在喝酒时发生争吵，继而厮打并致李四死亡，检察机关认为张三构成过失致人死亡罪，张三认为自己是正当防卫，并不存在犯罪。

上述三个案例分别是行政案件、民事案件和刑事案件，从上述案例可知，不管是在行政机关执法过程中，还是在公民守法时，都会发生争议或纠纷。争议或纠纷出现之后，必须公平公正地予以解决或处理，否则就会影响执法的顺利实施和守法的积极主动。因为行政纠纷如果处理不公，行政相对人的合法权益不能得到充分维护，行政机关的执法必然遇到重重阻碍；如果公民的民事纠纷或刑事犯罪得不到公正处理，公民守法的积极性必然丧失殆尽。如此一来，国家制定的法律将会无人遵守，亦将无法执行。此时，司法公正愈发显得重要，司法公正的价值日益引起人们的重视。

司法公正是司法的灵魂，是司法的生命，是司法工作的永恒主题。司法公正是社会公正的最后一道防线，如果一个国家没有司法公正，社会公正也就无从谈起。一个国家的司法制度失去了公正，这个国家的法律体系必将轰然倒塌。英国思想家培根在《论法律》一文中说道，一次不公正的裁判，其恶果甚至超过十次犯罪。因为犯罪虽是无视法律——好比污染了水流，而不公正的审判则毁坏法律——好比污染了水源。党的十七大报告提出，要"深化司法体制改革，优化司法职权配置，规范司法行为，建设公正高效权威的社会主义司法制度，保证审判机关、检察机关独立公正地行使审判权、检察权"。

2. 科学有效的司法制度要求实行审判中心主义

司法，又称法的适用，通常是指国家相关机关及其工作人员依照法定职权和法定程序，具体运用法律处理案件的专门活动。行使司法权的机关，称为司法机关。广义上的司法机关指侦查、检察、审判以及监狱等国家机关；狭义上的司法机关仅指审判机关，即人民法院。国家为了司法机关正确行使司法权，适用法律处理和解决各类案件，针对司法活动主体制定了一系列规范，总称为司法制度，我国的司法制度包括侦查制度、检察制度、审判制度、监狱制度、司法行政管理制度、人民调解制度、律师制度、公证制度、国家赔偿制度等。

前已述及，司法对于国家法律的贯彻和落实，对于全面实现依法治国起着至关重要的作用。但是，科学有效的司法制度才能对依法治国基本方略的实现起促进和推动作用，专制落后的司法制度则只会起反作用。那么，什么样的司法制度才是科学有效的呢？笔者认为，科学有效的司法制度应该具备以下标准：

第一，司法中立。中立，即不偏不倚。司法中立，即指法院在审判案件时，必须平等地对待双方当事人。只有这样，才能加强控辩双方的对抗，才能查清案件事实，才能获得犯罪嫌疑人、被告人对法院裁判的信服。

第二，证据裁判。证据裁判是指法院对于案件事实的认定，必须建立在证据的基础上，没有有效的证据就不能定案。在刑事诉讼过程中，必须通过法定程序，对所有证据材料进行审查，确保用来认定案件事实的所有证据都是真实合法的。

第三，正确适用法律。依法治国的目的，即通过国民遵守良法而实现社会的良好秩序和公平正义。国家设立司法制度的目的，也是通过司法机关正确地适用法律，从而合理地解决纠纷或处理犯罪以恢复社会的良好秩序和公平正义。如果司法机关不能正确地适用法律，即使案件事实调查清楚了，也无法实现上述目的。因此，司法机关正确适用法律是确保司法制度科学有效的标准之一。

第四，司法效率。司法效率是指司法机关在单位时间内完成的工作量。如果司法机关单位时间完成的工作量越多，则司法效率越高；反之，则越低。换而言之，完成相同的工作量，用的时间越少，则效率越高；反之，则越低。例如，法院审判同样的案件，如果原来用时两个小时，现在一个小时就能完结，说明法院审判效率提高了。

随着社会的发展和人们法律意识的提高，案件数量也在迅速增长。因此，必须改革司法制度，提高司法效率，才能解决当前案件数量膨胀的问题。如果司法效率不能提高，有些案件不能得到及时解决，就会影响司法的权威和社会的稳定。2018年3月9日，最高人民法院院长周强在最高人民法院工作报告中指出，人民法院司法改革取得重要阶段性成效。出台繁简分流指导意见，积极推进要素式庭审、令状式文书、示范性诉讼等机制创新，切实提高司法效率。

通过上述可知，想要建立科学有效的司法制度，必须全面提高法院在刑事诉讼中的地位和充分发挥法院的审判功能。从建立科学有效司法制度的四个标准来看，不管是司法中立、证据裁判、正确适用法律，还是司法效率，都与法院有着密不可分的关系。换言之，法院在刑事诉讼中处于中心地位，而刑事诉讼制度又是我国司法制度的重要组成部分。因此，建立科学有效的司法制度必须实行审判中心主义，充分发挥法院和审判的功能和作用。

二、实行审判中心主义是司法改革的核心和必然

（一）司法制度存在缺陷是司法改革的根本原因

司法制度的设置就是借以使众多的法律由精神王国进入现实王国以控制社会生活关系的桥梁；法律借助于司法机关的司法活动而降临尘世。法律机器完善地运行，得益于程序完备的司法制度。①如果我们国家的司法制度存在缺陷，就会影响法律的运行和实现，进而影响依法治国基本方略的贯彻和落实。那么，我国的司法制度存在哪些因素以致影响依法治国，从而需要对其进行改革呢？本人认为，我国司法制度主要有以下三个方面的原因：

1. 政府处于强势地位，导致司法机关难以中立

在现行制度下，地方司法机关依赖并且受制于地方。司法机关的人事、财政、物资供应和后勤服务由当地党政机关和其他有关部门负责。这种权力结构以及权力的从属和依赖使得地方司法机关无法对抗地方政府的权力干预。因此，除了破坏司法独立和国家法律制度的统一外，还会导致司法权力的地方化。司法权力的地方化使得同级党委和政府有机会直接或间接干涉司法工作，导致地方保护主义行为或现象普遍存在。

同级党委和组织部门对司法人员实行任免和提名，党委政法委员会在业务上对公安机关、检察机关、审判机关和司法行政机关实行统一领导，地方政府有权为司法系统提供资金和拨款，地方人民代表大会及其党委有权监督司法系统执行法律的情况，并且行使任命、决定或批准司法人员的权力。这些制度已成为地方政府控制司法工作以维护地方利益的法律基础。显然，要求司法机关独立、公正地行使司法权力，维护国家法制的统一和有效实施，实际上是非常困难的。

2. 严重的司法行政化，上级肆意干涉下级办案

由于行政管理的长期影响，我国司法机关对司法工作的管理基本上是以行政的方式进行的，无论是在审判机关还是在检察机关，都是尤为明显的。在我国审判机关中，相当数量的法院由审判委员会或行政性质的庭务会以集体责任的名义行使对案件的管辖权，无论案件是否重大，都由审委会或庭务会来讨论和裁决。无论是独任庭，还是合议庭，它们只对案件事实负责，失去了应当具有的裁判职能，从而形成了审者不判、判者不审、审理与判决严重脱节的局面。法官总是以法院工作人员的身份出现，而不是以法官的个人身份出庭，他们代表法院履行职责，包括调查和收集证据，组织和主

---

① 约翰·赞恩. 法律的故事[M]. 刘昕,等,译. 南京:江苏人民出版社,1998:142.

持案件审理，但无权独立对外进行裁判。这种以行政方式管理法院的做法不仅违背了审判工作的独特规律，而且也违背了法律的相关规定。

因为司法组织系统具有行政化的趋势，所以给上级司法机关干预下级司法机关的工作或办案提供了便利。如基于检察一体化的原则，检察院内部强调下级服从上级，下级必须服从上级的命令或指挥，由此导致下级机关办理案件时缺乏独立性，上级机关可以隶属和指导为理由，干预下级机关的办案工作，从而滋生滥权自用和司法腐败。

3. 司法监督缺乏制约，容易造成各种权力滥用

首先，立法权对司法权的监督不到位。立法机关与司法机关存在一种张力关系，立法机关的主要职责是制定法律，而司法机关的职责是适用法律。立法权通过制定或者修改法律来监督司法权的运作，如果司法机关能够自己制定法律了，那么就脱离了立法权的监督，从而导致司法监督缺乏制约，造成权力滥用。近几年来，司法机关不断地进行司法解释，扩大了自身的权力，突破了立法权的监督和制约。

其次，司法机关的自我纠错机制和相互监督机制不健全或不严谨。我国宪法规定检察机关独立行使检察权，审判机关独立行使审判权，检察机关属于法律监督机关，有权对审判机关和侦查机关的程序违法行为或活动进行法律监督并且纠正。不过，我国目前的情况是公、检、法、司都要接受党委政法委的领导，当检察机关要行使权力，对审判权或侦查权进行监督时，政法委有时便会出面化解"矛盾"，协调公、检、法的行动，从而使得检察机关难以真正履行监督职能。

此外，检察机关对审判机关的监督也是一种重要的监督，但是其所进行的监督只是一种事后监督，在实践中只能以抗诉的形式要求审判机关纠正，这就使得监督的力度大打折扣。因为检察机关即使发现审判机关的审判行为违法，如果审判机关拒绝纠正，检察机关往往也无能为力。对审判权缺乏有效的监督和制约，从而在司法实务中出现权力的滥用，导致法院裁判的权威性和严肃性受到严重损害。

（二）刑事司法改革是司法改革的重要组成部分

根据四中全会的精神，我国司法改革的顶层目标在于"保证公正司法，提高司法公信力"。具体有六个方面的内容：

一是建立和完善"确保依法独立公正行使审判权和检察权的制度"。为了实现这一目的，对于党政机关和领导干部违法干预司法活动的要予以严厉惩罚，完善追惩机制；必须保障检察官能够依法全面履行监督职责，保障法院能够依法全面履行审判职责，完善检察院和法院履职的保障机制。

二是优化司法职权配置，健全司法权力分工负责、互相配合、互相制约的机制，加强和规范对司法活动的法律监督和社会监督。当前司法权力配置上存在的主要问题是权责定位不够明确，监督和制约机制缺乏力度。例如审判委员会制度取代了法官的

裁判职能，导致了出现审者不判、判者不审的局面，因此应让审理者裁判、由裁判者负责，完善主审法官、合议庭办案责任制。上下级法院之间应是监督与被监督的关系，但是在司法实务中往往存在下级法院在审判案件时请示上级法院的情况，从而削弱了审级制度的功能，因此应规范上下级法院审级监督关系，明确各级法院职能定位。另外，为了加强社会监督，应当推进审判公开、检务公开，全程录制并保留庭审资料。

三是推进严格司法，包括办案结果和办案过程两个方面。首先，办案结果必须符合实体公正，办案过程符合程序公正，使得实体和程序上都有法律依据。其次，规范司法解释和案例指导，司法机关对法律应该依法进行解释，不能破坏和损害立法权，案例指导应该具有普遍性，从而统一法律适用标准。再次，推动以审判为中心的诉讼制度改革，全面贯彻证据裁判规则，实行办案质量终身负责制和错案责任倒查问责制。

四是坚持人民司法的路线。人民是历史的创造者，一切权力属于人民，必须通过公正司法维护人民权益，赢得人民的信任和支持。必须保障人民群众参与司法，加强人民对司法的监督，依靠人民推进司法公正，完善人民陪审制度、司法公开制度等。

五是加强人权司法保障，特别是刑事诉讼中犯罪嫌疑人和被告人的人权保障。在刑事诉讼中，查封、扣押、冻结、处理涉案财物的司法程序具有强制力和侵害性，应该进一步予以规范。刑事诉讼中刑讯逼供、体罚虐待等都侵犯了犯罪嫌疑人和被告人的人权，因此必须采取措施健全错案防止、纠正、责任追究机制，加强非法证据排除规则的实行。

六是加强对司法活动的监督，主要是对法院审判活动的监督。加强对刑事、民事和行政诉讼的法律监督，规范媒体对案件的报道，防止舆论影响司法公正，各种潜规则必须坚决破除，绝不允许法外开恩，绝不允许司法人员办关系案、人情案、金钱案，等等。

从上述六个方面来看，可以说每个方面都涉及了刑事司法改革。刑事司法改革不但涉及对审判制度的修改和完善，还涉及侦查、起诉以及执行等相关制度的修改和完善，因此刑事司法改革涉及的内容更多。如果刑事司法改革成功了，我国的司法改革基本上也就成功了。

（三）审判中心主义是刑事司法改革的必然要求

刑事司法改革是我国司法改革的重要组成部分，刑事司法改革的成功能够推动和促进司法改革整体的成功，所以刑事司法改革在司法改革中占有重要地位，发挥着重要作用。因此，我国特别重视对刑事司法改革的推进和落实，出台了一系列文件，保障刑事司法改革的成功。最高人民法院关于全面推进以审判为中心的刑事诉讼制度改革的实施意见，"两高三部"关于办理刑事案件严格排除非法证据若干问题的规定，最高人民法院关于庭前会议、排除非法证据、法庭调查"三项规程"等一系列制度密集出台，筑牢了防范冤假错案的制度基础和程序防线，诉讼证据出示在法庭、案件事实查明在法庭、控辩意见发表在法庭、裁判结果形成在法庭，已逐渐成为刑事审判新常态。

由于刑事司法改革是司法改革的中心和重点，因此想方设法保证刑事司法改革的成功就成了司法改革成功的关键。那么，如何保证刑事司法改革的成功呢？我们知道，司法制度按照处理案件不同，可以分为刑事司法制度、民事司法制度和行政司法制度，其中刑事司法制度内容最多，最为复杂。首先，从程序的内容来看，刑事诉讼程序包括侦查、起诉、审判和执行等多个阶段，而民事和行政诉讼程序主要包括审判和执行两个阶段；其次，从程序的主体来看，刑事诉讼程序有公安、检察、法院、监狱以及海关走私犯罪侦查部门、军队保卫部门等多个机关或部门的主持或参与，而民事和行政诉讼主要是法院主持，个别案件也有检察院的参与。

由于刑事诉讼程序存在着多个阶段，多个国家机关或部门参与刑事诉讼活动，导致刑事司法制度相对比较复杂，因此必然造成刑事司法改革也相对比较复杂。那么，在这种权力交错和纷繁复杂的刑事司法改革中，要想取得改革的成功，必须抓住问题的核心和关键。刑事诉讼活动分为侦查、起诉、审判和执行等不同阶段，不同阶段存在相应的国家权力，相应的国家权力分别掌握在相应的国家机关或部门手中，不同阶段的活动存在着前后相继、互相配合和互相制约的关系。这些机关或部门如果能够依法实施各自的权力，全面落实各自的任务和职责，妥善处理好相互之间的关系，就能实现刑事诉讼的目标。但是，如果各个机关或部门之间的关系处理不好，则会直接影响刑事诉讼活动的效果。因此，妥善处理刑事诉讼活动中各个机关或部门的关系具有重要意义。

第二节　我国实行审判中心主义的实践背景

在推进建立以审判为中心的诉讼制度之前，我国已经制定了《刑事诉讼法》并且实施了很长的时间。近几年，我国曝光了一些在社会上引起严重影响的冤假错案，由此暴露了已经建立的诉讼制度中存在的问题。刑事诉讼制度的主要任务是惩罚犯罪和保障人权，它直接关系着人的生命、财产和自由，甚至国家的安全和社会的稳定，因此其在国家司法体制中具有重要地位和作用。如果刑事诉讼制度存在问题，将直接影响国家的安全和社会的稳定，因此必须进行全面和彻底的改革以保证其作用的有效发挥。改革成功的关键，是充分认识和了解刑事诉讼实践中存在的问题。只有这样，改革才有针对性，才有方向性。那么，刑事诉讼在实践中究竟存在哪些问题呢？下面对此进行概括和分析，以便为改革提供前提和基础。

一、刑事诉讼整体架构中的侦查中心主义

近几年，侦查中心主义这个词频频出现并被人们广泛使用，但其主要是作为审判中心主义的对立面出现的，而且是作为被批判的对象，而非提倡的对象。那么，侦查中心主义的含义是什么，我们又为何对其进行批判呢？北大法学院陈瑞华教授认为：侦查程序在整个刑事诉讼中居于中心地位，侦查机关所搜集的证据以及所认定的案件事实，既是公诉机关提起公诉的依据，也是法院作出裁判的根据。在一定程度上，法庭审判无非是对侦查结论的审查和确认过程而已，而失去了对案件事实重新进行探究的能力。相对于正在努力推进的"以审判为中心的诉讼制度"而言，我国实际存在着一种"以侦查为中心的刑事诉讼构造"。对于这种"以侦查为中心的刑事诉讼构造"，可以简称为"侦查中心主义"。[①]余缨、宋远升两位学者认为：在我国，传统上公安机关具有比较强势的地位，在刑事诉讼中，侦查案卷对法官有着相当大的控制作用，在很大程度上侦查案卷甚至直接转化为法官的司法裁判，这也就是所谓的"侦查中心主义"。[②]

从学者们给"侦查中心主义"下的定义可以得出，"侦查中心主义"具有如下特征：

第一，侦查机关在刑事诉讼中处于中心地位，起着决定作用。刑事诉讼分为立案、侦查、起诉、审判和执行五个阶段，基本上每个阶段都由一个机关负责，即立案和侦查一般由公安机关负责，审查起诉由检察机关负责，审判由法院负责，执行由监狱等机关负责。在所有阶段和机关当中，侦查机关处于中心地位，其他机关基本都受其制约。人们通常使用这样一句话来形容公、检、法之间的关系，即公安机关是做饭的，检察院是端饭的，法院是吃饭的。而且，公安机关做了什么饭，检察院就端什么饭，法院就吃什么饭，它们根本无法挑选。

这就充分地说明，我国过去的刑事诉讼程序从侦查经起诉再到审判环节，始终处于接力传承的状态。作为源头的侦查一旦成型，处于"下游"的起诉、审判通常只能承接侦查结论，很难作出颠覆性的改变。侦查阶段形成的"事实"基本上左右了后续程序的走向，审查起诉和审判环节再也无力改变既定的结论，由此导致刑事诉讼通过法庭审理发现事实真相和保障人权的价值大打折扣，既不利于有效追究犯罪，也容易导致冤假错案的发生。

第二，检察机关难以纠正公安机关程序和实体上的错误。检察机关在刑事诉讼中具有重要作用，一方面通过行使法律监督权，保障侦查机关和审判机关依法行使各自

---

① 　陈瑞华. 论侦查中心主义[J]. 政法论坛, 2017,35（2）:4.

② 　余缨, 宋远升. 从"侦查中心主义"到"审判中心主义"下的诉审关系建构[J]. 犯罪研究, 2016（4）:26.

的权力，另一方面通过行使起诉权，代表国家对被告人的犯罪行为向法院提起公诉，追究被告人的刑事责任，维护社会秩序和保障人权。但是，受"侦查中心主义"的影响，侦查机关处于强势地位，检察机关的作用未能充分发挥出来，导致有些案件的错误没有在审查起诉阶段得到纠正。

以立案监督为例，根据《刑事诉讼法》第一百一十一条规定，公安机关没有立案侦查的，检察机关有权要求其说明原因，如果检察机关认为其说明的原因不能生效的，则应告知公安机关进行立案。然而，法律并没有明确规定公安机关不说明理由或者接到通知后不立案应当承担的法律后果，以及检察机关在这种情况下能够采取什么措施。在实践中，检察机关对不立案的情况只能采取建议、纠正的方式进行监督，对于拒不立案的公安机关而言，没有法律约束力。如果侦查机关在接到检察机关的《通知立案书》后，对立案要求置若罔闻，或者采取变相执行的方式，或是将案件立案后消极侦查，或是立而不侦，或是久侦不结，检察机关对这些情况就无能为力，只能束手无策。法律惩罚的功能不能正常发挥，使立案监督丧失了其法律效果，形同虚设。

在批捕环节，检察机关只有批捕与不批捕的权力，而没有权力决定采取其他强制措施。如果检察机关适用"无逮捕必要"作出不捕决定，一旦犯罪嫌疑人不能得到有效控制，从而发生外逃、自杀或再次危害社会等情形，检察机关承受的压力很大。这样导致检察人员在办案时虽然明了一个案子无逮捕必要，但鉴于上述情况的发生，难以保证诉讼活动的顺利进行，增加诉讼风险，最后还是会作出批准逮捕决定。

有学者统计，2004—2013年，某市检察机关接受侦查机关移送审查起诉的犯罪嫌疑人，绝大多数（90.1%）都被作出了起诉决定；2006—2013年，由该市检察机关向人民法院提起公诉的被告人中，绝大多数（99.77%）都被作了有罪判决，无罪判决或者撤回起诉的只是少见的例外（0.23%）。鉴于该市检察机关、法院在执法理念和执法规范性方面在全国都属先进，由此推测，全国的起诉率、有罪判决率只会更高，不会更低。因此，一旦侦查机关作出犯罪嫌疑人有罪的认定，绝大多数都会被检察机关提起公诉；一旦检察机关提起公诉，绝大多数都会被法院判决有罪。二者联动的结果是，侦查结论在某种程度上决定着判决的结果。因此，中国刑事诉讼的实践状况更接近"侦查中心主义"，居高不下的有罪判决率反映了审判阶段的尴尬地位：不是"以审判为中心"，相反，审判处于"离心"地位。①

对于检察机关而言，其处于侦查机关与审判机关两大山峰之间，是二者之间的连接或过渡地带，因此，检察机关与侦查机关或者审判机关之间的诉讼关系如何，直接与诉讼结构的形成有着密切的关系。在侦查中心主义诉讼构造下，公诉机关就成为诉讼流水线上的二传手。这是因为，基于侦查机关的强势地位，以及其亲临第一

---

① 魏晓娜. 以审判为中心的刑事诉讼制度改革[J]. 法学研究, 2015, 37(4): 86-104.

线侦查、掌握第一手资料的优势，特别是在我国这种没有实行检警一体化的国家，检察机关很难去监督制约侦查机关的侦查行为。在很大程度上，公诉机关被侦查机关所"绑架"。①

第三，法院难以作出无罪判决。《刑事诉讼法》规定：未经人民法院依法判决，任何人都不得确定有罪。这句话充分地说明，一个人究竟有罪还是无罪，最终应该由人民法院决定，其他任何机关都无此权力。虽然法律没有赋予侦查机关和检察机关此项权力，但由于受到各种因素的影响，法院实际上并不能完全按照自己的意志来判决案件，判决的结果在很大程度上是由侦查机关控制的。因此，我国法院的无罪判决率一直是非常低的，而近年更有持续下降的趋势。

据最高人民法院研究室马剑先生撰写的《人民法院审理宣告无罪案件的分析报告》，2008—2012 年，全国法院共判处各类刑事案件被告人 5 239 739 人，其中宣告无罪 5 196 人，无罪判决率 0.1%。其中，公诉案件无罪判决率为 0.05%，自诉案件无罪判决率为 5.59%。2012 年人民法院共宣告无罪 727 人，比 2008 年下降 47.05%，五年来年均下降 14.7%。其中公诉案件宣告无罪人数年均下降 15.26%，自诉案件年均下降 14.17%。②我们知道，大陆法系国家的无罪判决率一般在 5% 左右，英美法系国家的无罪判决率一般在 20% 左右。相比之下，我国法院的无罪判决率确实是"超低"的！③无罪判决率是与法庭审判的虚化直接勾连的，这说明法院在刑事案件结果的最终决定权力方面的不足。

那么，为什么会出现这种违背诉讼基本规律和原则的问题呢？原因主要有两点：首先，侦查机关控制着案件移送的证据，从而主导了案件审判的方向。侦查机关宣布一个案件侦破之后，在将案件移送检察机关审查起诉的时候，一般要对移送的证据进行甄别和筛选，法院难以看到案件的所有证据。从常理出发，侦查机关一般会选择移送那些对其有利的证据，对其证明犯罪事实不利的证据一般不会移送。如此一来，法院只能看到那些证明被告人有罪或罪重的证据，而另一部分证明被告人无罪或罪轻的证据根本看不到。那么，审判机关在此基础上对案件的判断就是片面的，而且只能在有罪的范围内对案件进行考量。

其次，法院对案件的证据进行审查判断时，由于证人、鉴定人、侦查人员等基本上不出庭，无法充分发挥直接言词原则的作用，从而难以确保各种证据的效力。法官不能通过对以上员进行询问而判断证据材料的效力，只能通过对笔录等案卷材料进行审查而作出判断。那么，一旦案卷材料中存在虚假的内容，而法官又不得不采用虚假

① 余樱,宋远升.从"侦查中心主义"到"审判中心主义"下的诉审关系建构[J].犯罪研究,2016(4):29.
② 马剑.人民法院审理宣告无罪案件的分析报告——关于人民法院贯彻无罪推定原则的实证分析[EB/OL].东方法眼网,2018-12-5.
③ 何家弘.从侦查中心转向审判中心:中国刑事诉讼制度的改良[J].中国高校社会科学,2015(02):129-144,159.

的证据材料来认定事实，在这种情况下造成冤假错案也就不足为奇了！既然不能运用直接言词的方式来确保证据的效力，那么是否可以通过非法证据排除规则来实现这个目的呢？从理论上和法律上都是能够说得通的，但是实践中的情况却并不尽如人意。以浙江省的法院为例，浙江省下辖11个地级市，设有1所高级法院，11所中级法院，1所海事法院，90所基层法院。2014年全省法院启动非法证据排除程序的共有135件，2015年全省法院启动排除非法程序的共有53件，2016年1—6月全省法院启动非法证据排除程序的共有35件。① 从统计的数据可以看出，浙江省法院每年启动非法证据排除程序的案件数量是非常少的，由此可以推测其他省市的法院应当也不会太高，因此通过非法证据排除程序来确保证据效力的想法也是难以实现的。

二、检察院提起公诉时实行卷宗移送主义

（一）卷宗移送主义的形成和发展

卷宗移送主义是公诉案卷移送方式之一，是指人民检察院在提起公诉时，将起诉书连同全案卷宗和证据材料一并移送有管辖权的人民法院。② 一般认为，在检察机关向法院提起公诉的方式上，存在着两种制度模式：一是大陆法国家的"案卷移送主义"模式，二是英美法国家的"起诉书一本主义"模式。③

自从新中国成立以后，我国检察机关在提起公诉的方式上经历了三次改革。1979年《刑事诉讼法》确立了"案卷移送主义+实质审查"方式，即允许检察机关在起诉时将全部案卷移送法院。这是一种与大陆法国家案卷移送制度极为相似的起诉制度。但与此同时，法院在阅卷的基础上对案件进行必要的庭前调查核实证据工作。经过阅卷和庭外调查，法院认为"事实清楚，证据充分"的，才可以正式启动法庭审理程序。

1996年刑事诉法的修改吸收了英美法系起诉状一本主义的合理内核，确立了"复印件主义+形式审查"的方式，即检察机关起诉时只能向法院移送"证人名单""证据目录"和"主要证据的复印件、照片"，而对于其他证据材料，则只能由检察官当庭予以出示和宣读，并接受辩护方的质证和法庭的当庭调查。至此，我国《刑事诉讼法》尽管没有引进起诉时一本主义的起诉方式，却对检察机关移送法庭的案卷范围作出了较为严格的限制。

2012年《刑事诉讼法》的修改恢复了1979年全案移送的方式，与此同时，保留了

---

① 以上统计数据引自徐建新，方彬微《我国刑事非法证据排除规则运行的实证研究——以W市刑事审判实务为视角》中国政法大学证据科学研究院2016年"刑事证据排除规则的运行与检讨"研讨会暨首届证据法学青年学术论坛论文。
② 李新枝. 恢复"卷宗移送主义"不会影响裁判公正[J]. 检察日报，2005-10-10.
③ 陈瑞华. 案卷移送制度的演变与反思[J]. 政法论坛，2012,30(5):14-24.

1996 年的形式审查，形成了"案卷移送主义+形式审查"方式，即允许检察机关在起诉时将全部案卷材料移送法院，并没有恢复庭前实质审查程序。根据这部法律，法官在开庭前不得就公诉方的证据进行庭外调查核实工作，也不得在开庭前对案件是否达到法定证明标准进行审查。法官在全面阅卷的基础上，"对于起诉书有明确的指控犯罪事实的"，就可以决定开庭审判。

（二）卷宗移送主义的危害

刑事诉法学无疑是法学中的一门重要学科，其中包含了许多重要理论与实践问题，不管是理论问题还是实践问题，我们研究的最终归结点都是公正与效率。从宏观上看，公正与效率基本上统一于刑事诉讼的整个过程。案卷移送制度自从规定于《刑事诉讼法》之后，我们发现许多问题影响了公正和效率的实现，因此卷宗移送制度的构建和完善也应立足于公正与效率这两个目标，在整体设计上应当以阻断法官预断、实现司法公正为核心。唯有如此，才有可能最大限度地促进刑事诉讼制度人权保障目标的实现，而司法实务中的卷宗移送主义则与此目标相背离。

第一，案卷移送主义最明显的缺点导致法官庭审流于形式，容易造成冤假错案。因为在卷宗移送主义背景下，案件的最终裁判结果往往不是建立在法庭审判阶段调查的证据、查清的事实之上，而是建立在侦查和起诉阶段制作的书面卷宗之上。[①]对于审判人员来说，既然有了检察院起诉时移送的全部案卷、证据材料，那么法官们就会在庭审之前或者之后不由自主地阅读卷宗、查看证据材料。这样就导致法官在庭审程序中心不在焉地听审案件，也不会认真地、冷静地思考、分析案件，正确地判断控辩双方在庭审中的控诉和辩护。如此一来，即使有些证据是虚假的，抑或非法取得的，由于法庭审判失去了基本的审查功能，极有可能发现不了。而最后法官又采用这些虚假的或非法的证据来认定案件事实的话，造成冤假错案也就是题中应有之义了。

第二，卷宗移送主义容易导致法官先入为主，违背了法官的职责和身份。在人们的内心深处，始终存有一种前定的或曰固有的法律文化理念——司法是公平和正义的最后一道防线，也是人们寻求权利救济的最后一道屏障。法官不但是法律及其精神的宣誓者，更是公平和正义的化身。所以，在英美法系的诉讼观念中，最好的法官应该是消极、被动的、中立的。我国是典型的大陆法系国家，由于案卷移送主义的实行，法官在庭审之前或之后已经阅读了案卷材料和证据。在这种情形下，法官在庭审之前就会形成对案件的预断，当被告人或其辩护人在法庭上对犯罪行为进行辩护时，法官必然戴着"有色眼镜"看待辩护，从而影响辩护的效果，以致丧失了对被告人应有的公平和公正。

---

① 樊崇义. 刑事诉讼法实施问题与对策研究[M]. 北京:中国人民公安大学出版社,2001:439.

第三，卷宗移送主义导致法庭审判程序失去了应有的价值和功能。法庭审判的功能主要是对控辩双方所提交的证据进行审查和判断，从而排除无效的证据，保留有效的证据，以查明案件事实。但是，由于我国实行卷宗移送主义，不管是1979年《刑事诉讼法》所确立的"案卷移送主义+实质审查"方式，还是2012年《刑事诉讼法》规定的"案卷移送主义+形式审查"方式，都会造成法院对检察机关提起的公诉只进行形式上的审查，这种审查往往是"徒有虚名"。

虽然根据1996年《刑事诉讼法》确立了"复印件主义+形式审查"的方式，但并没有得到切实有效的贯彻实施。因为1998年"六部委"通过了带有立法解释性质的规范文件，允许检察机关在法院开庭审理结束后三日内移送全部案卷材料，这就使得法官在庭后有机会查阅公诉方的全部案卷材料。而对庭审后全面查阅公诉方案卷的强烈期待，又导致法官不去真正关注法庭审理过程，而将实质的"事实认定"放置在法庭审理后进行，这反过来又架空了法庭审理过程。

三、法院审判案件时的案卷笔录中心主义

（一）案卷笔录中心主义的特征

所谓案卷笔录中心主义，是指刑事法官普遍通过阅读检察机关移送的案卷笔录来展开庭前准备活动，对于证人证言、被害人陈述、被告人供述等言词证据，普遍通过宣读案卷笔录的方式进行法庭调查，法院在判决书中甚至普遍援引侦查人员所制作的案卷笔录，并将其作为判决的基础的裁判方式。[①]具有以下三个主要特征：

①侦查案卷是刑事诉讼程序的结点与核心，未经控辩双方质证和辩论的笔录类证据在开庭之前即可为裁判者所接触。通过前面的介绍我们知道，新中国成立以来，我国实行过三种卷宗移送的方式，分别是1979年《刑事诉讼法》所确立的"案卷移送主义+实质审查"方式，1996年刑事诉讼法确立的"复印件主义+形式审查"的方式以及2012年《刑事诉讼法》形成的"案卷移送主义+形式审查"方式。1979年和2012年的卷宗移送方式，使得审判机关在开庭之前即能接触到侦查的案卷。

②法庭调查之举证与质证通过宣读案卷笔录，而非人证出庭作证的方式进行。公诉方提交的案卷笔录被视为具有绝对可采性及高度证明力的证据材料。法庭调查的内容主要是由举证决定的，控辩双方提供哪些证据，法庭就对哪些证据组织质证。由于辩护方很少向法庭提交本方证据，法庭上调查的绝大多数证据都是由公诉方提交的，因而公诉方出示证据的方式大体决定了法庭调查的方式。

开庭时，检察官都是携带全部案卷材料出庭支持公诉，无论是对被告人供述笔录

---

① 本概念界定参照了"陈瑞华．刑事诉讼的前沿问题［M］．5版．北京：中国人民大学出版社，2016."关于"案卷笔录中心主义"的相关论述。

还是对证人证言笔录、被害人陈述笔录，公诉方都是通过宣读案卷笔录的方式来出示证据的。于是，侦查案卷笔录就成为法庭调查的直接对象，也成为公诉人主导整个法庭调查程序的有力武器。[①]公诉方在案件审理过程中拥有占有诉讼资源、证据信息的绝对优势，对于法庭调查拥有很强的控制力。

③刑事法官在查阅、研读案卷材料的基础上作出裁判，公诉方提交的案卷笔录成为定罪的主要依据。在绝大多数案件中，第一审法院不安排证人、鉴定人、被害人以及侦查人员出庭作证，而是直接听取公诉方对案卷笔录的简要快速的宣读，这使得公诉方的案卷笔录仍然成为法庭审判的基础。[②]即使在实行1996年刑事诉法确立的"复印件主义+形式审查"的方式时，虽然检察机关移庭前只是移送部分案卷，法官需要通过直接言词原则来调查案件事实。但是由于检察机关控制着移送的证据材料，而且辩护律师庭前接触证据材料受到了限制，致使其不能在法庭上进行有力的质证，从而使得法官也是以宣读笔录的方式进行法庭调查。

（二）案卷笔录中心主义的危害

第一，容易造成冤假错案。法官正确裁判必须具有两个前提，一是查明案件事实，二是正确适用法律。但是，由于案卷笔录中心主义的影响，在审判活动中除了被告人出庭受审外，几乎没有证人、鉴定人、侦查人员出庭作证，接受质证，法庭审理完全是围绕侦查机关收集形成的书面卷宗材料展开的，法院的定罪判刑也是在此基础上完成的。在这种情形下，法官很难对证据材料的效力作出准确判断。由于法官不能通过审判程序发现虚假的证据材料并将其排除，最后又采用了这些证据材料来认定案件事实，冤假错案的发生当然就难以避免。

第二，冤枉无辜，放纵犯罪。案件裁判的正确建立在查清案件事实的基础之上，而要查清案件事实，必须依靠真实可靠的证据。如果法院主要依靠案卷笔录来认定案件事实，而且案卷笔录的真实性并未得到确保，那么最后案件判决错误的可能性是相当大的。一旦案件判决出现错误，将会导致没有犯罪的人受到法院的惩罚，有的枉受牢狱之灾，有的则命丧黄泉，他们的合法权益不但没有得到保护，而且遭到了无情的践踏和侵害。由于无辜者做了替罪羔羊，真正的罪犯则逍遥法外，不但没有受到法律的制裁，甚至继续在社会上作恶，肆意侵害他人的财产以及生命，严重损害党和政府的伟大形象以及法律的权威和尊严。

第三，妨碍依法治国方略的实现。前已述及，依法治国伟大方略的实现必须具备两个基本条件，一是需要制定系列良好的法律，形成科学完善的法律体系；二是制定的法律都能得到全面严格的服从和遵守。只要能够落实这两个条件，依法治国的方略

---

①② 　陈瑞华. 案卷笔录中心主义：对中国刑事审判方式的重新考察[J]. 法学研究,2006(4):63-79.

也就基本实现了。目前，我们国家虽然制定了一系列良好的法律，科学完善的社会主义法律体系已经基本形成，但是有些法律并未得到严格的遵守和服从。

我们经常提到一个基本的原则，即"以事实为根据，以法律为准绳"。这个原则要求我们在诉讼中首先必须调查清楚案件事实，这是作出正确裁判的基础。只有案件调查清楚了，才能正确适用法律。但是，案卷笔录主义的实行导致有些案件事实根本没有调查清楚，如此一来便失去了正确适用法律的基础，更加无从讨论依法治国的问题了。

第三节　我国实行审判中心主义的哲学背景
——以马克思主义的矛盾论为例

哲学的起源早于科学，是人类最早的理性思维。只有在人们懂得了应该如何正确地认识与思辨，并把它运用到现实生活中去，才能为科学的产生建立起坚实的基础。哲学为科学的发展指明方向，科学以自己的成果对哲学进行验证。所以说哲学是科学之母，而科学是哲学思辨的具体化和现实化。审判中心主义属于社会科学的范畴，有着深厚的哲学背景，是以马克思主义的矛盾论为前提和基础的。因此，审判中心主义是理性思维的结果，是对马克思主义矛盾论的具体应用和现实体现。

一、矛盾的基本观点

1. 矛盾的概念

所谓矛盾，是指反映事物内部或事物之间对立和同一及其关系的基本哲学范畴。同一性和斗争性是矛盾的两种基本属性。

事物内部和事物之间都存在着许多关系，如金、木、水、火、土之间有并存关系、依赖关系、相互影响关系等，但从发展的角度看，从本质的角度看，它们的关系是相生相克关系。"相生"就是同一关系，"相克"就是对立关系。任何事物内部从运动发展角度看都有两种相反因素、趋势、力量，二者既有对立关系，又有同一关系，这两种关系之间也有关系。矛盾就是反映同一和斗争两种关系及两种关系之间的关系的概念。

2. 矛盾的基本属性

同一和斗争是矛盾所包含的两种主要因素，因而同一性和斗争性是矛盾的两种基本属性。同一性是指矛盾着的对立面之间的相互依存、相互吸引、相互贯通的一种趋势和联系。斗争性是指矛盾着的对立面之间相互排斥的属性，相互分离的倾向和趋势。只有斗争性不能叫矛盾，只有同一性更不能叫矛盾，斗争性和同一性结合在一起才能叫矛盾。

同一性和斗争性本身就是同一个矛盾的"两面"，而不是"两个"。一个硬币有两面，两面就是说它们在同一个东西身上，"两个"则是不同的两个单独的事物，如两个硬币。同一个事物的两面那一定是不可分离的了。呼和吸是人的呼吸的两面，所以呼不能离开吸，吸也不能离开呼。同一性和斗争性是同一个矛盾的两面，所以二者不可分割，相互联结。只强调其中的一面都会取消矛盾，从而取消发展。

3. 矛盾地位的特殊性

在同一个事物内部往往不是只有一种矛盾，而是有许多矛盾。这许多矛盾在这个事物中的地位是不同的，其中有一个矛盾是主要矛盾，而其他的都是非主要的矛盾。不论在主要矛盾还是次要矛盾的内部都有对立着的两个方面，这两个方面的地位也是不同的，其中有一个是矛盾的主要方面，另一个是非主要方面。

（1）主要矛盾和非主要矛盾

主要矛盾是处于支配地位的，对事物的发展过程起决定作用的矛盾。它的存在和发展规定和影响着其他矛盾的存在和发展。事物内部主要矛盾以外的矛盾都叫非主要矛盾。非主要矛盾是处于从属地位的，对事物发展过程不起决定作用的矛盾。主要矛盾和非主要矛盾相互作用，并在一定条件下相互转化。

（2）矛盾的主要方面和非主要方面

在一个矛盾里的对立双方中处于支配地位，起着主导作用的方面，叫矛盾的主要方面，处于被支配地位，不起主导作用的方面叫矛盾的非主要方面。矛盾主要方面和非主要方面是相互作用的，并在一定条件下相互转化。

矛盾的主要方面是决定事物性质的主要因素，或者说事物的性质，主要是由矛盾的主要方面决定的。因而矛盾主次方面一旦发生了转化，事物就由旧质事物转变为新质事物了。

矛盾地位的特殊性原理要求我们在认识和实践中要坚持唯物辩证法的两点论和重点论的统一，反对一点论和均衡论。重点论就是要在认识和实践中集中精力抓根本矛盾、主要矛盾和矛盾的主要方面，抓住了这些矛盾，解决了这些矛盾，其他矛盾也就迎刃而解了。

二、刑事诉讼中的矛盾

马克思主义矛盾论认为矛盾具有普遍性，矛盾存在于一切时间和地点，时时有矛盾，事事有矛盾，矛盾无时不有，无处不在。刑事诉讼作为一项追究刑事犯罪和保障人权的活动，更是充满了各种各样的矛盾。那么，刑事诉讼活动中到底存在哪些矛盾呢？

（一）控辩双方的矛盾

控方指刑事诉讼中处于指控地位的一方，公诉案件中包括侦查机关和检察机关，自诉案件中指自诉人；辩方则指刑事诉讼中处于辩护地位的一方，包括被告人及其辩护人。从哲学上来看，控诉和辩护是对立统一的矛盾体，控方属于进攻的一方，辩方属于防守的一方。通过控辩双方进攻与防守的过程，查清犯罪事实，惩罚犯罪和保障人权。因此，刑事诉讼制度在设计的时候，既要保证不能放纵一个坏人，也不能错误追究一个好人。现行法律为了实现这一目的，对控诉和辩护双方的权利和义务都做了众多规定，但在司法实务中，辩护一方的地位却屡屡遭受挑战，或者更确切地说，辩方的权利并未得到保障和落实。

《刑事诉讼法》中规定了律师的调查取证权，其目的旨在增强辩护力度，但又同时作出相应限制，使得律师作为辩方的实际权利非常弱小。这些限制的存在导致控辩双方的力量从来没有平衡过，一般来说控方的权力优于辩方。比如说控方随时可找受害人、证人询问，但律师必须要经过检察院和法院的同意，才能向受害人、证人取证。一方面律师应有的权利没有得到保障，另一方面公检法还用非法手段对律师进行阻碍。例如律师在侦查阶段根本没有取证的权利，甚至有时会见犯罪嫌疑人还要看办案警官的脸色，并且经常受到百般阻挠。

现实中，大量的刑事被告人无人辩护，侦查阶段聘请律师介入的案件寥寥无几；辩护律师被驱逐出庭的情况时有发生；正确的辩护意见不被采纳的屡见不鲜；律师在刑辩中涉嫌"伪证"受追诉的案件接连不断；控辩双方在庭审对抗中权利失衡。律师在刑事案件中无不慎之又慎，律师界出现了一部分律师成名之后不愿再接刑事案件的现象。

控辩双方本身即是一对矛盾体，立法本意和权利设置就在于使矛盾和对立在抗辩中寻求和得到统一，从而促使和形成公正、公平，最终由独立人——法官根据一定的司法原则以既定的标准为准绳，最终作出裁判。

（二）侦诉双方的矛盾

"侦"是指侦查机关，而"诉"是指公诉机关。作为国家在刑事诉讼中的两项重要权能，侦查权和公诉权都是犯罪的追缉者，社会秩序的保卫人，二者在此方面存在着天然的一致性和亲近性。但是，不能因此否认公诉权与侦查权之间存在的冲突。①两者的冲突或矛盾主要包括以下方面：

第一，检察机关对于公安机关移送起诉的案件作出了不起诉的决定，公安机关对此决定不服，引起两者的冲突或矛盾。我国法律赋予了公安机关复议以及复核的权力。此时的公安机关有可能不服检察机关的不起诉决定，毕竟其前期侦查的"成果"遭遇了程序阻却。

第二，检察机关认为应该立案而公安机关不予立案时，检察机关虽然可以要求公安机关立案侦查，但公安机关却对检察机关的建议置之不理，或者给出多种理由而久拖不决。由于法律并未赋予检察机关相关的制裁措施来确保建议得到执行，导致检察机关对此往往无能为力。

第三，检察机关在审查案件的过程中，依据法律所采取的退侦退查，需要重新获取证据、补充证据的要求通常也很难得到公安机关的实质性配合。检察机关要求退回补充侦查时，公安机关就可能敷衍了事，甚至寻找借口拒不补充侦查，引起双方相互推诿。

第四，法院开庭审判时，检察机关需要负责侦破案件和实施勘验、鉴定的公安人员出庭作证，公安机关拒不给予协助或支持。因为在我国目前的侦诉关系中侦查与起诉是分离的，公安机关将案件移送检察机关审查起诉时，其工作即告终结，对此既无法律上的义务，也无职能上的要求。

（三）诉审双方的矛盾

"诉"指的是公诉人，即检察机关；"审"指的是审判机关，即法院。检察院与法院作为我国的法律监督机关和审判机关，承担着依法行使审判权和法律监督权的职能。在刑事诉讼中分工负责，互相配合，互相制约，以保证准确有效地执行法律，共同实现打击犯罪和保障人权的目的。然而在司法实践中，围绕着司法审判权与法律监督权的行使和各自法律职能的发挥，两院之间却出现了一些非正常冲突，已经影响两院职能的正确发挥和职权的正确行使。两者的冲突和矛盾主要包括以下两个方面：

第一，法院审理案件过程中的矛盾。表现在案件审理过程中，因事实认定、法律适用的分歧而引致的冲突。有时检法两院在一些关键问题的认识上存在分歧，如刑事案件的事实认定，适用法律是否错误，程序是否违法等，从而导致双方各执一词，互不相让。这种分歧有时候直接反映在庭审中，有时反映在庭审结束后。

在刑事案件的审判中，有时两院确认的事实相同，但对案件性质的认定存在显著差异，即使在罪和非罪中也有可能出现这种情况。就案件而言，法院认为该程序是合

---

① 李雯，蔡国芹，宋远升. 公诉权与侦查权的冲突与衡平[J]. 犯罪研究，2008(6)：10-16.

法的，定罪是准确的，适用的法律是正确的，判刑是适当的。检察院却认为，刑事案件属于重罪轻判或轻罪重判，或者宣告无罪不当或免于刑事处罚不当，或者严重违反刑事诉讼程序。

第二，检察院行使审判监督权时的矛盾。对于有些案件，检察院认为量刑畸轻或法院意图判决无罪的案件中，如果法院没有充足的理由，检察院可能会毫不吝啬地擎起"诉讼监督"大旗，向法院发出"纠违通知书"。而一些基层法院工作人员对诉讼监督有强烈的抵触情绪，认为是检察机关"没事找事""站着说话腰不疼"。于是，有的法院对检察机关的纠违通知，要么置之不理，不给予回复；要么非常轻慢地以写着"已收到"字样的便签形式回复；要么书面回复"已整改"，但实际上岿然不动。①

（四）公正与效率之间的矛盾

诉讼程序中充满公正与效率的矛盾。之所以出现如此矛盾，是因为二者从不同出发点作用于同一对象，效率着眼于速度和收益；而公正则着眼于过程和结果，矛盾自然产生。例如，人们期望通过细致、严谨的诉讼程序，合乎法律规定的实体裁判，来维护自身的合法权益；但同时按部就班、严格依照程序进行的司法过程却很冗长，造成了司法资源的浪费，而且降低了诉讼效率，在极大程度上损害了当事人的合法权益。

程序效率的提高或多或少对公正的实现产生不利影响。例如，有时为了保证尽快结案而忽视了证据的审查和判断，从而导致产生了冤假错案，损害了当事人的合法权益。作为司法追求的价值目标，司法公正与效率有时是相互对立的，但通过一定的方法也可以实现二者的和谐相处。当然，司法过程中根本不存在绝对的公正与效率，二者总是在相互妥协中前进，在不同利益之间进行着价值的选择。

（五）事实调查认定与遵守法律程序的矛盾

诉讼法中有一个基本原则，即"以事实为根据，以法律为准绳"。刑事诉讼中所有的活动和行为，包括立案、侦查、起诉、审判以及执行，还有辩护、鉴定和作证等都必须遵守这个原则。唯此方能保证法院最后裁判的结果是正确的，唯此方能实现刑事诉讼打击犯罪和保护人权的目的，唯此方能维护社会的和谐和稳定。但是，事实毕竟是已经发生过的事情，必须依靠证据才能还原案件的真实情况，因此刑事诉讼中收集、审查和判断证据就显得特别重要。只有证据充分、确实时，才能对事实作出正确的判断。如果证据不确实、不充分，则难以对事实作出正确的判断。如果事实判断错误，则最终必然导致冤假错案。

但是，收集、审查和判断证据的活动并非随意进行的，而是受到诉讼法的限制和

---

① 孙宏桌,周光富. 默契与冲突:基层法院、检察院关系研究[C]//第三届国家高级检察官论坛论文集,2007.

约束的。换言之，收集、审查和判断证据的行为必须依法进行，否则，即使收集到了能够证明案件事实的证据也是非法证据，应排除而不能采用。因此，事实调查认定与遵守法律程序二者之间存在着矛盾和冲突。例如，犯罪嫌疑人、被告人的供述是刑事诉讼中的一项重要证据，其对于查明案件事实和认定刑事责任起着重要作用。但是，如果侦查人员使用刑讯逼供的手段逼取口供，一是违反了《刑事诉讼法》的规定，二是通过刑讯手段逼取的口供很多都是虚假的，近来曝光的很多案件，如赵作海案、呼格吉勒图案、佘祥林案、聂树斌案等都充分说明了这一点。

上述矛盾是刑事诉讼过程中存在的主要矛盾，除了这些矛盾之外，还存在辩护律师与法院、公安机关与被害人、检察机关与证人等各种矛盾。这些矛盾的发生和存在，一方面推动着刑事诉讼活动的前进和发展，另一方面又对诉讼工作造成了一定的困难和障碍。因此，对于这些矛盾必须科学和合理地解决，方能实现刑事诉讼打击犯罪和保障人权的目的，方能维护社会的和谐与稳定，方能实现依法治国的伟大方略。

三、审判中心主义的矛盾论背景

我们要坚持唯物辩证法的两点论和重点论的统一，反对一点论和均衡论。因此，我们需要分析刑事诉讼中的主要矛盾，哪一方是主要的，哪一方是次要的。只有将这些问题搞清楚了，才能促进刑事诉讼的顺利进行。

（一）刑事诉讼中的主要矛盾

前面介绍了刑事诉讼中的各种矛盾，在这些矛盾中"事实调查认定与遵守法律程序的矛盾"是主要矛盾，对刑事诉讼的发生、发展和终结起着决定作用，处于支配地位，这个矛盾的存在和发展规定并且影响着其他矛盾的存在和发展。原因如下：

第一，这个矛盾贯穿刑事诉讼的始终，连接了刑事诉讼的各个阶段。从立案开始，直到后面的侦查、起诉、审判和执行，不管是哪个阶段的活动，不管是判决、裁定还是决定，都必须建立在事实的基础上，都不能脱离事实。例如，公安机关要立案侦查，必须有犯罪的事实发生；检察院提起公诉，必须有证据证明犯罪嫌疑人实施了犯罪行为并且需要追究刑事责任；法院判决被告人有罪，必须有确实充分的证据证明被告人实施了犯罪行为而且需要追究刑事责任。即使在执行阶段要给犯人减刑，也必须具有法律要求的减刑事实存在。

第二，其他非主要矛盾的发展和解决都是以主要矛盾为基础的。离开了主要矛盾，其他非主要矛盾则无法解决。换言之，主要矛盾决定或支配着其他非主要矛盾的解决。在刑事诉讼中体现为"事实调查认定与遵守法律程序"之间的矛盾影响着其他矛盾的解决。例如，检察院向法院起诉张三犯抢劫罪，并提供了张三在公安机关所作的关于自己实施抢劫的口供。法院开庭审判时，张三当庭推翻了自己的供述，说是由于受到公安机关的刑讯逼供才承认犯罪的。那么，张三到底有罪还是无罪，想要解决控辩双方的矛盾，必须先查明张三是否受到了刑讯逼供，即解决事实调查认定与遵守法律程序之间的矛盾。

（二）主要矛盾的主要方面

前文已提到，矛盾的主要方面是决定事物性质的主要因素，或者说事物的性质主要是由矛盾的主要方面决定的。那么，在"事实调查认定与遵守法律程序的矛盾"之中，哪一方面属于主要的呢？笔者认为，遵守法律程序应该属于主要方面，因为它规范和调整着事实调查认定的活动，决定着收集的证据是否具有合法性，决定着公安机关是否依法行使职权，决定着我们国家是否一个法治国家。

上述关于刑事诉讼中矛盾的内容与审判中心主义有着什么关系呢？一言以蔽之，两者的关系如此：刑事诉讼中主要矛盾和其主要方面决定着审判中心主义的形成和基本内容。原因何在？前已述及，刑事诉讼中的主要矛盾是事实调查认定与遵守法律程序的矛盾，若要高效正确地解决这个矛盾，必须先要解决两个问题：第一，谁来进行事实的调查与认定？第二，谁来确保调查认定事实的证据是依据合法程序取得的？

首先，在刑事诉讼中案件事实的调查基本是由侦查机关负责的，但是检察机关和审判机关为了查明案件事实，有时也要去调查收集证据。而且，不管哪个机关收集的证据，是否具有证据效力，最终都要由审判机关进行认定。然后，谁来审查判断案件中的证据材料是否依据合法程序取得？根据现行法律的规定，毫无疑问应由审判机关完成该项工作。这两个问题解决了，刑事诉讼中的主要矛盾也就解决了。我们可以看出，在解决这个主要矛盾的过程中，审判机关处于支配地位，发挥了主要作用，因此刑事诉讼应以审判为中心。

但是必须说明的是，审判中心主义是否就意味着审判机关的地位高于另外两个机关，即侦查机关和起诉机关呢？答案当然是否定的。通过上面的分析可知，审判中心主义的形成和提出并非为了解决三大机关之间地位高低的问题，而是为了保证依据法律规定的程序收集审查判断证据，从而客观准确地认定事实，最终作出正确的裁判。那么，如何实现这一目的呢？即由审判机关对诉讼中调查收集的所有证据进行审查判断，最终认定案件事实。此为审判中心主义之真正含义，并非为了解决地位高低的问题。审判中心主义是业务上的需要，并非法官的社会地位就高一截。

那么，如何实现审判中心主义呢？这就需要结合主要矛盾的主要方面来进行分析，然后以此为基础提出一些基本的原则或途径。前已述及，事实调查认定与遵守法律程序是刑事诉讼活动中的主要矛盾。因为主要矛盾处于中心地位，起着主导作用，其他的非主要矛盾都要围绕着主要矛盾而展开，都以主要矛盾的解决作为前提和基础。那么，这就要求我们在刑事诉讼活动中，充分发挥审判机关的作用，一切证据的效力最终都由法院认定，案件事实最终都由法院通过有效证据认定。

刑事诉讼中的主要矛盾需要通过法院行使审判权予以解决，这就决定了审判在刑事诉讼中的作用和地位，决定了审判中心主义的形成和发展。那么，法院如何更加正确高效顺利地解决主要矛盾呢？根据矛盾论的原理，我们要坚持两点论和重点论的统一，反对一点论和均衡论。这就需要法院在解决主要矛盾时，不能只顾及矛盾的一个方面，而要全面地看待两个方面，即坚持两点论。坚持两点论，即要求法院既要通过证据来审查认定事实，做到每项事实都有证据证明，又要注意证据的获取方式是否符合法律程序，违法的证据都不能采用，必须坚决排除。

另外，法院在解决主要矛盾时，虽然要求坚持两点论，必须顾及矛盾的两个方面，但是又不能平均用力，要把注意精力放在矛盾的主要方面上，坚持重点论。法院的重点要放在刑事诉讼中收集证据的程序合法与否上，合法的证据材料才具备证据的一个特征，即合法性。如果再具备了另外两个特征，即真实性和关联性，则此证据材料才能采用。如果收集证据的手段是非法的，则该证据材料不具备证据的合法性特征，应该直接予以排除。

由于法院对证据收集程序合法与否的审查是工作的重点，那么对于重点工作就应该重点对待，应该采取科学有效的方法来完成重点工作，从而促进主要矛盾顺利解决。对于法院而言，审查判断证据最有效的方法：一是审查证据的工作在法庭上完成，二是通过直接言词的方法进行审查。至于审判中心主义对于证据制度具体有什么要求，应该如何操作，具体内容将在第二章论述。

第二章 审判中心主义在证据制度上的要求

第一节 法院最终认定一切证据的效力

中国的刑事诉讼制度不断发展，以审判为中心的诉讼制度改革符合中国法制发展的需要。以审判为中心的诉讼制度的建立符合人类司法规律的共同要求，它依赖于科学的证据制度，为证据制度的发展提供了广阔的舞台。司法不是某个国家的特殊行为，而是人类社会共有的现象，它有自己的内在规律，任何国家都不能忽视和违背。否则，正义将被疏远，结果将伤害社会。诉讼以审判为中心，本质上符合马克思主义的认识论。从实践到认识，通过实践来检验认识，这是不可逾越的一步。司法活动进行的过程，从不知道案件的事实到通过证据揭示案件，并且得出结论，实际上是从实践到认识的过程。因此，这就是发达国家将其司法资源集中在审判阶段的原因。

以审判为中心的诉讼制度改革将重点放在审判阶段，将审判作为处理公、检、法各方意见的中心环节，然后由法官判断，这符合理性认识的要求。这也是人类理解世界的法则和认识论的基本原理。然而，中国过去的刑事司法正好违反了这一原则，模糊了审判并转移了重点。在刑事诉讼中，法院将公安机关和检察院提交的证据和意见直接予以认可并加以应用，这违背了刑事诉讼的基本规律。以审判为中心的制度建设，目的旨在调整诉讼关系，重新确立刑事诉讼审判程序的核心地位。

这就要求在健全的法律制度下，坚持用事实证明客观真相，用公正合理的程序来印证实体结果的公正，统一法律适用标准。司法，是一个定纷止争的过程。在这一过程中，证据和证据规则具有决定性地位和作用。司法者如果要对案件作出公正裁判，自己头脑中必须有清晰、准确的案件事实构图，这是基础和前提。司法实践表明，司法者头脑中案件事实全景图不能靠臆想，必须建立在若干证据及其呈现出的信息基础上。[1]因此，证据及其法则，是诉讼的关键，是审判的核心。可以说，对于司法者而言，

---

[1] 谢佑平．审判中心主义对我国证据制度的要求[J]．证据科学，2016，24（3）：272-274

除了证据，当事人所有的诉求都没有任何意义。在庭审控辩双方激烈对峙的环境中，唯有凭证据才能讲话，唯有在证据基础上的讲话才有价值。只要是建立在客观真实证据之上的裁判，即使某一方当事人不满，其合法性和权威性也应该得到承认。

以审判为中心的诉讼制度改革绝不能忽视证据审查在司法审判中的核心地位，诉讼制度改革针对证据制度方面的首要要求便是法院具有最终认定一切证据效力的权力。

一、法院最终认定一切证据效力的内涵

"以审判为中心"的改革要求刑事证据制度的配套改革，通过刑事证据制度的完善为"以审判为中心"的改革提供保障。《中共中央关于全面推进依法治国若干重大问题的决定》指出："全面贯彻证据裁判规则，严格依法收集、固定、保存、审查、运用证据，完善证人、鉴定人出庭制度，保证庭审在查明事实、认定证据、保护诉权、公正裁判中发挥决定性作用。"全面贯彻证据裁判原则、完善证据规则，是推进"以审判为中心"的改革、保障庭审在刑事诉讼中决定性作用的主要措施和保障。上述所言表明由法院最终认定一切证据效力是保障"以审判为中心"的改革目标得以实现的重要一环。一切证据的效力由法院最终认定，这就意味着法院具有最终决定证据效力的权力。

根据中央决定，最高法院提出了"诉讼以审判为中心，审判以证据为中心"的基本原则。上述原则要求法院通过审判发现疑点，澄清事实，查明真相，确保审判在认定事实，识别证据，保护上诉权和公正裁判方面起决定性作用。目前，法院审判的形式化在刑事诉讼中具有一定的普遍性。法官对证据的审查和对案件事实的认定主要不是通过法院调查，而是通过审判前后对案卷的审查来实现，审判未能在刑事诉讼中发挥实质性作用，显得无足轻重。实践证明，如果法庭审判不能实质化，所有其他诉讼程序将变得毫无意义，程序正义将无法实现，甚至将不可避免地导致冤假错案的发生。反之，如果我们能够重视审判的实质性作用，使法院的事实证据调查、案件的定罪和量刑辩论，以及裁判都在法庭上形成，必将为公平合理的裁判奠定坚实的基础。

法院对证据效力的最终决定权，应当包含以下两方面：

（一）法院对证据"三性"的审查具有最终决定权

根据刑事诉讼法学理论，证据具有三种特性，即客观性、合法性和关联性。检察机关的案件承办人在案件的审查起诉阶段应该严格依照规定对证据的三性进行审查，从而甄别、判断、筛选出可以用于证明案件事实的证据。人民法院对于证据效力的最终决定权首先来源于其对证据"三性"进行认定的权力。

首先，证据的客观存在是证据的基础，证据具有客观性。客观存在的事实是不可辩驳的，犯罪是已经发生的，那么犯罪事实也是客观存在的。侦查机关在寻找犯罪事实的各项证据其实就是在寻找这些客观存在的事实，发现并且收集它们，尽管检察机关在审查起诉的过程中也对证据有审查义务，但证据效力的最终认定权保留在司法机

关手中，司法机关应当对公安机关侦查、检察机关移送的证据的效力作出认定。这些客观存在的证据对于证明案件事实，证明嫌疑人有罪，追究犯罪嫌疑人责任都具有重要的意义。所以，证据审查要注重审查客观性。

其次，证据的合法性是指证据的形式和取证的手段合法。证据的形式合法是指证据的形式应当属于《刑事诉讼法》规定的八类证据中的一种。取证的手段合法是指公安司法机关收集证据时使用的手段或措施必须符合法律的规定。取证手段合法性审查是证据合法性审查的重点。

最后，证据的关联性表现在证据与案件事实的关联。在实践中，证据的出现一般都与案件事实有关联，但是检察机关的案件承办人为了更好地应对公诉出庭的职责、应对辩护人，就必须做好相应的准备。另外，证据的关联性还表现在各证据之间的关联，审查时主要看证据之间能否相互印证，是否能形成证据链。

根据证据裁判原则和"以审判为中心"的诉讼制度改革的核心精神，对审判者核心地位的确认首先应确保人民法院对证据客观性、合法性、关联性的审查及确认的权力，唯有确保人民法院对证据"三性"认定的权力，才能在实质上确保审判者在刑事司法中的核心地位，也才能形成刑事诉讼的有效监督模式。

（二）非法证据排除规则在审判阶段的适用

《最高人民法院关于执行〈中华人民共和国刑事诉讼法若干问题的解释〉》第61条和《人民检察院刑事诉讼规则》第265条中都有关于非法证据排除的规定。规定指出严禁以非法的方法收集证据，严禁公安机关或者检察机关采用刑讯逼供或者诱供等非法手段获取证人证言、被害人陈述、犯罪嫌疑人供述与辩解。检察院若发现以上行为应当提出纠正意见，同时若有自己的意见也可以自行调查取证。如果侦查机关没有另行指派侦查人员重新调查取证的，检察机关可以依法退回侦查机关，并要求侦查机关补充侦查。虽然《刑事诉讼法》用"五条八款"全面规定了非法证据排除程序，初步奠定了非法证据排除制度的基础。不过，实践非法证据排除制度的效果却不尽如人意，主要原因是缺乏非法证据明确、统一的标准，以及排除非法证据的程序细则。为了有效防范冤假错案，只有通过刑事诉讼特别是审判程序依法排除非法证据，从而倒逼侦查机关按照审判程序的要求规范取证行为，促进人权司法保障的进步。

其一，确保法院强制排除非法证据的权力。在刑事诉讼中，法院对非法证据的排除发挥着关键作用。我国《刑事诉讼法》规定的非法证据排除主要是言词证据的排除，而且实行的是强制性排除。对于通过刑讯逼供等非法方法获取被告人供述，使用暴力威胁等非法方法收集证人证言和被害人陈述的，一经发现，一律予以排除，不用考虑其他情形。除此之外，根据司法解释的规定，强制性排除不但适用于言词证据的排除，还适用于严重的程序性违法。例如"讯问笔录没有经被告人核对确认的"等情形如果出现，依然予以强制排除。而以上非法证据的排除主要发生在审判阶段，必须充分发挥法院的职能和作用，因此必须确保法院强制排除非法证据的权力。

关于非法证据被排除的原因，一方面是因为被强制性排除的非法言词证据取证手段严重侵犯了公民的基本权利，如生命权、身体权、人格尊严等。另一方面是因为这些证据的收集出现了严重的程序违法，程序违法往往会使得证据的真实性大打折扣，从而产生司法不公。而且，严重的程序违法通常无法补救，只有采取强制性排除，才能维持程序公正与实体公正的平衡。

其二，证据形式的合理转化。根据我国《刑事诉讼法》的规定，如果刑事诉讼中使用的证据不属于法律明确规定的八种证据形式，则该证据就应当予以排除。但是，如果证据内容真实，取证手段合法，则可以对证据形式进行转换，使其表现形式合法化后作为证据使用。

二、原因探析

（一）由人民法院的基本性质决定的

"以审判为中心"是我国刑事诉讼理论界与刑事实务界的独特命题，由于传统的刑事司法体制所带来的影响，公安机关在政法系统中一直处于强势地位，再加上公安机关作为主要的侦查机关，其在刑事诉讼程序中处于第一关键环节，二者的相互作用，造就了刑事诉讼的"侦查中心主义"，整个刑事诉讼程序形成了流水化的程序化进程。[①]侦查阶段是案件主要事实的形成阶段，而且这些法律事实一旦形成，后续的程序很难再对其进行实质上审查和监督。国内近年来些冤假错案的披露，其根源无不是在侦查阶段。但由于"侦查中心主义"决定了侦查机关的强势地位和法院审判工作的弱化，导致法院的审判对侦查机关的侦查所本应起到的制约作用失灵。

"以审判为中心"的诉讼制度改革强调审判权的中心地位，也正是因为法院在刑事诉讼中本应具有的核心地位才决定了法院具有最终认定一切效力的权力。法院是"社会正义的最后一道堡垒"。其天职是以符合正义的方式解决各种社会争端和纠纷，使每一个为维护个人权益而诉诸司法的人，都能获得基本的公正对待。[②]尤其在刑事诉讼中，法院自身作为司法裁判者的角色，应做到中立，被动，不偏不倚，不仅在实质上，更在形式上给世人展示一种"看得见的正义"。正如托克维尔所言："从性质上来说，司法权自身不是主动的。要想使它行动，就得推动它。向它告发一个犯罪案件，它就惩罚犯罪的人；请它纠正一个非法行为，它就加以纠正；让它审查一项法案，它就予以解释。但是，它不能自己去追捕罪犯，调查非法行为和纠察事实。"在刑事纠纷只能通

① 魏晓娜. 以审判为中心的刑事诉讼制度改革[J]. 法学研究,2015,37(4):86-104.

② 陈星. 法院角色究竟为何:从"法院中立性"探究中国刑事诉讼领域的若干问题[J]. 法制与社会,2011(12):127-128,135.

过诉讼解决的文明社会，公正就成了诉讼的根本价值基石。司法公正是刑事诉讼的终极价值追求，其内含了这样一个程序构架：冲突双方，即诉讼中的控诉方与辩护方位于两边，法官则要兼顾实质正义与程序正义。联合国在1948年通过的《世界人权宣言》中规定：法律面前人人平等，无罪推定，有权要求组成独立的、不偏袒的审判庭进行公平、公正的审判。当被指控为犯罪时，有权为自己辩护。可见，国际刑事诉讼的发展趋势已开始更多地注重对被告人权利的保障，而法院在刑事诉讼中的准确定位是其进行公正审判的基础。

人民法院的行为特点包括超脱的中立性、亲历性、评判性、必然性。裁判者的中立性首先体现在司法程序的启动方面。其基本要求是，法院的所有司法活动只能在有人提出申请以后才能进行。没有当事者的起诉、上诉或者申诉，法院不会主动受理案件，同时，法院一旦受理当事者的控告或起诉，其裁判范围就必须局限于起诉书所明确的被告人和被控告的事实，而绝不能超出起诉的范围主动审理未经指控的人或事实。基于此种保持中立，被动的司法权具有明显的对控告请求进行应答的特征，人们通常又将这种被动性直接称为"应答性"特征。此外，《刑事诉讼法》第十二条规定："未经人民法院依法判决，对任何人都不得确定有罪。"该条文被认为是无罪推定原则中国化的体现，其也体现出人民法院在刑事诉讼所具有的独立地位。

（二）由"审判为中心"的改革模式决定的

刑事证据制度运行中的问题是推动"以审判为中心"的改革的原因之一。在习近平同志所作的《〈中共中央关于全面推进依法治国若干重大问题的决定〉的说明》（以下简称《决定》）中，对"以审判为中心"的改革与刑事证据制度运行中的问题之间的关系，有非常明确的表述。"在司法实践中，存在办案人员对法庭审判重视不够，常常出现一些关键证据没有收集或者没有依法收集，进入庭审的案件没有达到'案件事实清楚、证据确实充分'的法定要求，使审判无法顺利进行。"这段说明从刑事证据制度运行现状的角度，指出了为何推进"以审判为中心"的改革："一些关键证据没有收集""一些关键证据没有依法收集"，以及"进入庭审的案件没有达到'案件事实清楚、证据确实充分'的法定要求"，导致审判无法顺利进行，是进行"以审判为中心"的改革的直接原因。也就是说，刑事证据制度运行中存在的问题，导致审判无法顺利进行，因此需要"以审判为中心"的改革来应对。

如何理解以审判为中心，仍有许多不同的意见。一些人认为，以审判为中心的本质是以司法审判的证明标准为中心。侦查、审查起诉和审判程序都应该集中在"事实清楚，证据确实充分"这一标准上。还有一些观点认为以审判为中心包括三个方面的内容：一是法院行使定罪权，二是以审判为中心是以庭审为中心，三是侦查、起诉为审判作准备。再有观点认为，以审判为中心的机制是联合利用侦诉、辩护和审判这三项职能。更有观点认为"以审判为中心"应该被理解为以审判活动为中心。上述四个观点从不同角度解释了以审判为中心的内涵，并具有一定程度的合理性。在这里，笔者试图从证据的角度来理解以审判为中心，因为"证据是诉讼的基石，案件质量的核心"，证据是判断案件事实和恢复真相的唯一手段。案件是证据，如果案件的侦查和起诉没有以证据为核心，案件的质量就难以保证。如果没有证据作为基石，那么审判中心建筑的基础就不结实。因此，以审判为中心本质上是以证据为中心的，即审判、起诉、侦查和辩护应侧重于证据收集、证据审查、证据判断。换句话说，我们应该围绕证据展开和推进所有刑事诉讼活动。要想掌握以审判为中心的诉讼制度改革的"牛鼻子"，就必须紧紧抓住证据这个关键目标。

三、国内外制度比较

由于我国的诉讼模式和法律制度具有自己的特色，因此"以审判为中心"的诉讼制度中的相关证据制度也应该与其他国家有所不同，所以在有些问题的处理上不能直接照搬域外制度。那么，有以下具体问题需要予以厘清与释明：

（一）保证庭审中对控方证据及指控事实的检验，而非盲目消除预断

在探讨"以审判为中心"诉讼制度改革时，有些学者往往指出：想要实现"以审判为中心"，必须改变以侦查为中心的现状，避免法官受控方移送的案卷影响而形成预断，甚至有些学者主张实行起诉状一本主义，把审判与侦查的联结切断，通过庭审使得法官在空白的头脑中形成心证，如果不是这样，就难以形成"以审判为中心"。但是，结合我国诉讼制度独有的特征，我们认为实行"以审判为中心"真正的关键点在于法官要改变以往仅进行形式化检验的审判虚化状态，能够对控方证据及指控事实进行实质性的检查和验证。"以审判为中心"诉讼制度的关键点并不在于防止法官通过案卷材料形成预断，并在头脑空白的状态下形成心证。实际上，这一点在我国的诉讼制度下也不可能真正实现。

其一，由于我国刑事诉讼采取一元制的审判组织形式，因此不可能完全消除法官因控方案卷而导致的预断。在英美法系的陪审团审判中，采取的是二元制审判组织形式，法官只需要进行必要的指示，事实认定由陪审团负责，而陪审团的事实认定结论是建立在庭审中当事人对抗过程之上的，所以为了防止陪审员心证受到法庭对抗之外其他因素的影响，禁止陪审员审前接触案件证据材料，甚至只有到了评议阶段才能将控方起诉书带至会议室内。①因此，在陪审团审判的案件中，是有可能也有必要防止作为事实认定者的陪审团产生预断的。但在法官独自审判的案件中，就无法实现完全防止预断，如美国的轻罪案件中，案卷材料直接进入治安法院由治安法官主持庭审，所

---

① 伟恩·R.拉费弗,等.刑事诉讼法(下)[M].卞建林,沙丽金,等,译.北京:中国政法大学出版社,2003:1295.

以治安法官在庭前就可以接触所有案卷证据材料。[①]而在大陆法系国家，由于普遍实行案卷并送制度，也无从防止法官在审前产生预断，如德国的刑事诉讼普通程序中，在中间程序启动后检察官就将起诉书及卷宗移送法院，所以法官在审前就能阅读案卷。[②]在法国，在重罪案件中所有的案卷材料都要移送至重罪法院书记官室，负责审判的法庭成员事先可以也应该对案卷材料进行审查；违警罪与轻罪中，同样也在庭前准备阶段由法官进行案卷审查。[③]而日本虽然实行起诉状一本主义，但也并未实现消除法官预断，[④] 近年来甚至通过建立庭前证据开示制度和争点整理程序而在实质上摒弃了起诉状一本主义。[⑤]由此可见，无论是英美法系国家，还是大陆法系国家，都不可能在所有案件中完全消除法官在审前形成预断，只不过形成预断的程度、阶段有所不同而已。若要完全防止裁判者预断，只有在英美法系国家二元制审判组织形式中方才具有可能性，因为英美法系采用陪审团审判模式，在此模式中陪审团和法官的职责是分开的，陪审团的职责是根据庭审证据情况认定事实，法院的职责是依据陪审团认定的事实适用法律，只有在这种模式下才能创造一个相对隔离的空间。如果是在法官独自审判的模式中，不管是大陆法系还是英美法系国家，都难以完全防止预断。因为法官需要参与案件的庭前准备、庭审和裁判的全过程，其在审前绝对不可能做到完全不接触案卷或案件证据信息，因此就无从做到完全不产生预断。国内的学者往往将我国划分到大陆法系国家中，因此我国本质上还是职权主义的诉讼模式，即使近年的刑事诉讼改革吸收了英美法系对抗制的一些因素，但中国的法官不可能像英美陪审团审判那样，将判错案件的责任转移至陪审团的身上，他们必须通过驾驭庭审、认定事实、判决说理等更能动的手段去发现真实，由于法官需要承担的责任和产生的内在压力，他们在庭前和庭后必须熟读案卷，以此来避免办理案件时出现错误，这是一个必不可少的步骤。因此我国在庭前完全防止法官预断是不可能做到的，其他大陆法系国家也是这样的。

其二，更值得我们注意的问题，诉讼制度是否"以审判为中心"，它的判断标准根本并不在于是否能够在庭前消除法官的预断，而是在于能否通过审判发挥对事实认定的实质性作用，通过审判对控方的证据和指控事实进行真正的审查和验证。如前所述，不管是在英美法系还是在大陆法系国家，均会存在法官审前产生预断的可能性，不过我们注意到在这些国家中同时存在一种贯穿始终的案件信息分享和平衡机制，因为这种机制能够保障双方具有实质化审判所需的证据信息，能够把法官审判预断所产生的

① 郭松．庭前公诉案卷移送制度改革新论：以庭审实质化为中心的讨论[J]．福建公安高等专科学校学报，2007（4）：46-52．
② 罗科信．刑事诉讼法[M]．吴丽琪，译．北京：法律出版社，2003．
③ 法国刑事诉讼法典[M]．余叔通，谢朝华，译．北京：中国政法大学出版社，1997：145，174．
④ 章礼明．日本起诉书一本主义的利与弊[J]．环球法律评论，2009，31（4）：81-89．
⑤ 顾永忠．试论庭审中心主义[J]．法律适用，2014（12）：7-11．

弊端全部化解；而且，这些国家在诉讼中有效实施直接言词原则、传闻证据规则、交叉询问规则等证据原则和规则，充分保障了庭审实质化的案件信息检测与认证机制的实现，法官在对控方证据及指控事实进行实质化验证的条件下，能够准确地认定案件事实。所以，在这些国家主要问题并不是法官审前形成预断，审判预断并不会导致错误判决的形成，他们能够通过审判中对证据和事实的实质性审查而纠正不正确的预断。基于以上理由，我们认为"以审判为中心"的诉讼制度的关键在于实现审判的实质化，法官最终根据庭审中确认的证据而不是侦诉阶段形成的证据来认定案件事实，因此保障审判对控方证据及指控事实的实质性检验在实施"以审判为中心"的诉讼制度中就显得特别重要。而我国的情形则与国外相反，长期以来，侦查在刑事诉讼过程中占据主导性地位，审判则只是进行形式化的检验，对侦查机关收集的证据和认定的事实只是进行形式上的审查，审判中的举证、质证、认证、裁判只是走个过场，表现出来的是一种虚化的状态，这也使得审判中心无法形成。综上，是否能够消除法官审前预断，不是"以审判为中心"诉讼制度的必要条件。

（二）庭审中审查证据制度之必要性

根据《决定》中所提的目标，"以审判为中心"的改革要"保证庭审在查明事实、认定证据、保护诉权、公正裁判中发挥决定性作用"，因此，"以审判为中心"凸显了庭审在认定案件事实方面的决定性作用。可见，对于认定案件事实来说，"以审判为中心"要求庭审在认定事实过程中发挥重要作用。然而，在我国的刑事诉讼实践中庭审证据的出示并未达到基本要求，这就要求法官应尽量将庭审之外其他阶段所发现的证据纳入庭审中，使其成为庭审中出示、质证的证据。目前我国尚不完全具备完全庭审证据裁判的条件，所以在我国目前这种诉讼实践状况下必须重视庭审之外其他阶段的证据，如法官依职权调查的证据、控辩之外其他主体提供的证据、法官或检察官意外获知的证据信息、庭审后发现的新证据等，将这些证据纳入庭审，以促进准确、全面地认定案件事实。

实际上，即便在对抗制极其发达的英美，也存在将其他证据吸纳进入庭审的机制，如在美国，即便在陪审团作出有罪裁判之后，被告人依然可以向法院提出作出无罪判决的动议，如根据有罪裁决违反证据价值、审判中或审前的错误而申请重新审判；根据新发现的证据而申请重新审判。[1]如此一来，如果陪审团根据庭审中的证据已经作出有罪判决，在判决生效之前，被告人尚且具有补救机会，以庭审外新发现证据为由提出申请而获得无罪判决。大陆法系国家也同样将用于事实认定的证据范围延伸至庭审之外，在德国的刑事诉讼中，除了在庭审中控辩双方举证之外，法官对于未提出的对

---

① 伟恩·R. 拉费弗. 刑事诉讼法(下)[M]. 卞建林，沙丽金，等，译. 北京：中国政法大学出版社，2003：1272-1273.

案件事实之澄清有助益的证据，也应加以调查，无须虑及诉讼参与人是否提出证据调查声请；而且在判决宣示前，尚可依其裁量权接受新的证据声请，亦可再行审判程序。①而日本的刑事诉讼中，在庭审辩论结束后，如果法官认为适当，根据检察官、被告人或辩护人的请求或依照职权，可以决定重新开始已经结束的辩论，使案件返回到审结前的状态，重新开始的程序与以前的程序重合，再次调查证据。从这些国家的做法可见，庭审固然对证据调查及事实认定至关重要，但对事实认定尤其是有利于被告人的事实认定来说，证据不限于庭审中展示的部分，还包括庭审中未提出的证据，并且这些证据会被纳入庭审，以此避免错误认定案件事实或导致无辜的被告人被不当追诉。

四、现存困境及出路

（一）我国现存困境

1. "侦查中心主义"的思维僵局难以突破

"以审判为中心"是我国司法理论中一个特有的命题，西方法治发达国家并无此概念，西方法治发达国家在创建刑事诉讼架构时以审判为中心作为其根基，因而其刑事诉讼自发地体现出审判者的核心地位，但我国的刑事司法相较于西方却大有不同。我国的刑事诉讼制度包括侦查、起诉、审判等重要阶段，呈现出"流水式作业"的特点，几个重要阶段有着固定的先后顺序，而且《刑事诉讼法》规定了三大机关在这一流程中要分工负责、互相配合、互相制约，这一原则更加增强了刑事诉讼过程的阶段化特征。人民法院作为审判机关行使审判职能，但在司法实务中审判活动只不过是刑事诉讼这一流水线上的收尾工作，在刑事诉讼程序中审判机关的作用更像是对此前进行的侦查和起诉活动所认定的案件事实进行加工和认定而已。

从制度设计上而言，法院必须依靠证据对被告人作出有罪与否的判决，证据认定与否是法院审判权威的重要表现形式，证据是法院施展拳脚的重要领域。但在司法实践中，当公诉机关向法院提起公诉时，有些案件犯罪构成要件由于缺乏必要的证据加以证明，从而导致法院在认定公诉机关指控的犯罪是否成立时，没有充分的证据作为裁判的依据。面对这种案件，法院理应按照"疑罪从无"的原则加以认定，但是出于种种原因，法官却难以依照规则作出裁判，从而导致出现了"既难以依法定罪也难以依法宣告无罪"的两难境地，这足以说明证据裁判原则没有得到有效遵守，也从一个侧面反映了证据制度的运行现状。

---

① 罗科信. 刑事诉讼法 [M]. 吴丽琪, 译. 北京: 法律出版社, 2003: 416, 456.

此外，面对未达到证明标准的案件，法官想要直接宣告无罪面临重重困难。经过多年的立法发展，刑事案件的证明标准不断得到细化：从"事实清楚、证据确实充分"，到引入"排除合理怀疑"；从笼统化的统一证明标准，到细化规定证明标准的具体要求，并且对一些程序性事项规定了单独的证明标准。但是在司法审判中，当案件没有达到法定的证明标准时，法官却很难按照证据规则的要求认定被告人不构成犯罪。我国刑事审判机关面临着"难以依法定罪也难以依法宣告无罪"的证明标准适用困境。

2. 证据效力认定权归属混乱

《刑事诉讼法》第五十二条却规定："审判人员、检察人员、侦查人员必须依照法定程序，收集能够证实犯罪嫌疑人、被告人有罪或者无罪、犯罪情节轻重的各种证据。"证据的收集权与认定权贯穿于侦查、起诉和审判的全过程，证据的认定权不是法院独享的权力。如此一来，对在程序上置于审判之前的侦查、起诉阶段认定的证据，法院在审判过程中只是简单地进行确认，很难对其进行实质性的审查与排除。这就在一定程度上造成了证据认定，甚至是审判程序的虚无化。又如，《刑事诉讼法》第五十六条第二款规定："在侦查、审查起诉、审判时发现有应当排除的证据的，应当依法予以排除，不得作为起诉意见、起诉决定和判决的依据。"这一规定表明，检察机关在刑事诉讼程序中可以排除侦查机关提供的证据，审判机关在刑事诉讼程序中可以排除检察机关提交的证据，这一规定明显地体现出"诉讼流水作业"的特征。而且，如果检察机关排除非法证据存在错误，从而致使该证据材料没有提交至审判程序，那么就会影响对案件事实的法律还原，这不能不说是一个缺憾。因此，法院的审判工作在很大程度上受制于前面发生的诉讼程序。从证据的收集与认定这一侧面也可以看出，我国的刑事诉讼程序具有非常明显的阶段化特征。

3. 庭审中对证据的审查问题依旧

其一，笔录类证据在刑事审判中具有主导地位。根据专家学者的概括，我国的刑事诉讼审判方式呈现出案卷笔录中心主义的特点，笔录在刑事审判过程中占据重要地位。例如，被告人供述、被害人陈述、证人证言等言词证据，本来应以口头陈述的内容来证明案件事实，但在刑事审判实务中基本上以笔录的形式存在，虽然被告人在庭审中作出与笔录不同的陈述，虽然证人在个别情况下出庭作证并且改变了证词，但并不必然否定笔录证据的证据能力，而且法官更倾向于采用言词证据的书面形式——笔录作为定案根据。在各种侦查活动中，也会形成诸如勘验检查、搜查扣押、辨认等诸多笔录。法官通过这些笔录来认定侦查活动是否合法，故此它们对审判活动的意义不言而喻。可以这么说，侦查、公诉机关制作的各种笔录在刑事案件审理过程中对法庭审判发挥着决定性作用，基本上成为法官作出裁判的基础。

其二，庭审中对证据的审查基本不采取直接言词的方式，这与笔录证据的地位息息相关。在我国司法实务中，由于笔录证据具有重要的地位，因此审判时只需要对笔录进行质证和认证就可以了，不需要提供言词证据的主体出庭，从而导致刑事审判中证人、鉴定人出庭率低，这已经成为我国刑事审判程序中长期存在的顽疾；同时，由于侦查主体的强势地位，侦查笔录的制作者很少出庭，即使在庭审中遇到对侦查活动中形成的笔录产生疑问时，其制作者也很少出庭说明情况。在这种情况下，法庭审判基本上不需要适用直接言词原则，因为庭审实际上是控辩双方对控方提供的各种笔录证据进行审查质证，根本不具备适用直接言词原则的基础。

（二）庭审中刑事证据认定机制的完善之路

近年来，中共中央已下定决心推进"以审判为中心"的诉讼程序改革，系列法律法规也相应出台。对于刑事证据制度运行机制的完善而言，"以审判为中心"的改革仅仅是一个研究的视角。但是，通过这一视角的切入，我们已然窥探到刑事证据制度运行机制问题的复杂。可以说，没有司法体制、诉讼程序、参与主体、司法资源等多方面的配套改革，刑事证据制度运行机制的完善难以得到有效实现。基于我国刑事司法存在的现实困境，笔者提出以下建议：

其一，必须充分重视对司法体制的配套改革。事实上，公安机关、检察机关和法院之间的关系，诉讼过程中各种权力的分配，法院的内部管理制度，都是司法制度改革的重要内容，都构成刑事证据制度及其运作机制的重要基础。如果在诉讼程序中不能确立审判的主导地位，如果刑事诉讼中的各种公共权力不能合理配置，如果法院的内部行政管理不能改变，刑事证据制度运行机制的完善措施都难以得到有效实施。

其二，诉讼程序的配套变革是刑事证据制度运行的前提保障。证据制度的运作与诉讼程序之间存在着密不可分的关系，如果没有必要的程序保障措施，证据制度根本无法有效运作。因此，为确保证据制度的有效运行，必须合理构建刑事证据制度所依据的诉讼程序，并协调该诉讼程序与其他诉讼程序的关系。否则，诉讼程序的缺失、不适必将严重影响刑事证据制度运行的效果，证据制度必将难以发挥应有的价值和作用。

其三，诉讼主体的有效参与，提高诉讼主体的法律素质，确保证据经得起法律检验，同样是证据制度运行的重要保障。从刑事证据制度的功能设置来看，其核心功能是约束法官的自由裁量权，保护被告人的基本权利。要使这个功能得到充分的发挥，一个非常重要的诉讼主体是辩护律师。只有当辩护律师充分参与刑事审判并发挥重要作用时，才能通过适用证据规则来实现这一功能。如果律师参与刑事审判只是一种形式，甚至律师连刑事审判也不能参加，则刑事证据规则难以有效运作，更不用说实现其基本职能。

再来看看法官的情况，法官是审判期间审查和判断证据的最重要的主体。只有法官具备较高的理论素养和较强的实践能力，才能确保证据规范和制度的准确理解和应用，刑事证据制度才能真正发挥其应有的作用。另外，侦查人员和检察人员作为控诉一方，同样对刑事证据制度运行机制起着重要的保障作用，他们在取证、举证、质证等活动中能否依法进行，也是刑事证据制度能否良性运行的关键环节。

第二节　证据的审查判断在法庭上完成

一、各国证据审查判断的方式

大陆法和英美法尽管在刑事审判构造上存在诸多的差异，但在对待公诉方案卷材料的态度上却具有一些相似之处。原则上，公诉方移交法院的案卷材料，包括证人的庭外证言笔录和被告人的庭外供述笔录在内，在大陆法国家被视为"不具有证据能力"的证据，[①] 而在英美则被看作"不具有可采性"的证据，[②] 它们都不得成为法庭认定案件事实的依据。与国外的证据制度相比，虽然我国《刑事诉讼法》规定证人具有出庭作证的义务，强调禁止强迫被告自证其罪，但并未否认公诉机关案卷笔录的证据能力。理论上，法律研究人员一直主张实施直接和言词审判的原则。司法改革决策者甚至将直接和言词审判原则写入权威政治文件，并将其作为指导中国司法改革的理论方案之一。但是，到目前为止，公诉机关的案卷材料仍然是刑事法官调查案件事实的依据。无论证人是否出庭作证，侦查人员或检察人员收集的证据过程和结果的书面记录仍可作为法院确定案件事实的依据。

（一）法官的庭前阅卷

英美法系实行的起诉方式是起诉书一本主义，要求检察官在提起公诉时只提交一份起诉书，而不是将全部证据材料移交法院。负责对事实作出判断的人，不管是法官还是陪审团成员，不得在审判前接触案件材料，也不得通过阅读文件开始法庭审判工作。反之，大陆法系实行的起诉方式则为卷宗移送主义。在提起公诉时，检察官将所有案卷材料移交法院，法官在全面评阅的基础上开始庭审。当然，那些作为合议庭成员的陪审员被禁止阅读案卷材料，也不得通过其他方式了解案卷的内容。

---

① 罗科信. 刑事诉讼法[M]. 吴丽琪, 译. 北京: 法律出版社, 2003: 428.

② 诺曼·M. 嘉兰, 吉尔伯特·B. 斯达克. 执法人员刑事证据教程(原书第4版)[M]. 但彦铮, 等, 译. 北京: 中国检察出版社, 2007: 207.

与大陆法相似，中国法也实行案卷笔录移送主义的起诉方式。这种起诉方式在 1996 年以后一度发生过变化，当时的《刑事诉讼法》要求检察机关只提交"主要证据的复印件或者照片"以及"证人名单""证据目录"，至于全部案卷材料，则要等法庭审理结束后，才全部移交法院。2012 年以后，这种起诉方式被废止，1979 年《刑事诉讼法》所确立的全案卷宗移送制度得到恢复。[①]无论是独任法官还是合议庭成员，都要在全面查阅和研读公诉方案卷材料的基础上开始法庭审理活动。

在开庭审判之前，法官基本上全面阅读了公诉方移交的案卷材料，既清楚了侦查工作和审查起诉的整个过程，也熟悉了国家专门机关在审判前所制作的全部诉讼文书，还对侦查人员收集的所有证据材料有了较为全面的认识。

（二）作为法庭调查对象的案卷笔录

在英美对抗式审判程序中，那些记录侦查过程和证据笔录的案卷材料，一般只能作为庭前审查公诉的依据。在法庭审判中，公诉方要证明本方的公诉事实，只能以证据法所容许的方式逐一进行举证，如当庭出示物证、宣读书证、播放音像材料，等等。而对于证人证言，原则上都要通过传召证人出庭作证的方式来进行交叉询问。而在大陆法国家的职权主义审判程序中，职业法官尽管在开庭前有阅卷和讨论控方证据的机会，但这些案卷材料一律不具有证据能力。[②]具体来说，法院不得将这些案件材料用作法院调查的对象，也不得直接将档案中记录的证据材料作为最终裁判的依据。除法定例外情况外，所有证据必须在主审法官的主持下逐一进行展示、阅读和播放。原则上，证人必须在法庭上作证，将案件的事实当庭向法院陈述，并接受审判组织的询问和控辩双方对某些具体问题的发问。

与英美法系和大陆法系不同，中国刑事法官直接以检察机关的案卷作为法院调查的对象。在法官进行的法庭调查中，检察官在法庭上作证的基本方式是直接出示、宣读和播放案件卷宗中记录的证据材料，而案件中收集的言词证据大多是通过宣读笔录的方式给予出示和说明的，当然法庭必须给予被告人及其辩护人充分的机会对笔录进行质证。在这种情况下，所谓的"当庭质证"是对检方所记录的证词、被告人供认的笔录以及受害人陈述的记录提出问题并表达不同意见。不管证人或受害人是否出庭，以及被告人是否在法庭上推翻了供认，检方都会在法庭上对言词证据加以出示和阅读。当然，考虑到这些言词证据笔录不仅内容庞杂，而且有可能存在多个版本，因此，公诉方对这些笔录有可能采取有选择的、节录式的宣读，也有可能对大体相似的笔录作

---

① 陈瑞华. 案卷移送制度的演变和反思[J]. 政法论坛，2012，30（5）：14-24.
② 菲尼，赫尔曼，岳礼玲. 一个案例 两种制度：美德刑事司法比较[M]. 郭志媛，译. 北京：中国法制出版社，2006：343.

出合并概括式的宣读。①

无论采取何种方式进行出示、宣读和播放，只要是对公诉方案卷材料进行了书面审查，都意味着法庭承认了这些案卷材料的合法性。一般来说，不管是什么证据材料想要转化为定案的根据，它必须同时具备证据能力和证明力。不管是言词证据还是实物证据，都必须以具备证据能力为前提，否则就要被排除于法庭之外。然而，中国刑事法庭直接将案件材料作为案件调查对象，这就等同于法院完全认可了这些案卷材料的证据能力。可以这样认为，中国法院在这种以案卷笔录为中心的审理方式中直接推定侦查人员所搜集的证据材料具有合法性，其证据能力已经到了不容怀疑的地步。法庭对这些案卷材料所要做的只是审查其证明力而已，也就是对其真实性和相关性予以确认。

（三）证言笔录的证据能力

在英美对抗式审判程序中，交叉询问是审查言词证据的最重要方式，也被视为防止伪证的有效手段。而传闻证据一旦被提交法庭，就使得那些亲自感知案件事实的人避开了交叉询问程序，无法保证其陈述的真实性，也剥夺了对方进行反询问的机会，因此，传闻证据不具有可采性。侦查人员在庭前所制作的证言笔录，一般都被视为传闻证据，其可采性受到法律的否定，法官通常会将其予以排除。当然，在一些例外情形下，如为了唤醒证人的记忆，或者为了那些当庭提供了不同于庭前证言之陈述的证人，或者在一些法定不可抗力的情形下，法官也允许公诉方宣读证人的庭前证言笔录。②

而在大陆法国家的审判程序中，基于直接审理的原则，证人原则上必须出庭作证，其当庭证言方被认为具有证据能力。公诉方卷宗中所记载的证言笔录原则上是不得作为证据使用的。但在法定例外情形下，证人即便不出庭作证，其原来所做的庭外证言笔录也可以被援引为证据。例如在德国，《刑事诉讼法典》允许在四种情形下当庭宣读证人庭前向法官所做的证言笔录：一是证人因死亡、患病、身体虚弱、路途遥远等法定原因无法到庭的；二是检察官、辩护人和被告人都同意宣读的；三是证人当庭无法回忆案件事实，需要帮助其恢复记忆或者消除陈述矛盾的；四是发现证人当庭证言与庭前证言笔录不一致的。③需要注意的是，《德国刑事诉讼法典》还允许法庭宣读证人向警察、检察官所做的询问笔录或书面陈述，但要符合两方面的前提条件：首先，被告人必须有辩护律师的帮助；其次，检察官、辩护律师和被告人都表示同意。但是，如

----

① 有关刑事法庭上证人宣读的实际方式，可参见"陈瑞华.案卷笔录中心主义：对中国刑事审判方式的重新考察［J］.法学研究，2006（4）：63-79."

② 诺曼·M.嘉兰、吉尔伯特·B.斯达克.执法人员刑事证据教程（原书第4版）［M］.但彦铮，等，译.北京：中国检察出版社，2007：207.

③ 约阿希姆·赫尔曼.德国刑事诉讼法典［M］.李昌珂，译.北京：中国政法大学出版社，1995：103-104.

有一方当事人反对宣读，这种由警察、检察官所做的"非司法询问"笔录，就只能在证人死亡或者无法到庭接受询问时才可以使用。①

与英美法系和大陆法系都不相同的是，中国法律原则上并不否认证人在庭外所作证言的证据能力。侦查人员所做的证言笔录与公诉方案卷中的其他证据材料一样，可以毫无阻拦地出现在法庭上，并且成为法庭调查的对象。公诉方在法官的主持下，可以随意地宣读证人在庭外向侦查人员所做的证言笔录。这种任意宣读庭外证人证言笔录的法庭调查方式，一直被大家当作造成法庭审理流于形式的主要原因。

（四）被告人供述笔录的证据能力

在英美对抗式审判程序中，交叉询问是审查词证据的最重要方式，也被视为防止伪证的有效手段。而传闻证据一旦被提交法庭，就使得那些亲自感知案件事实的人避开了交叉询问程序，无法保证其陈述的真实性，也剥夺了对方进行反询问的机会，因此，传闻证据不具有可采性。侦查人员在庭前所制作的证言笔录，一般都被视为传闻证据，其可采性受到法律否定，法官通常会将其予以排除。当然，在一些例外情形下，如为了唤醒证人记忆，或者为了对那些当庭提供了不同于庭前证言之陈述的证人，或者在一些法定不可抗力的情形下，法官也允许公诉方宣读证人的庭前证言笔录。②

而在大陆法国家，被告人庭前向警察、检察官所做的供述笔录，只有在具有自愿性的情况下才具有证据能力。如在德国，对于侦查人员采取虐待、疲劳战术、伤害身体、服用药物等法律所禁止的手段所获取的被告人供述笔录，法院不得作为证据使用。反过来，在不违反法律的禁止性规定的情况下所获取的被告人供述笔录，法院仍然可以将其采纳为定案的证据。③在司法实践中，由于法官所做的司法性询问（讯问）笔录更容易为法庭采纳，因此，警察、检察官有时会请法官在侦查阶段介入进来，对被告人进行讯问，并制作被告人供述笔录。④法官在法庭审理中向被告人发问时，被告人享有选择的权利，可以保持沉默，也可以向法官作出陈述。不过，在被告人进行陈述时，如果法官发现被告人当庭所作陈述与其庭前供述笔录不一致，两者出现矛盾时，法官可以直接宣读他在笔录中记载的被告人供述。

而在中国刑事诉讼程序中，法院一般都认为被告人的供述笔录具有证据能力，因此这些供述笔录将直接被作为定案的根据。除非遇到了特殊情况，即法院以法定程序启动了非法证据排除程序，对被告人供述笔录的合法性进行审查并将其予以排除。在

---

① 托马斯·魏根特．德国刑事诉讼程序［M］．岳礼玲，温小洁，译．北京：中国政法大学出版社，2004：184.
② 参见诺曼·M·嘉兰、吉尔伯特·B．斯达克．执法人员刑事证据教程［M］．但彦铮，译．北京：中国检察出版社，2007：207.
③ 约阿希姆·赫尔曼．德国刑事诉讼法典［M］．李昌珂，译．北京：中国政法大学出版社，1995：引言.
④ 菲尼，赫尔曼，岳礼玲．一个案例　两种制度：美德刑事司法比较［M］．郭志媛，译．北京：中国法制出版社，2006：343.

刑事案件侦查过程中，法律规定被告人不享有沉默权，必须如实回答侦查人员的讯问，而且侦查人员讯问持续的时间和次数不受限制，在这种情况下被告人所做的有罪供述很多带有被强迫和受压制的色彩。而且，公诉方会将供述笔录随同其他案卷材料移送法院，并在法庭审判中将其作为控方证据予以宣读。如果被告人当庭认罪，则这些供述笔录就与当庭供述一起，直接成为认定案件事实的证据；如果被告人当庭拒不认罪，甚至当庭推翻有罪供述，则公诉方就将这些供述笔录作为质证的重要手段，从而证明被告人当庭供述存在不可信性。但是，不管属于哪种情况，被告人庭前供述笔录和被告人的当庭陈述原则上都被认为具有相同的证据能力。

二、中国的证据审查判断所遇到的问题

目前的证据审查判断在提高效率、节约成本等方面确实有可取之处。但是基于这种较为粗糙而简略的法庭审理，法官是否能够完全掌握案件实情，从而确保审判质量，避免冤案错案，这是一个值得深思的问题。由于法庭审理流于形式，案件中的证据认定往往过度依赖于公诉方案卷材料，证据的审理判断并非完全在法庭之上完成的，如若法官在开庭之前就采纳了公诉方案卷材料，必将造成法官对案件产生先入为主的预断，过分依赖公诉方的案件材料判断案件事实，从而导致在法庭审理中失去对案件独立审理的能力，并对被告方的辩护意见形成较为严重的排斥心理，此时有较大可能形成错误的裁判结论。证据的审查判断未在法庭审理过程中进行，主要会造成以下不良结果。

（一）通过全面阅卷，刑事法官容易形成先入为主的预断

在中国当前的刑事审判模式下，法官在审判之前通过查阅公诉方的案卷材料，不仅对侦查人员调查取证的全部过程已经比较熟悉，而且对检察机关据以支持公诉的所有证据材料都产生了非常直观的认识。为了节省时间，法官对案件事实的审查往往在案卷材料的基础上进行，通常情况下很少再对案件事实进行重新调查，而是倾向于接受案卷所反映的结论。如此一来，法官对公诉方认定的"犯罪事实"会产生先入为主的认识并且极易导致偏听偏信，而偏听偏信会严重影响法官对罪轻以及无罪证据的接受和采纳。因为法官受到先入为主的影响，即使被告人及其辩护人提出了新的有利证据，或者提出新的无罪辩护意见，也很难从根本上动摇法官庭前所产生的预断。

法官在刑事审判中接触了公诉方的证据材料之后，则一般就会接受公诉方的事实认定结论而对案件形成先入为主之印象，如此一来就不易通过当庭审理来摆脱这些材料的影响。由于法官开庭前接触了公诉方移交的证据材料，加之当庭也只对这些证据材料再次进行形式化的出示和宣读，因而导致法庭上的"举证"和"质证"活动不过是对其庭前产生的预断加以强化而已，根本难以改变之前产生的预断和偏见。法官基本上承认所有公诉方案卷材料的证据能力，导致这些证据材料在庭前和庭审中往往都

成为法官认定案件事实的依据，这样不仅导致法官产生预断，而且更加无法将这种预断予以排除。显而易见，一个法官如果具有强烈的预断，那么通常很难接受相反的证据和观点，由此导致法庭审理的形式化和仪式化。法官对于庭前接触的证据材料只是进行形式化的审查，并对公诉方的结论直接加以认定。

（二）法官无法通过当庭审理来形成裁判结论，庭审沦为一种可有可无的法律仪式

自 1996 年迄今，我国的刑事审判制度经历了数次变革，其间还曾一度吸收了西方对抗式审判模式的若干因素，但始终没有确立起直接和言词的审理方式。直到今天，法庭仍然普遍接受公诉方移交的案卷材料，并将其作为法庭调查的对象，也是法官对案件事实产生内心确信的直接依据。这种审理方式的主要特征是间接和书面的，它往往导致刑事法官直接根据公诉方案卷材料来认定案件事实以及形成裁判结论，法庭审理形式化非常严重。具体说来，公诉方的案卷材料对庭审形式化具有以下几方面的影响：

首先，法官庭前所接触的证据材料大都是侦查人员所调取的，因而无法摆脱侦查人员的立场和影响。侦查人员在刑事诉讼中的职责和任务是搜集犯罪证据，然后查获犯罪嫌疑人。但是，侦查人员通过侦查形成的案卷材料，所作的相关记录都是搜集犯罪证据的过程和相关证据的书面材料。而且，这些证据材料一般对被告人都是不利的，虽然在侦查中也会出现一些有利于被告人的材料，但是它们要么只是被简略提及，要么就是没有被置入案卷中。例如，司法实践中对于被告人的有罪供述和证人有关被告人构成犯罪的证言，案卷往往都作出了详尽完整的记录；反之，对于被告人所做的无罪辩解或者翻供材料以及证人关于被告人不构成犯罪的证言材料，案卷则往往很少记录甚至不作记录。法官一旦在庭前接触了这些既不全面也不客观的案卷材料，并且在审判时予以出示和宣读，势必只能全盘接受侦查人员的观点，而无法保持一种客观中立的立场。

其次，法官很少亲身调查取证，因此所接触的并非直接产生于案件事实的原始证据，而基本上是传来证据。法官对这些证据的接触和调查，并不是直接接触证据的原始形式，而是通过案卷来调查案件事实。这些证据材料是经过了数次筛选而形成的，筛选程序包括侦查人员的讯问（询问）、有选择的记录以及有选择的入卷，其与案件事实真相已经存在一定的距离。尤为甚者，法官在审理案件时不愿相信证人亲口陈述的事实，却愿相信侦查人员所记录的证言笔录；法官宁愿拒绝接受被告人当庭陈述的事实，却愿去审查侦查人员所记录的讯问笔录。这样的审理方式必然造成法官根本无法根据原始证据来形成裁判结论，只是法庭对传来证据的滥用而已。

再次，被告人及其辩护人对于公诉方提交的案卷材料，由于无法获得有效质证的机会，因此造成法官在只听取一面之词的情况下就对案件事实产生了内心确信。法官在开庭之前就对案卷材料进行查阅和研读，单方面地接触公诉方的证据材料，庭前一般不会听取被告方的质疑，在此情况下产生了预先判断，这显然是对被告方不利的。案件在开庭审理时，证人一般情况并不出庭作证，法庭只能允许公诉方宣读庭前证言笔录，导致被告人对证人无法进行当庭对质，辩护人也没有对证人进行当庭盘问的机会。这样极易造成法庭对证人证言的"质证"流于形式，即使证人证言存在虚假的内容，甚至有些证人实施伪证行为，也无法予以揭露和驳斥。不仅如此，有些案件被告人即使当庭推翻有罪供述，法庭还是允许公诉方宣读被告人的庭前供述笔录，而且让被告人当庭陈述与庭前供述笔录共同接受证明力方面的检验。那么，这种情况实际上等于剥夺了被告人对其庭前供述笔录的合法性进行质疑的机会，被告方丧失了难得的质证过程，法官对案件事实的内心确信几乎完全建立在公诉方案卷材料上，导致案件事实认定上的偏听偏信。

最后，由于案卷材料的影响，法官难以对案件事实进行独立的判断，而仅仅对公诉方认定的事实进行形式上的审查和认定，容易造成法庭审理的形式化。具体而言，法官原则上确认公诉方提交的证据材料的证据能力，而证据材料证明力大小强弱问题，法官仅仅通过形式审查进行判断，即对其真实性加以确认。这样的庭审完全违反了刑事诉讼的"直接和言词原则"，不具备基本的"亲历性"。法官不但没有亲自接触证据材料的原始形式，很多案件甚至没有听取有关证据内容的言词陈述，仅仅是在公诉方提交的书面笔录的基础上进行事后的审查活动，而且绝大多数情况下对公诉方的结论给予了认可。如此，我国的刑事审判根本不是"彻底的事实审"，只不过是一种流于"形式的书面审"。

（三）刑事法官普遍对被告方的辩护产生排斥心理，无罪辩护和程序性辩护尤其难以成功

在中国刑事司法实践中，由于刑事法官普遍对律师的辩护意见产生抵触，因此导致律师辩护的成功率不高，特别是在律师做无罪辩护和程序性辩护的案件中。特别是律师的程序性辩护，相对于无罪辩护而言，更难以达到理想的效果。无罪辩护和程序性辩护的困境，充分说明律师很难说服刑事法官接受自己的辩护观点。证据的实质性审理在庭审当中并未落实，法官在庭前全面阅读了案卷材料，对于被告人犯罪的事实已经先入为主地形成预断，庭审中出示和宣读公诉方的案卷材料不过是走走过场，法官通常会对公诉方的起诉主张全盘接受，对其认定的案件事实往往也是深信不疑。

由于刑事法官庭前对公诉方案卷材料进行了单方面接触和形式化审查，对于被告人犯罪的事实已经形成了预断，因此庭审时通常无法接受相反的诉讼主张，对此亦会产生较强的抵触心理。因为被告方所提出的无罪辩护和程序性辩护意见通常与法官的预断是相对立的，无罪辩护所挑战的通常是法官通过阅卷和书面审查已经对被告人的"犯罪事实"产生的内心确信，程序性辩护所挑战的则是侦查程序的合法性，所要否定

的是公诉方证据的证据能力。不管是实体方面的犯罪事实，还是程序方面的证据能力，法官都不允许与其形成的"预断"相对立。换言之，被告人及其辩护人无论是想推翻法官已经产生的内心确信，还是说服法官否定控方证据材料的证据能力，都是非常困难的。

（四）法官失去基本的纠错能力，容易造成冤假错案

当前中国的刑事诉讼模式还是以"侦查"为中心的，有人将其主要特征形象地表述为"公安机关是做饭的，检察机关是端饭的，审判机关是吃饭的"。这种流水作业式的诉讼模式往往会导致"连环错误"，只要公安机关对一个案件进行了错误的"侦查破案"，检察机关作出了错误的批准逮捕决定或者错误地提起公诉，那么，法院就很难通过形式化的庭审程序来发现和纠正错误的事实认定。正因为证据的收集、审查和判断方面的工作并非完全在法庭上完成的，流水作业式的诉讼构造可能造成的是公检法三机关的"一错到底"，而在今天这个重证据的法律模式下，冤假错案发生的可能性就大大提高了。

三、证据的审查判断在法庭上完成的完善措施

"审判中心主义"诉讼制度的改革完善，重点是要具体庭审实质化，要求保障证据的审查判断工作切实在法庭上完成，所以应当有以下内容方面的措施：

（一）强化证人出庭作证

证人出庭"作证难"是我国司法实务的痼疾之一，也是我国刑事诉讼的突出弊端，严重阻碍了以审判为中心的司法制度的建立。因此，要想实现审判中心主义，首先需要解决证人出庭作证的问题，这是针对我国当前的司法状况必须采取的应对措施。为了推动证人出庭作证，必须注意以下几点：

1. 完善相关制度，引入传闻证据排除规则的规定

在现代刑事诉讼中，无论是大陆法系还是英美法系，传闻证据排除和非法证据排除规则都是程序正当化的重要标志，而且这两项规则也是最难推动实施的证据规则。我国在这两项规则上也付出了很多努力，2012 年《刑事诉讼法》修改时在建立非法证据排除规则方面大大前进了一步，首先在直接言词原则的贯彻上，规定了证人保护、证人补偿及强制出庭等促进证人出庭作证的相关措施，但因未建立传闻（书面证言）证据排除规则，依然存在证人不出庭严重问题，书面证言仍然是定案的基本依据。

在我国特定的制度背景下，证人不出庭的一个很重要的原因是控方没有敦促证人出庭的积极性，而传闻证据排除规则的缺位又为控方怠于敦促证人出庭提供了理由。从控诉的角度看，控方审前搜集的书面证言与起诉指控一致，与其他有罪证据如犯罪

嫌疑人、被告人供述相印证，是指控证据体系的重要组成部分。而有争议证言的提供者一旦出庭，就可能经不起质证，露出作证破绽甚至暴露证言的虚假性，由此可能动摇指控体系。因此，即使证人有出庭的条件，也常常不被允许出庭作证，尤其是在以人证为主导的职务犯罪案件中。① 然而，无论从诉讼原理还是从司法实践进行分析，证人不出庭，仅依靠有争议的书面证言定案是极不可靠的，其已成为发生冤假错案的重要原因。因此，限制书面证言，敦促证人出庭作证并接受质证，是保证案件质量、防止冤假错案的主要措施之一。②

2. 适当把握证人出庭条件，防止滥用酌定权

现行《刑事诉讼法》第一百九十二条对证人出庭规定了三项条件，即控方或辩方对证人证言有异议，该证人证言对案件定罪量刑有重大影响，法院认为证人有必要出庭作证。其中，"有异议"和"有重大影响"是实质性要件，"有必要"则是主要基于诉讼经济的考虑而赋予法院的酌定权。然而，实践中法院有时不适当地运用这一酌定权，不传召某些有争议的重要证人出庭。为此，需限制此项酌定权。即在出庭条件的把握上，只要符合两项实质性条件，而控辩一方或双方坚决要求证人出庭的，法院应当同意传召该证人出庭作证。③

3. 运用强制权保证证人出庭

根据现行《刑事诉讼法》第一百九十三条的规定，经法院通知，证人没有正当理由不出庭作证的，法院可以强制其到庭；证人没有正当理由拒绝出庭或者出庭后拒绝作证的，予以训诫，情节严重的，经院长批准，处以10日以下的拘留。然而，这一规定实施以来，法院强制证人出庭的措施在实践中基本未被采用。一些法官认为，证人出庭作证属于控方或辩方的证据措施，不是法院自身的责任，因此对敦促证人出庭缺乏积极性。然而，证人是向法院作证，故证人应当由法院传召，传召不到时可以强制其到庭，甚至采取强制性处罚措施。因此，为保证庭审实质化，法院应当根据现行《刑事诉讼法》第一百九十三条以及《刑事诉讼法解释》第二百四十九条，依法运用强制证人出庭的方法，而不应当推诿责任，放任证人不出庭。同时，对某些有证人保护必要的案件，法院也应配合公安机关，落实证人保护措施。

（二）促使侦查人员、其他相关取证人员以及目击犯罪的警察出庭作证

根据现行《刑事诉讼法》第五十九条第二款的规定，现有证据材料不能证明证据

---

① 例如，成都市中级法院等庭审实质化试点法院,也绝不以有争议的职务犯罪案件作为强化证人出庭、实现庭审实质化的试点案件。

② 王兆鹏,等. 传闻法则理论与实践[M]. 台北:元照出版公司,2003:46.

③ 胡云腾,喻海松. 刑事一审普通程序修改解读[J]. 法律适用,2012(9):5.

收集的合法性的，经检察机关提请，法院可以通知侦查人员或其他人员出庭说明情况；经法院通知，有关人员应当出庭。根据该法第一百九十二条第二款的规定，警察就其执行职务时目击的犯罪情况作为证人出庭作证，适用该条第1款关于普通证人出庭条件的规定。上述作证人员属于特殊类型的证人，其作证义务及作证内容与其职务或侦查取证活动相关。

在他们查证犯罪的责任或其他执法责任中，含有证实犯罪的责任以及证明执法行为合法性的责任。因此，为实现对证据的实质审查，保证他们能够依法出庭作证，首先需要增强上述人员出庭作证的责任意识，必须让他们充分认识到出庭作证是他们的职责所在；其次，需要采取一定的措施，规定相应的制度，确保他们依法出庭作证。例如，不出庭作证就不承认相关证据的能力，不采用该项证据认定案件事实。

除上述法律的明确规定外，根据证明的基本理论和庭审实质化的需要，必要时，侦查人员在如下两种情况下也应出庭作证：一是发生争议的时候，例如对于被告人是否主动投案、是否有自首情节等存在争议，这里侦查人员应出庭就被告人归案的情况作证；二是辩方对侦查活动笔录提出有一定根据的异议时，例如被告人或辩护人就笔录的真实性、关联性和合法性存在异议时，侦查人员应出庭就勘验、检查、辨认、侦查实验等侦查活动情况作证，以便澄清相关笔录记载中的问题，帮助合议庭对侦查笔录的准确性和全面性作出正确判断。从学理上来看，勘验、检查、辨认、侦查实验笔录等侦查活动形成的书面记录，在本质上仍然属于传闻证据；为加强审查这些笔录证据的有效性，在必要的时候，法庭需要对其制作者进行质询。

（三）适当处理庭前书面证言与法庭证言的关系

司法实践中经常出现一种现象，即证人出庭陈述事实或经质证后陈述事实与庭前提供书面证言不一致。这种不一致增大了裁判的难度，因为法官必须判断两者孰真孰假，这在一定程度上增加了法官的工作负担。但这也正是证人出庭的意义所在，如果证人不出庭，即使书面证言存有虚假的内容也无法得知。如果证人出庭作证，而且两者不一致，才会促使我们去审查和判断，从而辨明真伪。因此，通过出庭作证和质证检验书面证言，发现其中的矛盾和不实之处，这是一种发现虚假证据并将其排除的有效方法。所以，我们应当重视法庭证言，促使证人出庭作证，从而确保庭审实质化以及审判中心主义的落实。因此，应当建立促使和保证证人出庭的制度，保证案件情况认定真实和裁判有效。

但是，在司法实务中往往存在着当庭作出的证言与庭前书面证言的矛盾。那么出现这种情况时，应该如何处理呢？《刑事诉讼法解释》第九十一条规定："证人当庭作出的证言，经控辩双方质证、法庭查证属实的，应当作为定案的根据"（第1款）；"证人当庭作出的证言与其庭前证言矛盾，证人能够作出合理解释，并有相关证据印证的，应当采信其庭审证言；不能作出合理解释，而其庭前证言有相关证据印证的，可以采信其庭前证言"（第2款）。从该条规定可以看出，上述第1款强调，当庭证言查证属实的，应当作为定案根据；第 2 款则以"应当采信"和"可以采信"的区别，进一步体现了当庭证言证明力从优的原则。从这个意义上来说，该条规定符合证据法的理论以及"以审判为中心"的诉讼原则。不过，该条规定关于证言矛盾时的取舍标准，除了"合理解释"外，还强调了"相关证据印证"。但是在司法实务中，案卷中的证言笔录通常都是有其他证据予以印证的①，相反当庭陈述的证言则可能由于辩方取证能力的限制，其印证性不如庭前所作的证言；因此，如果单纯适用印证规则，证人出庭作证的意义就不太大了。而且，如果证人出庭所作证言与庭前证言均有印证的时候，如何取舍更是一大难题。

为体现"以审判为中心""以庭审为中心"的基本原则，应当进一步明确法庭证言证明力从优的原则，当然特殊情况除外。主要原因是庭前证言产生的背景和程序有时不太清楚，其证明力应予以适当限制。因此，如果庭前证言和法庭证言相互矛盾，这时应该十分谨慎地确定庭前证言的证明效力。即必须在有证据证明庭前书面证言确实真实可信，而且能排除对其证明效力合理怀疑的情况下，才能采信书面证言而否定出庭证言。②据此，在司法实务中如遇法庭证言缺乏其他证据印证而庭前证言有印证的时候，也应当审查其翻证的合理性，合理性审查包括翻证的理由和翻证陈述的事实是否符合情理。如果其翻证的理由和翻证陈述的事实均具有合理性，即构成对庭前书面证言陈述事实的合理怀疑。这时，即使原证言有其他证据印证，也因为对其真实性存在合理怀疑而不能认定该事实存在。而在庭前证言和法庭所作证言均有印证的情况下，法官原则上应当采信法庭证言，除非证人不能对翻证作出合理解释，而且发现了证人有作伪证的明显迹象。

（四）完善非法证据排除程序，有效审查证据来源

虽然非法证据的范围界定以及审前阶段非法证据排除等问题，并不属于"审判中心主义"的逻辑范畴，但是，如果非法证据排除的程序设计关系到法庭对非法证据审查的效力，即构成对证据来源的实质审查，而且进一步影响相关证据的侦审联结，从而成为庭审实质化的实践命题。

现行《刑事诉讼法》对庭审中非法证据调查程序的启动，采取了较为灵活的态度和方式，并未规定必须在排除非法证据申请提出后启动，在法庭调查结束前一并进行也是可以的。《刑事诉讼法解释》第一百三十二条规定："当事人及其辩护人、诉讼代理人在开庭审理前未申请排除非法证据，在庭审过程中提出申请的，应当说明理由。人民法院经审查，对证据收集的合法性有疑问的，应当进行调查；没有疑问的，驳回

---

① 如果证言笔录没有其他证据印证,这些证言不会入卷并作为定案根据。

② 确定是否真实可信并且排除合理怀疑,应当看其取证时是否有前述"可靠性的情况保障",同时使用证据印证审查、证人及证言产生背景审查以及以经验法则对证言内容进行合情理性审查等方法。

申请。驳回排除非法证据的申请后，当事人及其辩护人、诉讼代理人没有新的线索或者材料，以相同理由再次提出申请的，人民法院不再审查。"

据此，法院可以在法庭调查结束前才决定启动合法性调查程序，进行非法证据排除的审查。然而，程序安排灵活的背后存在着一个明显的问题：如果未对已申请排除的证据进行合法性调查，该证据及相关证据能否举证、质证？我们知道法庭调查阶段的主要任务是进行举证和质证，以此来判断证据材料的证据能力和证明力。基于《刑事诉讼法解释》第一百三十二条的规定，实践中可能存在先举证后进行合法性调查的情况。但是，这一做法明显违背了证据调查应当首先判断证据能力问题，再对证明力问题进行判断的证明活动规律。因为不具备证据能力的证据不允许进入诉讼从而影响法官心证，如其不然，庭审的证据能力审查在一定程度上就失去了意义。因此，应当对相关司法解释补充规定：对于已经提出排除申请并可能对其启动合法性调查的证据，不得在合法性调查之前进行举证、质证。

四、证据的审查判断在法庭上完成的实际运用

关于福建念斌案，福建高院曾先后两次对念斌案作出过二审审理，分别采取了两种完全不同的审理方式，并得出了完全不同的裁判结论。福建高院先后于 2013 年 7 月 4—7 日、2014 年 6 月 25—26 日，对念斌案进行了两次开庭审理。在这长达六天的开庭审理中，法庭先后通知鉴定人 7 人次、普通证人 2 人次出庭作证，侦查人员 13 人次"出庭说明情况"，有专门知识的人（专家辅助人）9 人次出庭就"理化检验报告和法医学鉴定意见提出意见"。控辩双方对证人、鉴定人、侦查人员和专业人员分别进行交叉询问。在这种法庭审理中，法庭对有疑问的证据进行了当庭核实。最终，福建高院认定"全案证据达不到确实、充分的证明标准，不能得出系念斌作案的唯一结论"，最终宣告念斌无罪。[①]

相比之下，福建高院曾于 2009 年 11 月 5 日和 12 月 16 日对念斌案进行过开庭审理，在那次庭审中没有通知任何一名证人、鉴定人、侦查人员或专业人员出庭作证。通过为期两天的开庭审理，福建高院认定"虽然念斌在一、二审庭审均否认投放鼠药致人死亡的事实，但在案证据客观真实、紧密相联、互为印证，形成完整的证据锁链，足以认定"，并作出维持有罪认定和死刑判决的裁定。[②]

通过研究福建高院对念斌案件所作的两份裁判文书，我们可以看到，侦查人员所作的被告人供述笔录、辨认笔录、证人证言笔录等案卷材料，都出现在了法庭之上，作为法庭调查的对象和认定案件事实的依据。唯一不同的是，在 2013 年、2014 年进行的法庭审理中，所有证言笔录与证人当庭所作的证言都被提出进行质证；被告人庭前

---

① 参见福建省级人民法院 (2012) 闽刑终字第 10 号刑事附带民事判决书。
② 参见福建省级人民法院 (2009) 闽刑终字第 391 号刑事附带民事判决书。

供述笔录与被告人当庭辩解，也都被当庭出示；至于有些笔录材料，由于无法得到其他证据的印证，因此法庭没有将其采纳为定案的根据。例如，对于念斌的庭前供述笔录，因为这些供述与辩解"存在反复，庭前供述与其他证据不能相互印证"，因此法庭没有予以采信。又如，对于本案的关键证人"杨某炎"的证言笔录，判决书也认为念斌与杨"相互不能辨认，供证存在不吻合之处，相关理化检验报告不足以采信"，因此原判认定毒物来自"杨某炎"处不能成立。

福建高院对念斌案的二审法庭审理时间长，前后共持续了六天时间；出庭人员多，通知侦查人员、证人、鉴定人、专家辅助人等出庭作证，数量创下了近年来我国刑事审判的最高纪录。这次庭审充分彰显了法庭审判的价值和意义，因为这次庭审以被告人当庭陈述否定了被告人供述笔录的证明力，以当庭调查的其他证据否定了关键证言笔录的可信性，以出庭作证的专家辅助人的证言否定了鉴定结论的证据效力。按照最高人民法院沈德咏大法官的说法，福建高院对念斌投放危险物质案的二审庭审"可谓庭审实质化的标杆"。这也就证实了对证据的审理判断在法庭上完成是更为科学合理的方式，证据的认定应当在法庭上落实，这是"审判中心主义"的切实表现，这也是符合中国现阶段的最为实际的需求。

第三节 以直接言词原则认定证据效力

一、直接言词原则的基本内涵

直接言词原则具有十分重要的理论意义和实践意义，首先其在证据的调查收集、判断采纳以及法庭审理方式中都发挥着极为重要规范作用，其次它对案件事实的真实性以及程序正当性，也具有重要的保障作用。直接言词原则是由直接原则和言词原则集成的概念，直接言词原则涵盖两个原则的主要内容，没有独立于直接原则和言词原则的特别含义，其内涵能够直接转化为直接原则和言词原则。[①]直接原则和言词原则各自对法庭审判提出了不同的要求，共同发挥应有的作用。

---

① 吴忠奇,陈欢. 贯彻直接言词证据原则的基础及途径:以"以审判为中心"诉讼制度改革为背景[J]. 海峡法学,
2017,19(3):113-120.

（一）直接原则的理论范畴

直接原则调整的主要对象是法官，重视法官在审判过程中自己参与感受的过程，注重亲历性。[①]也就是说，法官不能在审判程序中进行缺席审判。法官用所听所察庭审的全过程，进行案件的集中和连续审判，并在亲自调查的基础上，通过了解相关证据，形成内心确信，在最直接的感受下找到案件的真相，并据此作出正确的判断。法院最终的判决应当建立于法官对法庭亲身经历的基础之上，而不能依赖各种书面的记录材料。

直接原则要求：第一，诉讼中的各个主体必须积极、有效地参与到法庭审判中来。法官在进行庭审时，当事人和其他诉讼参与人除法律规定的例外情形下，都应当出席法庭审判，诉讼各方特别是被告必须自己或委托代理人出庭参加到审判活动中来。合议庭成员或独任法官作为审判程序的主持者，应当合理地组织和安排各个阶段的程序，最大限度地保证诉讼各方充分的参与，然后法官根据亲身的所闻所见，形成关于此案情的"心证"。故此，有些书面材料或是被转述的他人证言由于无法令人形成直接印象，所以这些证据一般情况下不能被作为裁判的依据。第二，审判的主体应当由同一主体进行。这意味着在审判期间不能替换法官以确保审判主体是相同的。法官的最终判决应该基于他个人经历的审判过程，即法官不得委托他人代表他进行证据调查或其他审判，更不可能接受其他诉讼程序中形成的其没有亲自审理过的材料。法官应在审判期间亲自审查并认可采纳相关证据。只有法官亲自调查和采用的证据才能成为判决的依据。第三，直接原则要求当法官确定案件事实并作出裁决时，应当直接依据原始证据，传来证据一般不能采用，除非发生法律规定的例外情形。第四，法院的审判活动必须不间断地进行，而且要求持续连续的进行，一般情况下不能随意中断，除非符合法律规定的特殊情况，以确保法官对法院调查和予以认可肯定证据的印象不会被削弱。

（二）言词原则的理论范畴

直接言词原则要求法官对于庭审中的所有阶段都必须亲力亲为，诉讼中法庭审理模式应当是各诉讼主体的相互言词对抗，可以说言词原则与书面原则是一对相对应的反义概念。言词原则和书面原则的不同之处是有关案件的信息怎样在各诉讼主体之间进行传递，是说和听抑或是写和读。[②]"直接面对面，和面对面朗读（关于自己的）书面内容的都可看作是口头的审理。而一个人用书面的方式表达他人的情况，法官仅从

---

① 陈光中，龙宗智．关于深化司法改革若干问题的思考[J]．中国法学，2013(4)：5-14.
② 刘玫．论直接言词原则与我国刑事诉讼：兼论审判中心主义的实现路径[J]．法学杂志，2017，38(4)：106-115.

这些文件中获取案件信息，而不给予当事人以申辩的机会，即视为书面审理。"①

综上所述，言词原则所要求的是各诉讼主体相互交流的即时互动性。虽然法官可以对书面证言进行读取或者查阅、能够与证人直接交流或者从卷宗里获取有关案件信息，但这些并非言词原则的本质和特征。在法庭上的参与人员，特别是诉讼中的原告与被告，就庭审过程中产生的一切问题都能够有机会阐述问题、提出观点，能够得到有效的回答；在庭审过程中能通过及时向证人提出各种问题，来确保证言的真实性，才是言词原则的本质和特征。由于对书面证言和笔录进行的质疑和反驳不能当庭直接进行即时交流，无法确保证据的真实性，因此这种方法只能作为审查证据的辅助和替代方式。

言词原则的含义包括以下两点：首先，法庭调查应反映即时互动的特点。诉讼人员包括法官、陪审员、当事人和其他诉讼参与人必须用口头陈述的方式开展诉讼活动，即通过言词陈述进行审查、控告、辩解等活动。诉讼程序，诸如对证人进行询问、审讯被告人、控辩双方举证质证、被害人陈述、被告人供述和辩解、检察官的指挥以及律师的辩护、法官的审判等都必须以言词陈述进行。在庭审时以言词形式提出相关证据，在审判过程中，即时提问和回答，对证据细节进行全面而详尽的辩论，力图发现案件的真实。第二，交叉询问是法院采用的证据的先决条件和不可或缺的一部分。交叉询问由检方和辩方以口头对抗的方式进行。由此可知，侦查案卷、书面证言本身不具有言词性质，不符合言词原则的要求，不能作为案件的依据。

（三）直接原则与言词原则的关系

直接原则和言词原则之间有很大的兼容性。在正常情况下，法官在审查案件的过程中，以言词的形式，要求法官亲自审查和听取相关证词，两者相互联系，相互兼容。言词原则通过直接原则作为基础，言词原则作为直接原则的补充。审理案件时要求同时满足直接原则与言词原则的要求时作为法官才能将其所采纳的证据作为定案的依据。直接原则与言词原则均要求诉讼各方亲自参加法庭审判活动，法官对案件进行裁决时必须已亲自审查相关证据并听取相关当事人及证人的言词陈述，禁止将相关证言及供述笔录当作法官作出裁判的根据。②

当然，直接原则和言词原则之间的区别也是显而易见的。"直接原则与间接原则相对应，而言词原则与书面原则相对应。"③ 两者的侧重点是不同的，直接原则，旨在确保证据原始性、法官和诉讼参与者的亲历性。言词原则方面，强调言词形式的法庭调查和法庭审判活动。强调的则是与书面相对的证据提供、质证形式、各诉讼主体之间

① 李文伟. 论德国刑事诉讼中直接言词原则的理论范畴[J]. 山东社会科学，2013(2):136-142.
② 杨浩博. 论直接言词原则及其在我国的适用性[J]. 改革与开放，2018(12):77-78.
③ 宋英辉，李哲. 直接、言词原则与传闻证据规则之比较[J]. 比较法研究，2003(5):52-60.

交流的即时与互动性。

二、直接言词原则的司法价值

直接言词原则既能够保障程序的正当性，也能实现实体真实。其在理论和实践当中主要具有以下几项较为重要的价值：

（一）强化审判权对追诉权的制约，有效规制审判前程序，防止刑讯逼供

通过法庭的审判对侦查、起诉工作进行制约，来倒逼起诉和侦查工作的开展。直接言词原则要求法官摒弃对追诉机关卷宗的依赖，所有证据都以言词的形式呈现于法官面前。①此时，追诉机关制作的笔录就不再具有"以侦查为中心"模式下的天然效力，其证据能力的有无和证明力的大小都需要在法庭上通过言词质证的方式作出判断，庭审将追诉权对案件结果的影响控制在合理限度之内。

直接言词原则要求，法官的判断只能基于法庭提出的言词证据，当事人有充分表达他们对证据意见的权利。因此，通过非法手段取得的证据，可以很容易地在法庭上曝光，由此抑制刑讯逼供的发生，使审判真正成为最后一道维护社会公平和正义的防线。

（二）保障控辩双方主体平等的诉讼地位，保障诉讼权利

程序正义在审判中心主义的背景下，与实质正义一样需要被保证。程序正义要求在庭审中达到一种控辩双方平等对抗的诉讼结构的构建，比如，在宣判结果出来之前，任何人都不得说别人是罪犯并对其有不公正的待遇。适用直接言词原则的就是各方参与人员，在庭审中发挥各自的作用，在法官面前，诉讼参与人员特别是像被告人一方，享有与公诉方平等的或者对等的讼诉权利，各方在法官面前发表意见，举证质证等的讼诉行为得到保障，营造一种诉讼各方共同参与的审理空间。通过这种方式，更利于实现双方的平等对抗，实现案件的公正审理。所有诉讼参与人特别像被告人本人必须到庭参审，参与刑事诉讼。"这就在制度设计上保障了控辩双方对裁判结果的形成都能发挥程序上的影响，在诉讼程序上实现对控辩双方诉讼地位的平等保障。"②

（三）保障各方参与，保证庭审的实质化

直接言词原则的适用能够极大地实现庭审实质化。相比之前的以侦查为中心，慢慢转向以审判为中心的制度是我国司法制度发展的大势所趋，也是保证各方权利，实现庭审实质化的必然趋势。我国之前的以侦查为中心，案件承担侦查职能的是公安检

---

① 刘玫．论直接言词原则与我国刑事诉讼：兼论审判中心主义的实现路径[J]．法学杂志，2017，38（4）：106-115．
② 何邦武．刑事传闻规则研究[M]．北京：法律出版社，2009：73．

察机关，法院对于案件事实的认定以及作出的判决只能基于侦查机关搜集取得的证据，这会导致法院往往是对侦查结论案卷进行审查，而并不是真正地审查案件事实以及相应的证据，加之以往受多种因素影响的我国相关作证制度的不完善，比如侦查机关有关人员出庭作证困难，证人出庭作证难以保证其相应的权利等，使得相关的直接言词证据少而且难以收集，庭审过程往往成为审理书面案卷的过程，法官审理案件，自由心证、独立行使审判权则难以保证，法庭审理实质化也无从谈起。

一方面，以审判为中心要求保证司法的独立判断。这是司法的特性，而只有审判人员直接接触案件，有效地亲历，法官获得直接的丰富的案件信息，确保法官掌握原始证据的真实状态。证据是物质基础，法庭审理就是围绕证据展开。法庭通过提供有效的保障条件，避开追诉机关制作笔录的"加工影响"，保证司法围绕证据展开，以此为获得正确的司法裁判提供基础和条件。另一方面，以庭审为中心要求庭审实质化，保证在庭审过程中让案件所有证据得以充分呈现，在法庭上赋予控辩双方同等的发言权，通过控辩双方对提出的所有证据进行举证、质证，各方充分进行言词交锋，针对观点反复辩论，最后对证据的证明力进行判断，这个过程对证据的证据能力和证明力进行有效检验，保证据以定案的证据的真实可靠，为后续适用法律依法裁判提供前提条件，确保庭审的实质化的实现。

另外，除了在法庭上质证的相关物证、书证、证人证言外，在庭审过程中法官可以对证人的语气音调、神态表情、呼吸频率等信息进行观察，这些都是法官判断证据真实性的方法，必将对法官的内心确认产生影响，这就是重视法官亲历性和证据的直接言词性的必要原因之一。

（四）直接原则是证据裁判原则的实现基础

证据裁判具体指司法裁判必须以证据为基础，法官认定案件事实必须有足够有效的证据支撑，以证据为本。2010 年 7 月 1 日起实施的《关于办理死刑案件审查判断证据若干问题的规定》第 2 条明确规定："认定案件事实，必须以证据为根据。"证据裁判原则自此在我国以法律明文规定的形式加以确立。证据裁判原则主要体现在以下几个方面：一是证据必须作为认定案件事实和最后定案的关键。证据在庭审时呈现在诉讼各方的面前，这是真正可视的公正。二是依靠的证据必须要有证据能力和证明力。证据能力是证据的合法性规定，证明力是证据的真实性和相关性规定，两者结合起来即要求符合证据的三大特性：真实性、相关性和合法性。证据只有具备三大特性，才能够作为认定事实和制作裁判文书的根据，才能被认定或者存在证明价值。三是依靠的证据必须经过质证、辩论。这就是程序的价值和意义所在，结合证据的三性，通过质证和辩论对案件所有证据进行认定，排除没有证据能力的证据材料，对其证明力大小进行认定，从而使其证据的效力最大化和透明化。

"证据裁判原则要求裁判者对证据的认识必须以法庭为时空条件，以证据调查为其认识方式。"①法庭是证据认定的唯一场所，调查、质证、辩论是证据展现的必备程序。在法官、当事人及其他诉讼参与人的全力参与下，经过"接触证据—初步印象—评价判断"的逐步认识、判断过程，这个阶段法官必须集中全部精神对案件的所有相关信息进行梳理、总结和评价，当事人和其他诉讼参与人必须尽可能通过语言将所了解的全部案件信息客观清晰地表达出来。这是直接言词证据原则的内在要求，是证据认定程序顺利进行的基本保障，是证据裁判原则得以实现的基础。

（五）保证法官自由心证，有助实现公平正义

公平正义是司法活动的价值追求，是国家赋予司法权的最初的价值追求。公平是司法活动的基本原则和内在意义，贯穿整个程序设计。庭审场地布局是其外在体现，当事人双方面对面而坐，审判人员居中处于与双方等同距离之处。

公平包括两个方面：其一，所有证据的规则应公平地考虑到诉讼双方的利益要求。其二，双方应处在平等的位置，在诉讼过程中应得到平等对待。公平原则的要求包括以下四个方面：第一，法官应在诉讼中保持中立，避免偏见，防止因主观意志的影响而产生预断；第二，各方都应具有相同或者同等的权利，司法人员应同等对待，非依法不得予以限制和剥夺；第三，司法证明活动的各个环节，不得私下进行，并应予以明示；第四，司法人员应根据法律的规定合法认定证据，有效地保护当事人的利益。

实现公平正义第一要求是公开，对案件文书、事实、审判过程的公开，以公民可视方式实现司法正义，当事人的个人利益与其他利益被不分主次地考虑，受到居中裁判者的同等关注，使当事人内心感觉得到了公平对待，判决结果连同其据以形成的合理依据就能得到公众的承认与遵守。②

直接言词原则是实现实质上审判公开的必要条件，如果没有直接言词原则作为保障，审判公开水平必然会降低。尽管我国《刑事诉讼法》规定了公开审判的原则，如果审判的直接言词性不能得到保证，那么公开审判也将难以实现。

对事实的认定是前提，也为最重要的一步。任何证据都应当以言词的方式在法庭上提出，法庭上诉讼各方都能够充分地表达对案件和证据的看法。直接言词原则能使已经成为历史的事实尽量还原，并得以清晰呈现，法官通过此种方式，更加了解案件发生过程，从而达到内心确信，有利于正确使用相关法律对案件作出判决，防止法官在审判之前产生先入为主的偏见。

此外，法官判决的依据只能是言词方式提出并经过言词辩论的证据，庭审前的书面侦查材料不得作为定案根据。因此，法官将不会在审判前受到侦查机关单方面过多影响，以中立和冷静的态度参加庭审活动，保证裁判的中立性。直接言词原则要求注

---

① 李文杰,罗文禄,袁林,等. 证据法学[M]. 成都:四川人民出版社,2005:79.
② 李文杰,罗文禄,袁林,等. 证据法学[M]. 成都:四川人民出版社,2005:86.

重庭审，庭审的整个过程呈现给诉讼的参与者，并通过经验法则和论理法则达到内心确信的整个过程对法官予以监督，司法的正义性得到了保证，这是公平正义的内在需要。

（六）尊重人权保障，提高司法公信力，增强大国的国际形象

直接言词原则要求所有诉讼参与人均须亲自到庭，实施诉讼行为，参与诉讼活动，使案件的审理集中在审判阶段。控辩双方以言词方式进行举证、质证，确保双方充分地阐述各自的观点，从而使得证据的内容通过法庭审理鲜活生动地展现出来；直接言词原则要求法官进行集中和不间断的审判，在审判中全面直接地听取双方意见，从而增强内心确信。这种原则有利于对审判活动的监督，大大减少法官徇私枉法裁判的机会，减少司法不公和冤假错案的发生，从而提升司法的权威，积极创造人人信法、守法的清明社会治理环境。如果审判活动不按直接言词原则进行，即使再公开只不过是对卷宗笔录质证的公开，形式上的意义显然大于内容上的意义，这不但不利于查明事实，而且极有可能破坏司法机关的公信力。如果运用直接言词原则，使每一个诉讼参与人都能充分说明自己证据的真实性，并且实现有效的质证和辩护。可以这样说，有效质证的整个过程就是适用直接言词原则证明证据可靠性的过程，只有这样，控辩双方才能通过法庭审理对相互证据作出准确判断，从而确保司法的公信力。

在刑事诉讼中，被告人相对于公诉人来说处于弱势地位，面临其生命和自由被剥夺的危险而没有受到充分的保障，从而致使其人权遭到一定程度侵害，例如胡格吉勒图案和聂树斌案等。此种情况下，加之被别有用心的媒体过度解读，损害了我国的文明和法治的国际形象。直接言词原则内涵中最重要的内容是确保诉讼双方处于相对平等的诉讼地位，有充分的表达自由权，保障被告人的人权。直接言词原则有利于维护中国的国际形象，在中国的人权保护方面具有重要意义。

三、适用直接言词原则在我国诉讼中的现实困境

当前，因为直接言词原则在刑事司法中具有不可替代的价值和作用，所以受到越来越多的重视。但是，由于司法实践中长期受"案卷中心主义"的影响，侦查工作在整个案件处理中仍然发挥着主导作用，从而导致庭审虚化现象严重，对于直接言词原则在我国刑事诉讼中的适用造成了重大障碍。

（一）相关立法规定的缺失和缺陷

当前，现行《刑事诉讼法》并未完全确立直接言词原则，即使有些条文有所涉及，但与直接言词原则的要求并不相符，甚至在某些方面背道而驰。例如，《刑事诉讼法》第一百九十二条虽然规定了关键证人出庭作证制度，但同时要求具备"有异议、有重大影响、有必要"三个条件。对于这三个条件应该如何认识？"有异议"不难理解，而

对"有重大影响"确实不好把握,这个条件在现行的诉讼模式下,会给司法机关留下不少可以操作的空间;是否存在"有必要"应由法官进行判断,这个条件赋予了法官较大的自由裁量权。《刑事诉讼法》第一百九十五条规定:"对未到庭的证人的证言笔录、鉴定人的鉴定意见、勘验笔录和其他作为证据的文书,应当当庭宣读。"则直接规定了可直接采用书面证言,无须证人出庭作证,也"正是这一立法缺陷,为刑事审判实践中证人不出庭作证打开了方便之门"。①

（二）案件审理模式的制约

在我国现行"以案卷为中心"的诉讼模式主导下,法官主要根据控方提供的卷宗材料来认定事实和作出裁判,书面审理现象严重。② 特别是《刑事诉讼法》修改后,又重新恢复了全案移送制度,导致承办案件的法官在庭前就能接触全案证据材料,从而形成内心预断。这一规定来自新《刑事诉讼法》,名义上是为了方便法官掌握、驾驭庭审,但实际上却容易导致"法官先入为主",最终客观上是诉讼制度的倒退。在司法实务中,普通程序一审案件的期限是 3 个月,审限不够还可申请延长,而法官在审限内召开庭审的次数并不多,一般为 1～2 次,即便庭审后也不能及时作出判决。这也说明判决的形成并非来源于由庭审中鲜活语言产生的内心确信,而是通过庭下研读卷宗来作出。③这种书面审理案件的模式与直接言词原则的要求不符,也使得"法庭审判的意义大大下降,基本上沦为仅有形式意义的诉讼阶段"。④

（三）司法权运行行政化

"判者必审"是直接言词原则的必然要求,裁判者必须首先是审理者,但实践中判审分离现象明显存在,反映出司法裁判行政化管理问题严重。例如,审判委员会并不参与庭审,只是通过听取承办法官的汇报然后作出判决,由此导致当事人在庭审中的所有努力都不能对判决结果产生影响,庭审在其面前失去了应有的意义。另外,审判实践中合议庭遇有问题需要逐级向庭长、分管院长或院长汇报,如果相关领导不同意合议庭的意见,合议庭就要重新合议;裁判文书的签发更是需要庭长、分管院长依次审批。这种步步汇报、层层审批的做法,明显是一种典型的行政管理模式,其结果是架空了审理者对案件的裁判,造成"审者不判、判者不审"的奇怪现象。这一现象当前虽然有所改观,但是并未发生实质性的变化,急需在当前通过大力推进司法改革下功夫解决这个问题。

---

① 陈光中,陈学权. 中国刑事证人出庭作证制度的改革[J]. 中国法律,2007(5):6-8.
② 左卫民. 中国刑事案卷制度研究:以证据案卷为重心[J]. 法学研究,2007(6):94-114.
③ 陈卫东,郝银钟. 我国公诉方式的结构性缺陷及其矫正[J]. 法学研究,2000(4):101-115.
④ 左卫民. 价值与结构:刑事程序的双重分析[M]. 北京:法律出版社,2003:124.

（四）司法资源的限制

直接言词原则要求承办案件的法官必须亲身经历审判的过程，并通过有效引导庭审的顺利进行，在有限的庭审中对控辩双方出示的证据材料以及错综复杂的法律关系作出一个准确判断和认定，这就需要承办法官具备扎实的理论功底和丰富的审判经验。从我国目前刑事审判队伍情况而言，还难以完全适应直接言词原则的这一要求。同时，由于现行制度的原因，法官的入职门槛相对较低，法官素质也是参差不齐。有些法官缺乏必要的担当精神，在遇到复杂、疑难的案件时，习惯于庭后研究和向上级请示，助长了"审者不判，判者不审"的现象。

（五）传统文化的影响

直接言词原则需要在法庭上展示证据，证人出庭作证便成为题中应有之义。但是，当前我国刑事审判中证人的出庭率却不高。那么探寻证人出庭率低的原因，笔者认为除立法缺陷外，还有中国传统文化的影响。在我国传统文化的影响下，长期存在"事不关己，高高挂起"的明哲保身思想，从而使得证人极不愿意出庭作证；对于侦查人员这一特殊证人群体来说，更是由于受到官本位思想的影响，他们不愿意从在打击犯罪中具有优越感的"官员"转为站在法庭上接受询问的"证人"，目前他们心里还是没有完全接受这一角色的转变。从这个意义上来说，直接言词原则需要证人出庭作证，甚至需要设立强制证人出庭作证的制度，这与受到传统文化熏陶的大众情感是相悖的。

四、我国适用直接言词原则的路径选择

随着司法改革步伐和节奏的加快，实现"以审判为中心"的刑事诉讼制度提上了议事日程。由于直接言词原则在审判中心主义中占据着重要地位，因此如何在我国刑事诉讼中全面适用直接言词原则就成了一个不可回避的重大课题。为了促进"以审判为中心"的诉讼制度的构建，特别提出以下路径，以期对适用直接言词原则有所裨益。

（一）在诉讼法中确立和完善相关规定

首先，应将直接言词原则作为一项原则在我国诉讼法中予以明确规定，特别是作为一项指导庭审活动的原则予以确立，以便刑事审判活动更加符合诉讼规律；

其次，完善证人出庭作证规则。证人出庭作证对于实现直接言词原则具有重要作用和意义，但司法实践中证人出庭率普遍较低，影响了直接言词原则的适用，因此必须对其进行完善：

第一，以证人是否出庭对其证言效力分类别认定。对案件事实判断有关键性、决定性作用的证言，除法定情形外强制其出庭作证，如欧洲法院设置关键证人出庭作证

制度，未经出庭质证予以排除。①

第二，对出庭作证的证人进行专门立法保护。对于证人的保护，可以学习和借鉴外国保护证人的先进制度，通过专门立法进行保护。因此，必须不断推动《证人保护法》的立法进程，并在我国成立专门的证人保护机构对证人予以保护。

第三，提高证人出庭作证的经费补贴，并明确发放主体。证人出庭率低的原因之一就是各项损失无法得到补偿，因此必须提高补偿的力度。证人出庭作证除补贴必要费用外，还应有一定的物质奖励，以鼓励证人出庭作证。

第四，丰富证人作证的方式。除了出席法庭陈述证言之外，还可以充分利用现代技术，比如视频同步转播作证、闭路电视作证等，丰富作证的形式，通过"只闻其声不见其人"的作证方式作证进行庭审质证。

第五，严厉打击非法取证行为。非法取证将会严重损害司法机关的权威和形象，并打击证人出庭作证的信心，因此必须严肃追究非法取证的行为，做到发现必究，追究必严。通过提高非法取证的责任成本，全面减少非法取证的概率。

第六，降低司法人员就其实施司法行为出庭作证的条件，提高其出庭作证的概率。尤其要求侦查人员对自身实施的侦查行为的合法性出庭举证证明，并对法律规定的"特殊情况"包括哪些具体情形进行明确。

最后，实行案件审理繁简分流制度，扩大简易程序和速裁程序适用案件的范围，从而保障直接言词原则的适用。从国外的经验来看，它们拥有较高的证人出庭率是与其实行"简易程序"和"辩诉交易"等制度密不可分的。

（二）改变案件审理模式

要想让法庭审判真正成为认定证据、查明事实、定罪量刑的关键环节，必须努力改变现有的审理模式，严格按照直接言词原则的要求进行法庭审理，全面完善法官全程参与庭审的规则，在经过庭审双方举证、质证、辩论之后，促成承办法官形成内心确信，并据以作出正确裁判。为了实现上述目的，应从以下方面着手：

一是在案件开庭审理前设置一个隔离程序。这里所谓的"隔离"实际上是不让法官在审判之前接触案件证据材料，避免先入为主。结合本轮司法改革的要求，可安排法官助理实施开庭前的准备工作，包括庭前会议等。法官助理把庭前准备工作完成后，再将卷宗材料于开庭前交由承办法官。虽然法官助理也是在法官的指导下开展工作，在一定程度上也会受到法官的影响，但是庭前准备的程序性事项交由法官助理办理的价值在于，能够在程序上阻却承办法官产生预断，避免对案件产生先入为主的印象。

---

① 孙志伟. 关键证人出庭作证的欧洲模式及其借鉴意义[M]. 重庆大学学报(社会科学版)，2017，23（2）：97-106.

二是完善法官全程参与庭审的规则，贯彻直接言词原则。直接原则要求对案件作出裁判的法官，必须全程参与庭审过程，亲自对证据进行审查核实，否则不能对案件事实作出认定。法官必须亲自经历证据审查的整个过程，才能确保裁判的准确无误。要保证法官庭审的亲历性，应该从以下四个方面来实现：

第一，严格法官入额要求。这是因为庭审环节对法官的职业素养、身体素质有着较高要求，整个过程法官必须精力集中、不间断参与，身体素质不好的法官难以达到这个要求。因此，法官员额制改革要求入额法官选拔应以身体素质、专业素养、敬业精神作为重点考核因素，并加强入额法官的培训和考核。

第二，适当增加合议庭人数。增加合议庭人数之目的主要是确保审判人员的全程参与，中途可能因为有成员退出而换人，替换人员无法全程参与审判过程而不能贯彻直接言词原则。

我国法院审判适用人民陪审员制度，合议庭成员由员额法官和人民陪审员组成，大多数合议庭成员为3人，5人或7人合议庭鲜见，所以应增加合议庭人数，特别是增加人民陪审员的人数，以5人合议庭为常规，当出现特殊情形审判人员需要中途退出庭审时，合议庭人数应成双减少但不得少于3人，这样就能保证至少有3人全程参与庭审过程。

第三，完善案件分流机制。此举目的主要是确保每个案件都有法官全面、充分的参与。因为法官员额制改革以来，大部分基层法院面临人少案多的困境，特别是一线审判人员审理案件压力大。通过案件分流，保证每一案件的承办法官都有充足的时间和精力参与庭审。

第四，完善审前会议程序。此举主要目的旨在给控辩双方或当事人举证、质证和辩论提供充足的时间，推动庭审的高效有序进行。国外的制度给我们提供了可资借鉴的丰富经验，例如美国"审前程序"、德国"中间程序"，这些国家在审前通过控辩审三方的参与，讨论确定进入庭审阶段的证据目录，赋予控辩双方充分的论辩期限，以此来提高庭审效率，缩短庭审时间。

三是充分利用庭审直播平台，促进庭审中直接言词原则的贯彻和实施。庭审直播是法庭审判接受监督和开展法制宣传的重要途径，当前国家运行"三大公开平台"的主要目的亦即扩大普通刑事案件一审庭审的范围，使社会公众能够最大限度地了解法庭审判的过程。在公众聚焦下，庭审的透明会倒逼控辩审以及证人等各诉讼参与主体各尽其职，严格遵守诉讼程序，实现直接言词原则。

控辩双方为了充分证明自己的事实主张，必然积极申请关键证人出庭作证。法官为了提高庭审的效果，全面查清案件事实，也必然要求关键证人出庭作证，从而最大限度地将庭审完全呈现于公众视野之下。在面对庭审直播之时，关键证人必将更加审慎地出庭作证，从而使得整个庭审的过程更加富有意义。

四是规范审判流程，提高庭审质效。正如前文所述，因为很多法官依赖于庭下的阅卷来审判案件，就在一定程度上剥夺了辩方的质证、申辩机会，不利于对辩方权利的保障，这是因为追诉机关制作的笔录有时存在错误，不能全部、准确地反映笔录内容提供者的真实意思。因此应设置科学有效的审判流程，通过审判进行证据调查，查清案件事实，保障辩护实施，正确定罪量刑。这就需要限制法官庭下阅卷的时间，促使审判人员将过程集中在庭审中。因此，规范的庭审流程对于实现直接言词原则具有重要的价值和意义。

（三）规范司法权运行，弱化审判委员会裁判职权

直接言词原则要求法官在控辩双方在言词举证、质证以及辩论的基础上，形成内心确信，从而排除外在因素对判决结果的影响。对于外在因素应予以严厉禁止，司法机关内部人员不得违规干预其他人员案件的办理，全面建立司法系统内部人员过问案件的记录制度和责任追究制度以及合议庭办案责任制等，以此有效规范司法权运行。

直接言词原则最终目的旨在使案件审、判合一，即确保庭审法官与裁判法官的一致性。但是，我国存在的审判委员会制度却违反了直接言词原则的要求。审判委员会制度是我国特有的一种司法制度，其主要职责是对疑难复杂案件进行集体讨论，通过对案件材料的审查作出裁判结果。审判委员会制度存在的主要问题是委员没有亲历案件的整个过程，他们对案件的了解只源于提交的书面材料，因此对案件事实的认定很有可能存在一定偏差，形成的内心确信不是建立在客观公正的审判程序上，不利于案件的公正处理。

所以，此次诉讼制度改革应该确立法官终身责任制，通过强化法官的独立审判权，保证直接言词原则的贯彻和实施。如此一来，必然需要弱化审判委员会的裁判职权，可以从以下几个方面着手：第一，建立审判委员会咨询建议机制。当合议庭遇到疑难复杂案件时，可以提交审判委员会讨论，但审判委员会只能就事实认定及适用法律提出参考意见，不是案件的最终裁判结果。第二，扩大审判委员会的成员范围。当前，审判委员会的成员大多处于领导岗位，主要从事管理工作，亲自审理案件较少，故而应当适当扩大审判委员会成员数量，鼓励经常审判案件的有经验的法官成为审委会的成员。

（四）优化整合司法资源

适用直接言词原则进行法庭审判要求法官具有较高的素质和能力，当前员额制改革是一个良好的契机，通过这次改革提升审判人员素质，满足直接言词原则对法官业务能力的要求。法官业务能力的提升主要是通过推进法官队伍的正规化、专业化、职业化，完善我国法官职业准入制度，使得法官具有专门法学知识和丰富的审判经验实现的。通过推行法官员额制改革，招收优秀人才进入审判队伍，保障直接言词原则在庭审活动中的适用，促进庭审实质化的顺利进行。除此之外，还要不断加强对审判人

员的业务培训，从而满足适用直接言词原则所面临的各种挑战。

（五）转变思想观念，树立现代法律思想意识

在当前司法改革的关键时期，每位审判人员都要充分认识到直接言词原则对于促进以审判为中心的诉讼制度改革的重大意义，并在司法实务中严格依据直接言词原则的要求亲自完成审判程序，充分保障证人出庭作证的权利，促进控辩双方举证、质证的有效进行。必须彻底改变证人出庭作证难的现状，大力提高证人出庭率。司法机关需要加大普法的力度，通过法制宣传教育活动的开展，提高公民的法治意识，逐渐改变老百姓"厌讼""畏诉"的传统观念，增强刑事诉讼证人主动参与诉讼的意识。特别是侦查人员作为刑事诉讼中的重要成员，更要率先垂范，为了维护司法的公正，必须树立"法庭仆人"的司法观念，带头履行出庭作证义务，全面、彻底地解决我国证人出庭难的司法难题。

第四节 全面贯彻证据认定事实的规则

一、证据认定事实规则的基本含义与特征

证据认定事实规则是指司法裁判者在对事实进行认定和作出判断时，必须建立在证据的基础之上，或者说，必须通过证据来认定案件事实，没有证据的存在也就没有案件事实的认定。正如陈朴生先生所言："无证据之裁判，或仅凭借裁判官理想推测之词，为其裁判之基础者，均与证据裁判主义有违。"[1]

在证据认定事实规则下，没有证据，不得认定事实。[2]因为证据是事实认定的必要条件，也是唯一的途径。准确把握证据，是通过证据清楚地认定案件事实，进而正确适用法律的关键途径。而此处的"没有证据"，应该作广义的意思解释，既可能是没有任何的证据来认定案件，也可能是有证据，但是存在证据不充分的情况。一般来说，没有任何证据就认定事实的情况几乎是不存在的。现实生活中的大多数情况为，有一定证据，但是证据不充分，即所谓的"证据不足"的情况。在此意义上可以作出进一步的解释，即没有证据，就没有事实；反过来说，则为有证据，也不一定就会有事实。

---

[1] 凌晨. 现代证据裁判原则下的事实认定[J]. 长沙大学学报,2011,25(6):60-62.
[2] 尹洪阳. 事实认定过程中的证据叙事分析[J]. 中国政法大学学报,2018(2):131-143,208.

按照证据认定事实规则，对于事实的认定，需要有足够的证据。

鉴于此，证据认定事实规则应该具有以下特征：

第一，司法裁判者应该以证据为基础对案件事实问题进行判断，即需要遵循"无证据不认定事实"的原则；

第二，司法裁判者依据的证据应该具有相应的证据资格、证明能力等；①

第三，证据获取程序合法，证据认定事实过程合法。

证据认定事实规则在借鉴法官自由心证和证据学相关原理的基础之上，进行了相应的理论制度创新，不仅在证据获取及实际运用的过程中得以体现，还将事实认定置于科学化、理性化的体系之下。证据认定事实规则在字面含义上可以理解为由三个部分组成，即事实、证据、事实认定。在这三部分中，事实与事实认定处于证据的两端，而证据则处于中间位置，就好像一座"桥梁"，连接着事实与事实认定的两端。因此，在证据认定事实规则的体系下，运用逻辑学的理论进行解释，事实则为命题，证据则为论据，而最终的事实认定则为结论。

二、全面贯彻证据认定事实规则的意义

回顾西方诉讼制度的发展历程，我们能够清晰地发现西方的诉讼制度经历了一个漫长的阶段，从神示证据制度、法定证据制度到自由心证制度共三个阶段。②比较三个阶段的特征，神示证据制度相对于后两者来说，是一种非理性的裁判。而法定证据制度与自由心证制度则为相对理性的裁判。③我国的诉讼发展史中的"司法证明"环节，经历了由"证据并非裁判所必需"到"没有证据不得进行裁判"的根本性转变。比较国内外关于证据制度的变化，可以明确证据认定事实规则为案件处理所需，也为法制发展所需。证据认定事实规则作为一种有着鲜明时代色彩的理论，在实际运用过程中有着重要的现实意义。

第一，全面贯彻证据认定事实规则是科学、理性的体现。正如前文所述，无论是西方诉讼制度的发展历程还是我国司法证明的历史转变，其中所体现出的价值不仅仅存留在制度变迁层面，更为重要的是一种现代化司法与诉讼活动发展的标志。人类社会生活早期，针对相互之间矛盾纠纷解决的方式，主要采用通态复仇、以牙还牙等形式进行解决。之后逐渐发展成了由第三方来进行居中裁判的模式，可以说这种模式相较于前者来说是一种进步。另外，对于最初的诉讼模式来说，最早的则是神示证据制度，在该制度下，人们是通过神明的指示或者自身的信仰进行"明辨是非"，完全忽视了实际公平与价值意义的存在。当这种制度被发展到极致，同时伴随着人们对于该种

---

① 张保生. 事实、证据与事实认定[J]. 中国社会科学,2017(8):110-130,206.

② 凌晨. 现代证据裁判原则下的事实认定[J]. 长沙大学学报,2011,25(6):60-62.

③ 张保生. 事实、证据与事实认定[J]. 中国社会科学,2017(8):110-130,206.

制度提供依据的认识逐渐加深，神示证据制度就被历史所抛弃。当然，在理由与判断、经验与结论等多种因素综合作用的前提下，诉讼制度在发展过程中逐渐淘汰了主观臆断标准，也逐渐引入了客观判断准则，正如现实状况下全面贯彻证据认定事实的规则，则跨上了一个科学、文明与理性的新阶段。

第二，全面贯彻证据认定事实规则不仅符合司法证明的客观要求，也彰显了保障人权的价值理念。依据全面贯彻证据认定事实规则的具体要求，任何证据的获取、运用都必须经过严格的法律程序。无论是对于举证环节，还是质证与认证环节，任何证据从开始的搜集到最终的查证属实均需要通过法庭调查程序，才能够作为定案的依据。探究证据认定事实规则的具体内涵可知，从"作为司法裁判前提的证据"到"证据的法律资格性"再到"证据认定事实所应当遵循的法律规定"，每一环节都能够体现出证据认定事实规则内在的严谨逻辑与外在的体系结构。汤维建先生曾指出的："不管是何种方法，只要是证据以外的方法，都是游离于案件事实的外在方法，而不是以事实求证事实的内在方法。而证据则是这样一种内在的方法。"全面贯彻证据认定事实规则是在抛弃以往落后制度的基础上，结合时代发展的要求，围绕法院正确行使职权与保障当事人权益的核心，进而建立起来的。该规则突出了证据的重要地位，对于分析案件事实、维护实体程序公正、保证公民权利等方面也具有重要作用。

第三，全面贯彻证据认定事实规则是提升司法裁判权威性及确定性的重要保障。[①]证据认定事实规则要求司法裁判者所作出的裁判都必须以证据为基础，不得抛弃证据进行事实认定，也不得在证据不足的情况下进行事实认定，同时也应该说明采纳证据的理由。这样的要求在证据客观性以及司法裁判者的主观性之间，作出了较为良好的平衡，使裁判更加具有逻辑性和说理性，也增强了司法的公信力和权威性。有学者曾说："严格之证据裁判主义与自由心证主义如车之两轮有相互为用之关系。"正是基于这样的考虑，全面贯彻证据认定事实规则在符合经验法则与逻辑规则的前提下，对诉讼活动进行了更为标准化与科学化的规定，符合司法活动的客观要求和制度规定。

三、国外法律对于证据认定事实规则的规定

证据认定事实规则在所有的证据制度中居于重要地位，也是各国（地区）诉讼制度得以普遍遵循的法律规则之一。

（一）大陆法系国家（地区）的法律条文部分规定

《德国刑事诉讼法典》第 244 条规定"为了调查事实真相，法院应当依职权将证据

---

① 凌晨. 现代证据裁判原则下的事实认定[J]. 长沙大学学报, 2011, 25(6):60-62.

调查延伸到所有对于裁判具有意义的事实、证据上。"①

《法国刑事诉讼法典》第 427 条规定："除法律另有规定外，罪行可通过各种证据予以确定，法官根据其内心确信判决案件。"

此外《日本刑事诉讼法》也有类似的规定。

（二）英美法系国家的法律条文部分规定

虽然英美法系国家在相关诉讼理论研究过程中对于证据认定事实规则没有明确规定，但是在实践过程中存在着大量运用证据进行事实认定的案件。例如美国《联邦证据规则》中的主要内容是对于可采性证据规范的规定。

（三）启示

了解了各国法律条文关于证据认定事实规则的规定分析评价之后，能够发现虽然各国的法律条文在表述方上有所不同，但是其中蕴含的本质内容是一致的。探究其具体的内涵，应该包括如下内容：

第一，必须也只能以证据作为认定事实的依据。回顾证据制度的发展史，从先前的神示证据制度到后来的法定证据制度的发展过程，能够发现人们对于证据本质的认识逐渐加深，进而逐渐抛弃了先前落后的证据制度。到了后来的证据制度，需要以证据为基础，以证据为核心，根据证据的存在进而推论得出案件事实。

第二，需要依据具有证据资格的证据进行事实认定。证据种类多样，不同证据的证明能力、证明标准等存在显著的差别，对于最终案件事实认定起决定性作用的证据只能是具有一定证据资格的证据。如果一项证据材料不具备相应的证据资格，即使它对司法裁判有价值，也不能作为最终定案的依据。②

第三，证据的收集运用过程需要遵循法定程序。从证据收集到最终运用证据进行事实认定，其中经过的程序均需要遵循法律的规定。只有符合法定要求收集运用证据，才能够最大可能地还原案件事实的真相，以此来作出最终的确切裁判。

因此，证据认定事实规则要求所有证据都必须符合法定的证据形式，都必须经过严格的法定调查程序，并经过法庭上的举证、质证以及认证，才最终认定案件事实。由此可以看出，虽然各国关于证据认定事实的法律条文规定不同，但是在本质含义上存在着一致性，这样的规定不仅符合司法证明所要求的客观规律，而且也符合证据在诉讼活动中的价值定位。

---

① 李苏林. 证据裁判原则下的案件事实认定[J]. 山西大学学报(哲学社会科学版), 2015,38(3):132-137.

② 王知. 以证据认定事实的两次风险[J]. 商, 2016(31):1.

四、关于我国证据认定事实规则的现状分析

（一）缘始：由内蒙古呼格吉勒图案件引发的思考

　　1996 年 4 月 9 日，内蒙古自治区呼和浩特市毛纺厂女厕发生强奸杀人案。随后，年仅 18 周岁的职工呼格吉勒图被认定为凶手。法院判决呼格吉勒图死刑并立即执行。2005 年，内蒙古系列强奸杀人案凶手赵志红落网，其交代的数起案件中就包括"4·9"毛纺厂女厕女尸案，从而引发媒体和社会对呼格吉勒图案的广泛关注。2014 年 11 月 20 日，内蒙古自治区高级人民法院宣布，经过对呼格吉勒图案的申诉审查，认为本案符合重新审判条件，决定再审。12 月 15 日，内蒙古自治区高级人民法院对再审判决宣告原审被告人呼格吉勒图无罪，之后启动追责程序和国家赔偿。12 月 19 日，内蒙古公、检、法等部门启动呼格吉勒图案的追责调查程序。2014 年 12 月 30 日，内蒙古高院依法作出国家赔偿决定，决定支付李三仁、尚爱云国家赔偿金共计 2 059 621.40 元。

　　虽然案件现已平冤昭雪，但是其留给世人的思考与警醒却是深刻的。在具体梳理案件经过时，能够发现在呼格吉勒图案件中的证据环节有所缺失。正是因为关键证据的忽视，从而导致了最终悲惨结果的出现。正如呼格吉勒图案件的申诉律师苗立认为，"对于呼格吉勒图的犯罪证据，并不能构成完整的证据链。例如，受害人体内精斑是否是呼格吉勒图的？掐死受害人的手印是否有鉴定？案发地是否留有呼格吉勒图的脚印，等等。在缺乏完整证据链的情况下，法院判决就应该疑罪从无。"像这种类似的案件还有 2010 年河南赵作海杀人案再审被宣告无罪；2005 年湖北佘祥林杀妻案再审被宣告无罪；2000 年云南杜培武杀人案再审被宣告无罪，等等。上述案件发生的过程和原因有着惊人的相似，如图一所示。已经存在的案件值得我们思考，也更值得我们去探究案件发生的原因及启示。在上述案件中，证据作为案件审理过程的关键一环，对于案件事实的认定有着特殊意义，因此全面贯彻证据认定事实规则在实践过程中应该得以推广。

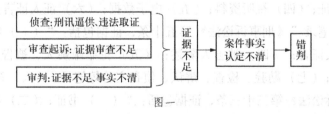

图一

　　从图一可以看出，这类案件在整个诉讼过程中，证据处于非常关键的地位。由于事实已经发生，所以对于这种"过去式"的事情只能够依照证据还原事实真相。一旦证据不足或者存在证据获取、运用不合法，那么则会导致证据还原的事实与案件真实发生的事实有所出入，进而导致司法裁判者会按照错误的事实进行判决。所以，证据认定事实规则在整个诉讼活动中均处于重要的地位，应该理性把握证据认定事实规则

的具体内涵与外延，从而在具体实际运用过程中能够朝着正确的方向进行案件裁判。①

（二）证据认定事实规则在我国实践中的不足

在现实生活中，证据认定事实规则存在着些许问题，而往往就是这些问题不能够得到有效改善，以至于出现不利的案件结果。正如刚刚列举的内蒙古呼格吉勒图案，该案从发生到判决再到后来的重审改判，可以说在很大程度上能够作为我国在运用证据认定事实规则方面的实际参考案例来进行思考。对于该案无论是在证据获取方面，还是对证据的实际运用方面，都应该进行深入的探究。同时，可以将上述类似的案件进行整理归纳比较，以发现它们之间在证据方面的区别与联系，进而分析证据认定事实规则在我国实践过程中的不足之处，以期能够真正发挥证据在具体案件处理过程中的作用与价值。

1. 不足之一：存在非法证据认定事实的情形

这里的"非法证据认定事实"应该做广义的解释，主要包括四种情况，分别为：通过非法途径获取证据认定事实、运用表现形式不合法的证据认定事实、使用构成要件不合法的证据认定事实以及通过非法主体作证认定事实。

针对第一种情况，在实际生活中又称其为"非法取证"。所谓的"非法取证"，一般是指司法机关不依照法定程序，不采取法定手段收集证据。即通过刑讯逼供和以威胁、引诱、欺骗或者其他非法手段收集证据。正如前述案件所示，通过非法途径获取的证据，不能够还原事实真相，势必导致司法裁判者依据的案情与案件实情之间的差距，进而使当事人受到错误裁判的惩罚，并使其合法权益受到侵害。这样的案件，后果轻者可能导致财产损失，后果重者则可能导致生命权的丧失。

针对第二种情况，关于证据表现形式不合法，我国三大诉讼法分别规定了证据的表现形式，即《民事诉讼法》第六十三条，证据包括："（一）当事人的陈述；（二）书证；（三）物证；（四）视听资料；（五）电子数据；（六）证人证言；（七）鉴定意见；（八）勘验笔录。"《刑事诉讼法》第五十条，证据包括："（一）物证；（二）书证；（三）证人证言；（四）被害人陈述；（五）犯罪嫌疑人、被告人供述和辩解；（六）鉴定意见；（七）勘验、检查、辨认、侦查实验等笔录；（八）视听资料、电子数据。"《行政诉讼法》第三十三条，证据包括："（一）书证；（二）物证；（三）视听资料；（四）电子数据；（五）证人证言；（六）当事人的陈述；（七）鉴定意见；（八）勘验笔录、现场笔录。"三大诉讼法均规定了证据的法定形式，如果不符合上述法条规定的证据的形式，则属于违法。利用不符合法定表现形式的证据认定事实，会

---

① 慎先进,王海琴,陈晶洁,等.审判中心主义背景下案件事实认定方法之检视:以证据裁判原则为视角[J].三峡大学学报(人文社会科学版),2016,38(5):90-94.

· 70 ·

导致事实不清，司法裁判不公现象的出现。

第三种情况则为使用构成要件不合法的证据认定事实。该情况主要针对利用不具备法定要求应具备的特定形式或者不履行法定手续而成立的证据进行事实认定。从该种情形中可以看出，因为证据一开始的构成要件均为非法，那么其随后证明案件事实的过程也为非法。正如证据的逻辑起点出现错误，最后的逻辑终点，即要证明的案件事实也会存在错误。

第四种情形则主要依据法律的具体规定。由于作证主体不合法，进而导致无法得出与案件实情相匹配的结论，因此不应采纳通过非法作证主体获取的证据。例如，《民事诉讼法》第七十二条规定，"不能正确表达意思的人，不能作证"。依据该条规定，在现实生活中无民事行为能力的未成年人、精神病人作为证人提供的证言，不符合法律对证据收集、提供主体的规定，因此应该认定为非法证据，不能依据此类证据进行事实认定。

根据上述四种情形在具体案件事实认定过程中较为常见，不符合全面贯彻证据认定事实规则，因此应该将其列为我国在证据认定事实情形中的不足之处，以此来引发思考与并改正。

2. 不足之二：存在证据不足认定事实的情形

此处的"证据不足认定事实"主要是指在诉讼过程中，认定案件情况的主要事实材料不充分，而司法裁判者依据不充分的证据材料认定案件事实的情况。证据问题历来是诉讼中的关键问题，只有正确认定案情，才能正确适用法律，从而正确处理案件。如果按照前述的情况进行事实认定，会导致事实认定不清，法律裁判错误。证据不足认定事实的情形主要存在于"证据分类"方面。我国对于证据的分类，一般分为法律上的分类与学理上的分类。所谓法律上的分类，是依照现行诉讼法等相关规定对证据进行的分类，又被称为证据的种类。而学理上的分类，是指法学理论界从证据的来源、效力提出的主体等角度，按照不同的标准对证据进行的划分。

针对法律上的分类而言，如前所述三大诉讼法分别规定了不同的法定种类，对于不同的法定证据而言，其证明力存在着显著的差异，故而其最终认定事实的真实还原度也存在着不同。如法定证据种类：证人证言。证人证言是证人对于案件事实所感知的情况、记忆的情况，由于证人证言会受到客观因素、自然条件尤其是主观因素的影响，因此具有多变性和虚假性的特点。正因如此，如果仅凭借证人证言来具体认定案件事实，则会导致证明力不足，案件事实认定不清。因此，证人证言可以与其他的证据材料相互印证，以此来加深各类证据的真实性，并认定案件事实。针对学理上对于证据的分类，一般会分为原始证据与传来证据、言辞证据与实物证据、主证据和补强证据、直接证据和间接证据等类型。在上述划分的证据分类中，原始证据的证明力大于传来证据，实物证据的证明力大于言辞证据，主证据的证明力大于补强证据，直接证据的证明力大于间接证据，在具体实践过程中则会采取证明力强的证据结合其他证据形成证据链的方式来证明案件事实。然而在现实生活中，往往会出现仅凭借其中的一类证据或者几类无法形成完整证据链条的证据加以证明，这样的情形就会导致事实不清，以至于最后产生错判误判。正如前文提及的内蒙古呼格吉勒图案件一样，在没有形成完整证据链条的情形下，或者说在缺乏关键证据的前提下，司法裁判者就进行了案件事实的认定，进而进行裁判执行，最终导致了悲惨结局的发生。

因此，上述针对"证据分类"进行证据不足的判定，符合现实生活中的实际情况。对于此种不足情形需要有足够的认识，并按照相应的途径进行改善，方能处理好"事实""证据"及"事实认定"三者之间的关系，进而能够达到全面贯彻证据认定事实规则的实质要求。

五、改进措施与建议

2014 年 10 月，中国共产党第十八届四中全会明确指出了要推进"以审判为中心"的诉讼制度改革，其中一项核心要求则是要全面贯彻证据裁判原则，以此为司法裁判者审查判断证据提供具体明确的规范引导。2017 年 5 月，最高人民法院常务副院长沈德咏大法官在首次中澳司法圆桌会议上再次强调要贯彻证据裁判原则，系统完善证据制度，积极推进以审判为中心的刑事诉讼制度改革。[①]其中所谈到的"证据裁判制度"与本书所说的"证据认定事实规则"有着异曲同工之妙，均在强调要通过证据来认定案件事实，即要将证据作为事实裁判的基本依据。正如前文所述，我们提到了在"证据认定事实规则"中的三个关键词，即"事实""证据"及"事实认定"，三个关键词之间的关系非常密切，一旦中间的任何一个环节出错，均会导致错误案件事实的出现。

对于"证据认定事实规则"的关键则在于正确处理三个关键词之间的关系，既要避免非法证据认定事实情况的出现，也要避免证据不足认定事实情况的发生。从三个关键词之间的关系来看，全面贯彻证据认定事实规则要求对在侦查以及审查起诉阶段收集的证据以及认定的案件事实进行更加严格的要求，其中的"全面"不仅是指落实到全过程，也是指更加注重整个诉讼过程中证据认定事实的细节，从而促进侦查和审查起诉阶段以更加审慎的途径收集证据并进行案件事实的认定。全面贯彻证据认定事实规则在诉讼程序中对于做细侦查工作，重视庭审过程，坚持非法证据排除规则，进而指引规范认定案件事实有着重要的意义和价值。

（一）规范证据收集流程，明确基本事实

规范证据收集流程就要求执法机关一方面加强证据收集的全面、细致，另一方面

---

① 张中. 法官眼里无事实：证据裁判原则下的事实、证据与事实认定[J]. 浙江工商大学学报，2017(5)：23-31.

则需要清楚每份证据的证明力大小，同时自觉规范案件的取证方法。

　　全面贯彻证据认定事实规则应该全面、及时、细致地收集证据，将客观证据的收集放在首位。①以前述的内蒙古自治区呼格吉勒图案件为例：当时案发现场的照片显示，案发地点是在一处公共厕所的女厕所内，被害人（女）的尸体浑身赤裸，并且是以仰躺的方式靠在厕所内的隔墙上。如果从现场照片入手进行分析，则该案在很大程度上是一起性犯罪案件，结合现场尸体特征能够看出犯罪特征明显。然而，在后续案件的审理过程中，公安机关在侦查阶段并没有全面、及时、细致地收集被害现场的物证，例如被害人遗落在现场的衣物没有作为证据被留存提取，对于被害人阴道内的分泌物也没有进行及时的检验等。这样的一系列行为，由于证据的收集流程不规范，许多关键性证据并没有作为最终认定案件事实的依据，以至于对后续案件的真实性的认定出现了严重偏差。根据证据学的内容解释，被害人的衣服在证据学上是作为物证，DNA鉴定也是重要证据，可以说这些均是对认定案件事实非常重要的客观证据。因此，应该重视对证据收集流程的规范，对收集方式方法、收集渠道等具体内容进行明确，以此来进行案件基本事实的认定。

（二）强化对证据的审查判断

　　强化对证据的审查判断主要是根据证据的不同种类进行证据证明力的判断，对于证明力强的证据，要注重审查真实性、关联性、合法性。对于证明力较弱的证据，除了在保证证据真实性、关联性、合法性的基础上审查判断证据，还应该注重证据之间的相互印证，在关键时刻需要形成完整的证据链来进行最终案件事实的认定。前文所说的如内蒙古自治区呼格吉勒图案件等一系列案件均是在客观证据不足的情况下，在很大程度上仅凭主观证据（如证人证言、被告人供述等）来进行案件事实的认定。由于主观证据会受到环境、情感等因素的影响，所以在案件事实认定的过程中对主观证据的审查判断应该做到慎之又慎。例如被告人供述在案件前后存在不同的情形，并且会自相矛盾，这样的主观证据就很容易对事实的认定造成干扰与妨碍。

　　全面贯彻证据认定事实规则应该强化对证据的审查判断，无论是基于证据的法定分类，还是基于证据的学理上的分类，都应该明确每种证据自身、不同证据之间的证明力的差距。要学会进行证据的相互补充，并在必要时刻形成完整的证据链，以此来认定案件事实。因此，对于证据的审查判断来说，应该对不同类别的证据进行合理划分，采取相互印证、相互结合的方法，力求认定案件事实的全面性和完整性。

（三）实现庭审对证据审查的有效化

　　前述所说的意见与建议主要基于证据的收集、审查阶段，而实现庭审对证据审查

---

① 李苏林．证据裁判原则下的案件事实认定[J]．山西大学学报(哲学社会科学版)，2015，38(3)：132-137.

的有效化则是基于在庭审阶段对证据的审查判断，以此证据进行事实认定。全面贯彻证据认定事实规则中的"全面"，有一方面的含义则是针对证据认定事实规则贯彻的全部过程，不仅包括审查起诉阶段，还包括当庭审判阶段。这里主要是通过庭审来有效审查证据，尽量还原案件事实的真实性，确保在诉讼过程中的关键环节做到对证据分析、对案件事实查明的有效化。

为此在庭审过程中应该做到：

第一，强化举证、质证过程。举证是指出示证据来证明案件事实的情形，质证则是指在庭审过程中，在审判长的主持下，由双方当事人对证据进行质疑的过程。举证与质证均为诉讼过程中的重要环节。简单来说，法官就是通过当事人的举证、质证的过程来审查证据，并通过类比、归纳等逻辑思维方法对案件事实进行基本认定。因此，举证与质证环节是查明案件事实的不可或缺的关键环节。全面贯彻证据认定事实规则需要强化举证、质证环节，通过创造双方当事人平等对抗的庭审模式的方式，在证据的列举和质疑中剥离假象，进而发现案件事实。

第二，完善证人和鉴定人的出庭作证制度。此处对于证人和鉴定人出庭作证义务的叙述，一方面是基于诉讼制度改革下的"以审判为中心"的具体要求，另一方面也是考虑到全面贯彻证据认定事实规则的实际需要。当前司法实践中庭审虚化的主要原因在于证人、鉴定人出庭难。[①]因为按照证据分类来说，证人出具的证人证言，鉴定人出具的鉴定意见，从本质上来说均表现为人陈述的证据，即言词证据。对于言词证据来说，如若法官在庭审过程中仅凭借证人证言或者鉴定意见来进行案件事实的认定，由于言词证据极易受到主客观因素的影响，这样难免会导致与案件真实情况不符的结果出现。因此，对于证人和鉴定人出庭作证制度的完善，有利于控辩双方通过对证人、鉴定人的询问，有利于对证人证言与鉴定意见的真实合理性进行全面审查，以此来发现案件事实。

（四）坚持非法证据排除制度，贯彻疑罪从无原则

非法证据排除制度是指对非法取得的证据予以排除的制度，也就是说，司法机关不得采纳非法证据，不得将其作为定案的依据。正如前文所述，对于证据的收集运用阶段存在着非法情形，如果依据非法证据进行案件事实的认定，则会导致不利后果的发生。在现实生活中，实际存在着例如"车轮战""饥饿战"等刑讯逼供的手段，也存在着以诱惑、欺骗的方式获取证据的情形。采取非法途径获取的证据完全不符合证据认定事实规则的核心要义，应该予以排除。

疑罪从无原则主要是指在案件证据不充分，不能够进行事实认定的情况下，应该

---

① 慎先进,王海琴,陈晶洁,等. 审判中心主义背景下案件事实认定方法之检视:以证据裁判原则为视角[J]. 三峡大学学报(人文社会科学版),2016,38(5):90-94.

宣告无罪。该原则保障了证据作为案件事实认定依据的重要地位，属于司法文明进步的一种表现，更是全面贯彻证据认定事实规则的内在要求。以内蒙古呼格吉勒图案件来说，因为不能构成完整证据链，不能够真实合理认定案件事实，所以应该按照"疑罪从无"原则。然而实际情况则为当时的法官依据未形成完整证据链的证据进行事实认定，故而产生了最终的悲剧，这样无疑违背了"疑罪从无"原则，也违背了"证据认定事实规则"的核心要求。

　　无论是基于司法公正，还是源于人权保障，证据认定事实规则都应该全面贯彻在诉讼的整个过程中，非法证据排除制度与疑罪从无原则正是该规则的具体表现。顺应司法改革的发展潮流，在改革中不断完善与贯彻证据认定事实规则，力求做到全面、及时、有效。[①]证据认定事实规则的发展与完善应该契合当下司法体制改革的新形势，理清"事实""证据"以及"事实认定"之间的关系，融合法制体系发展的要求和社会公众的期待，真正实现全面贯彻证据认定事实规则，做到事实认定必须也只能依据证据，从而实现诉讼制度科学理性的发展。

---

① 张中．法官眼里无事实：证据裁判原则下的事实、证据与事实认定[J]．浙江工商大学学报，2017(5)：23-31.

第三章　侦查阶段的证据制度改革

第一节　侦查终结的事实认定标准

一、侦查终结与事实认定标准基础理论

根据传统侦查学和刑事诉讼法学的理论，侦查终结是侦查机关对于已经立案侦查的案件，在经过系列侦查活动之后达到一定的要求，即案件事实已经查清，认定案件事实的证据确实、充分，能够作出犯罪嫌疑人是否有罪和应否对其追究刑事责任的结论，从而决定结束侦查，并对案件依法作出处理的一种诉讼活动。对此，公安部法制局颁布的《公安机关执法细则》（2011 版）第 26-01 条予以确认，其明确指出，"侦查终结，是公安机关在办理刑事案件中，经过一系列的侦查活动后，认为案件事实已经查清，并取得了充分、确实的证据，按照有关法律规定，足以认定犯罪嫌疑人是否犯罪、所犯何罪，不需要继续侦查时，侦查工作即告终结"。根据这一规定，对于侦查终结的案件处理并不意味着必然将犯罪嫌疑人移送审查起诉，主要是针对其是否构成犯罪以及应否追责作出相应处理。

侦查终结证明标准是指侦查机关在办理刑事案件的过程中，依法搜集证据对案件事实加以证明达到何种程度，才能侦查终结并将案件移交人民检察院审查起诉的标准，也就是侦查终结时要求证据所应达到的"度"。[1]一旦侦查人员对案件事实的认定达到了法律要求的证明标准，我们就可以认为完成了侦查阶段的办案任务，案件将进入下一阶段。

---

[1]　孙皓. 论刑事证明标准的"层次化"误区[J]. 当代法学, 2017, 31 (4): 99-109.

二、侦查终结证明标准的立法沿革

在我国不同历史时期，对侦查终结曾经有过不同的证明标准。1979 年《刑事诉讼法》正式确立了"事实清楚，证据确实、充分"的证明标准，但这一标准仅适用于审查起诉阶段和审判阶段，并不适用于侦查终结的证明标准。到了 20 世纪 80 年代，随着"严打"运动的开始，证明标准曾一度被修正为"基本事实清楚，基本证据确实、充分"，该标准虽未正式写入《刑事诉讼法》，但却在司法实践中被广泛适用。到了 1996 年，《刑事诉讼法》首次明确将"事实清楚，证据确实、充分"规定为侦查终结的证明标准。至此，公安司法机关各自所办理的刑事案件作出结论所依据的证明标准趋于统一。

对于如何正确理解和把握"事实清楚，证据确实、充分"，理论界和实务界一直见仁见智且难有定论，但获得较多共识的是立法所确立的这一证明标准是证明标准客观化的产物。[1]一般而言，所谓"事实清楚"，是指与定罪量刑相关的案件情节都已经查实清楚；所谓"证据确实、充分"，则是对所认定的案件情节在证据上质和量的要求，其中"证据确实"是对证据在"质"上的要求，即据以定案的每项证据都必须具有完全的证据能力和证明力，而"证据充分"则是对证据在"量"上的要求，即案件的每个情节都需要有足够的证据加以证明。然而，2010 年最高人民法院、最高人民检察院、公安部、国家安全部、司法部联合制定的《关于办理死刑案件审查判断证据若干问题的规定》却将"排除合理怀疑"这一相对主观性的标准引入到判定死刑案件"证据确实、充分"的标准之中，从而使长期以来坚守的客观化证明标准的立法模式发生了转变。有论者即指出，将"排除合理怀疑"引入我国刑事诉讼的证明标准，意味着在原来客观化的证明标准中注入了一种带有主观性的证明要求，法律对裁判者认定案件事实提出了内心确信程度的要求。[2]

《刑事诉讼法》在第二次修改时承继了 1996 年《刑事诉讼法》的证明标准，仍然将"事实清楚，证据确实、充分"作为侦查终结、提起公诉和法院判决三个阶段的证明标准。此外，2012 年《刑事诉讼法》还吸收了先前司法解释对证明标准引入主观性的做法，即将"排除合理怀疑"正式规定为判断是否达到了"证据确实、充分"的三大法定条件之一；根据立法的字面意思，我国现行《刑事诉讼法》对提起公诉与审判定罪规定的证据标准都是"案件事实清楚，证据确实、充分"。不过，也有论者指出："根据立法精神及司法工作实践，在理解这一提起公诉的标准时，应注意两点：其一，这种要求是在诉讼进行中基于起诉时所获取的证据材料所作的阶段性要求，与判决时

①　谢澍．论刑事证明标准之实质递进性："以审判为中心"语境下的分析[J]．法商研究，2017,34(3)：132-139.
②　陈学权．论侦查终结、提起公诉与审判定罪证据标准的同一：以审判中心主义为视角[J]．苏州大学学报(哲学社会科学版)，2017,38(2)：57-65,191.

总结全案提出的证据要求是有区别的。其二，法律在对事实证据本身的要求前面加上了'人民检察院认为'这样带有主观色彩的限制词，从而有别于（1996年，笔者加）《刑事诉讼法》第一百六十二条关于有罪判决的判决条件所作的规定'案件事实清楚，证据确实、充分'。"① 但是，笔者对此并不敢苟同，认为该观点尚有牵强之嫌。一方面，在侦查终结之后，如果有些情节没有调查清楚，此时允许补充侦查，不过补充侦查在实践中只占少数，绝大多数案件侦查终结后并未增添新的有罪证据材料；另一方面，现行《刑事诉讼法》对侦查终结的证据标准是"应当做到犯罪事实清楚，证据确实、充分"因为提起公诉是在侦查终结之后进行的，其证据标准绝不应低于侦查终结时的要求。故而，自从1996年《刑事诉讼法》颁布实施以来，我国基本在立法上形成了侦查终结、提起公诉和审判定罪同样的证据标准。诚如立法机关在解释相关条款时所言："'证据确实、充分'是我国刑事诉讼法对侦查机关侦查终结移送起诉、检察机关提起公诉的要求，也是审判程序中人民检察院完成被告人有罪的举证责任，人民法院判决被告人有罪的证明标准。"②

不过，近年的司法实践中却出现了一些反常的现象，公安机关将部分没有达到侦查终结证据标准的案件移送审查起诉，人民检察院也审查不严，结果对一些没有达到定罪标准的案件提起公诉。对于此类案件，因为没有达到定罪的标准，人民法院本应作出无罪判决，但在司法实务中法院基于多方面的压力而对此类案件作出有罪判决，从而造成了一些冤假错案。正是因为这个原因，最高人民法院、最高人民检察院、公安部、国家安全部和司法部于2016年10月联合颁布的《关于推进以审判为中心的刑事诉讼制度改革的意见》（以下简称《意见》）第二条明确规定："侦查机关侦查终结，人民检察院提起公诉，人民法院作出有罪判决，都应当做到犯罪事实清楚，证据确实、充分。"③ 从该《意见》明显可以看出，侦查终结、提起公诉与审判定罪证明标准是一致的。因此，正确地理解关于证明标准的规定非常重要，笔者认为应该注意以下方面：

首先，定罪量刑所依据的事实都有证据证明，这一规定是证据裁判主义的应有之义，刑事诉讼中所有案件情节都应当依据查证属实的证据予以认定。具体而言，必须依据证据证明的事实包括两个方面：即犯罪构成要件事实和量刑情节事实。犯罪构成要件事实主要包括犯罪嫌疑人是否达到了刑事责任年龄或具有刑事责任能力，犯罪嫌疑人是否具有故意或者过失的主观罪过，犯罪嫌疑人实施犯罪行为的详细经过，犯罪

① 张穹. 公诉问题研究[M]. 北京:中国人民公安大学出版社,2000:332.

② 全国人大常委会法制工作委员会刑法室. 中华人民共和国刑事诉讼法解读[M]. 北京:中国法制出版社,2012:116.

③ "证据确实、充分,应当符合以下条件:(一)定罪量刑的事实都有证据证明;(二)据以定案的证据均经法定程序查证属实;(三)综合全案证据,对所认定事实已排除合理怀疑。"根据这一规定,结合侦查实践,公安机关侦查终结认为需要移送审查起诉的案件,除要求犯罪事实清楚之外,还需从以上三个方面来准确判断是否达到"证据确实、充分"。

嫌疑人的犯罪行为、犯罪后果之间的因果关系，同时还要注意收集排除犯罪嫌疑人行为违法性及可罚性的证据，即查清犯罪嫌疑人是否存在正当防卫、紧急避险的行为，以及是否具备《刑事诉讼法》第十六条规定的情形。量刑情节事实则是对犯罪嫌疑人判处刑罚发生影响的事实，包括法定情节和酌定情节两类，如老年人犯罪、未成年人犯罪、聋哑的人或者盲人犯罪、限制行为能力的精神病人犯罪、避险过当、防卫过当、犯罪预备、犯罪未遂、犯罪中止，胁从犯、从犯和教唆犯，坦白、自首、立功、退赃等情节。案件侦查终结时应当针对上述全部事实全面、准确地收集、调取证据。需要注意的是，虽然侦查机关承担着追诉犯罪的职责，但也必须保持客观中立和实事求是的基本立场，针对全部犯罪事实进行查证，不能只收集有罪证据而不收集无罪证据。

其次，据以定案的证据须经法定程序查证属实。这一规定主要解决对单个证据的审查判断，也就是说每个证据都应符合证据的三性——真实性、关联性和合法性特征，应当具有证据能力和证明力。强调证据"经法定程序"是对其证据能力的要求，侧重于证据的合法性特征。侦查终结处理结果所依据的证据，首先必须具有合法性，合法性包括三个方面的含义：一是经由法定主体收集和提取，二是具备法定形式，三是收集和提取程序符合法律规定。强调证据"查证属实"是对证据证明力的要求，侧重于证据的真实性和关联性特征。第一，证据所反映的内容及其存在的形式必须是真实的，证据之间可以相互印证，没有伪造或虚假成分。第二，证据与事实之间具有关联性，存在直接或者间接的证明作用。任何证据必须同时具有证据能力和证明力，才能成为定案的根据。

最后，综合全案证据，没有合理怀疑。这一规定主要是从证据的体系性和排他性所提出的要求，旨在保证证据之间能够相互印证，不存在明显的矛盾或冲突。因此，证据的体系性要求证据之间不存在矛盾或者矛盾能够得到合理的解释。当然，在司法实务中，部分证据之间存在非实质性矛盾是较为常见的现象，因此不能要求全案证据之间都能相互印证，不存在任何矛盾之处只是一个理想化状态。尤其是案件中存在言词证据时，因为证人或被害人的遗忘，可能出现与客观性较强的物证、书证等存在时间、金额等不完全相符的现象，这时公安机关应当对证据的内容进行分析，如果能够作出合理的解释或说明，应当认为不存在合理的怀疑。如果矛盾存在无法排除的情形，就应当认定为没有达到"事实清楚，证据确实、充分"的证明标准，此时不应作出侦查终结的决定。

证据的体系性还要求证据与证据之间应当环环相扣，最终闭合而成体系，完整地对定罪量刑的事实提供证据支撑且不存在缺漏。证据指向的排他性要求是侦查终结证明标准的核心要求，即犯罪事实在证据的证明下，其结论应当是唯一的。"排除合理怀疑"则是对结论唯一性的进一步解释，避免将结论唯一性当作"绝对确定性"。至于如何科学理解和准确把握"排除合理怀疑"，美国著名证据法学者艾伦教授曾作出如下解释，排除合理怀疑"是指案件的这样一种状态，即在全面比较和考虑了所有证据之后，在心目中留下了这样的印象，即他们不能说自己对指控事实的真实性和确信的确定性感到了有一个可容忍的定罪"。[①]

三、侦查终结证明标准的理论释疑

（一）理论界与实务界的争议观点

前已述及，根据现行《刑事诉讼法》的规定，侦查机关侦查终结后移送审查起诉、检察机关提起公诉和审判机关判决有罪的证明标准都是"事实清楚，证据确实、充分"。换言之，三机关都适用相同的证明标准来认定犯罪事实，那么理想的状态应当是侦查机关起诉意见书中所认定的犯罪事实，应在检察机关起诉书乃至审判机关的判决书中得到确认，但现实情况却并非如此。一些侦查机关将达到证明标准而作出侦查终结决定的案件移送检察机关后，却被退回补充侦查；一些检察机关认为达到了"事实清楚，证据确实、充分"的标准而提起公诉的案件，审判机关却没有认定公诉的全部犯罪事实，有的甚至作出了无罪判决。

因为这个原因，理论界和实务界一直对侦查终结证明标准争论不休，对能否将侦查终结、提起公诉与有罪判决等适用近乎同样的证明标准提出广泛质疑。有些学者指出，司法实践中存在着高证明标准前置的问题，即对侦查机关移送起诉的证明标准提出更高的要求，导致这个问题出现的原因在于当前的证明标准不够明确、操作性和层次性不强，《刑事诉讼法》对侦查终结、提起公诉和有罪判决的证明标准作出同样的要求，混淆了侦、诉、审三机关的职能，障碍了刑事诉讼目的的实现；也有些学者认为，由于受到主观因素的影响以及人类认识规律的制约，公安机关在侦查终结时收集到的证据并未达到"确实、充分"的要求，所以公安机关在侦查终结时，有些案件不可能完全实现"犯罪事实清楚"的立法标准。

不可否认，证据与犯罪事实之间并非代入公式得出结论的简单关系，而是要经过人类思维的整合加工，英美法中的"排除合理怀疑"和大陆法中的"内心确信无疑"的概念，都是人在主观上对是否达到证明标准进行判断的标准和依据。固然这种主观判断并非一种无根据的思想活动，而是建立在客观证据的基础之上，并且具有可以反复验证的效果。[②]但即便如此，由于认知差异的存在，人们对证明标准的理解和把握不尽相同，这便是同一案件虽然适用相同证明标准却会在不同诉讼阶段产生不同处理结果的重要原因。此外，随着诉讼活动的逐步进行，对于证据的发现和理解自然亦会有所深入和强化，发现新的证据、否定已有证据的情形亦时有发生，这自然也会导致同

① 杨波.审判中心下统一证明标准之反思[J].吉林大学社会科学学报,2016,56(4):134-143,191-192.
② 吉冠浩.刑事证明标准的形式一元论之提倡：兼论审判中心主义的实现路径[J].证据科学,2015,23(6):694-706.

一案件在不同诉讼阶段得到不同的处理结论。

（二）不同诉讼阶段证明标准同一性的正当缘由

但是，不管是客观上存在认知差异，还是证据资料调查和收集的走向纵深，"事实清楚，证据确实、充分"作为侦查终结证明标准，都不应该被轻易地否定。公安机关在侦查终结移送审查起诉时，检察机关在提起公诉时，抑或审判机关在作出有罪判决时，办案人员所秉持的"事实清楚，证据确实、充分"都是基于自身对当时所掌握的案件事实、证据以及对法律的理解，同一证明标准并不意味着就一定会产生同一处理结论，也不意味着就不能够产生不同处理结论。①实际上，《刑事诉讼法》在第二次修改时将"排除合理怀疑"引入到证明标准之中，使得证明标准具有了主观性因素，此后"事实清楚，证据确实、充分"的证明标准实现了主观与客观的结合，法律如此规定更是提醒我们不应对证明标准进行呆板、僵化的理解。

换言之，不同诉讼主体对证明标准的认知都是在不同诉讼阶段和一定客观因素基础上的主观判断，侦查人员在侦查终结时认为案件已经达到了"事实清楚，证据确实、充分"的标准，因此作出了移送审查起诉决定，这是基于其当时的内心确信、事实和证据，侦查人员的主张或看法有着特定的时空限制。当到了审查起诉和审判阶段时，检察人员和审判人员基于他们依赖的证据和事实，完全有可能与侦查人员持有不同的看法，因而否定了侦查人员的结论或证据。

诚如徐静村教授所言："从原理上看，证明标准应是整个刑事证明行为的标尺，适用于各个诉讼阶段一切刑事证明的场合；从应用上看，证明标准主要是为负有证明责任的主体设立的，检察官提起公诉时要用这个标准审查起诉的事实是否有证据确实充分地证明，而此前检察官对于侦查终结的案件自然也应使用同样的标准去审查其证明状况，否则就不能作出是否应当提起公诉的正确决定；至于审判阶段，法官也同样运用这一标准来衡量和确认案件事实，形成自己的内心确信。如果我们给刑事证明设立几个标准，无论在理论上或者应用上都会造成紊乱，显然是不可取的。"②

四、我国侦查终结、提起公诉与审判定罪证据标准同一的实现路径

虽然我国《刑事诉讼法》早就规定侦查终结、提起公诉与审判定罪适用同一的证明标准，即"事实清楚，证据确实、充分"，但因为各种原因，法律的这一规定在司法实践中并未得到很好的落实。笔者认为，若要实现侦查终结、提起公诉与审判定罪证明标准的同一，需要重点解决以下问题：

---

① 肖沛权. 论排除合理怀疑证明标准的司法适用[J]. 法律适用, 2015(9): 104-108.

② 徐静村. 我的证明标准观[C]//陈光中, 江伟. 诉讼法论丛(第 7 卷). 北京: 法律出版社, 2002: 14.

（一）建立和完善检察机关提前介入、引导侦查的机制

我国侦查实践当前存在的突出问题主要是侦查人员重视案件侦破而轻视证据收集。近些年曝光了一批重大冤假错案，最终都被法院以事实不清、证据不足为由作出了无罪判决，这些事实深刻地表明：我国当前的侦查工作还比较粗糙，与建立以审判为中心的诉讼制度的要求存在一定的距离。实际上，即使在法治发达的国家和地区，由于在思维习惯、专业背景、工作方式等方面存在的差异，如果缺乏检察官的适当指导，侦查人员在收集与运用证据时往往也会出现一些问题。而且，总结与反思重大的刑事冤假错案，其根源几乎都是在侦查环节就开始出现错误。[①]因此，检察官提前介入侦查，按照审判定罪的证据标准引导侦查就显得尤为必要。

随着严格司法的大力推进，我国检察机关要想建立提前介入、引导侦查的科学机制，不管是在基本理念，还是在具体规定上，都需要进行大胆的创新。首先，检察机关提前介入侦查需要理念上的转变，即从提高诉讼效率向促进侦查机关规范取证转变。从历史上来看，20世纪80年代"严打"的时候检察机关提前介入重大案件的侦查就已经开始了，至今一直都存在。不过，以前建立检察机关提前介入侦查的目的是让检察机关尽快熟悉案情，以便能够"从快"终结侦查、提起公诉，其追求目标是效率。当前，要求检察机关提前介入、引导侦查是为了确保侦查阶段认定的事实经得起审判的检验而促使侦查机关客观、全面、合法地调查、收集与案件相关的所有证据。

其次，检察机关提前介入、引导侦查的法律依据需要立法明确。多年以来，虽然国家一直在积极推进检察机关提前介入、引导侦查机制的建立，但是成效甚微。2011年8月第十一届全国人大常委会第二次会议审议的《中华人民共和国刑事诉讼法修正案（草案）》曾规定："对于公安机关立案侦查的故意杀人等重大案件，人民检察院可以对侦查取证活动提出意见和建议。"不过此建议在后来的审议中被删除，没有被写入最终通过的《刑事诉讼法修正案》中。由此可知，当前检察机关提前介入、引导侦查机制的建立在实践中还存在一定的阻力。但是，如果没有法律的明确规定作为依据，检察机关提前介入、引导侦查机制之建立和有效运行恐怕难以实现。

最后，检察机关提前介入、引导侦查的目的是引导侦查机关依法、全面调查和收集证据。与检察官承担的法律工作相比，侦查也是一项专业性很强的技术性工作；虽然侦查的主要任务是收集证据，但是侦查还得面对侦查方案的拟订与实施、破案时机的把握、各种侦查手段的运用策略等诸多问题，其中有相当多的问题已经超越了检察

---

① 杨宇冠,郭旭,"排除合理怀疑"证明标准在中国适用问题探讨[J]. 法律科学(西北政法大学学报),2015,33(1)：158-165.

官所擅长的法律问题之范畴。①因此，检察机关提前介入、引导侦查的目的不是全面地介入侦查工作，指挥和命令侦查人员，只是对侦查取证工作提出一些建议，例如侦查机关在案件中采用的侦查手段是否符合法律规定，已经收集的证据存在哪些瑕疵，如何进行补正，以及还有哪些证据需要进一步收集，等等。

（二）加大证据不足不起诉的适用

我国 1996 年《刑事诉讼法》第一百四十条第三款首次确立证据不足不起诉，即"对于补充侦查的案件，人民检察院仍然认为证据不足，不符合起诉条件的，可以作出不起诉的决定"。2012 年《刑事诉讼法》第一百七十一条第三款将上述条款修改为"对于二次补充侦查的案件，人民检察院仍然认为证据不足，不符合起诉条件的，应当作出不起诉的决定"。据此，从我国《刑事诉讼法》的规定来看，已经明确赋予检察机关适用证据不足不起诉之权力，而且法律在措辞上由"可以"向"应当"转变也标志着立法者有意强化检察机关适用证据不足不起诉的精神。

限于认识水平和办案条件的限制，侦查机关不可能对移送审查起诉的案件都做到"犯罪事实清楚，证据确实、充分"。②对于此种情况，检察机关在审查起诉环节应当作出证据不足不起诉的决定，不再向法院提起公诉，确保审前与定罪事实认定证明标准的统一。但在我国当前的司法实践中，却发现证据不足不起诉的适用明显不足。对于一些本该以证据不足作出不起诉决定的案件，检察机关为了逃避自己的责任，往往抱着侥幸心理提起公诉，假若能被法院定罪则定，当实在定不了时就撤回公诉。对于证据不足、事实不清的案件，不管是检察机关在审查起诉时退回侦查机关补充侦查，还是在法院开庭审判后撤回起诉，都属于程序倒流，既违背诉讼原理，又浪费司法资源。因此，为了推进严格司法，追求公、检、法在事实认定证明标准上的统一，要求检察院在审查起诉时，必须严格依照"事实清楚，证据确实、充分"的标准提起公诉；如果不能达到这个标准，就应当依法作出证据不足不起诉的决定，真正发挥检察机关在审前程序中对审判案件的过滤功能。

① 周洪波.迈向"合理"的刑事证明 新《刑事诉讼法》证据规则的法律解释要义[J].中外法学,2014,26(2):431-457.
② 蔡宏图,毛仲玉."排除合理怀疑"与我国刑事诉讼证明标准的完善[J].河北法学,2014,32(9):117-122.

第二节 建立健全符合裁判要求、适应各类案件特点的证据收集指引

一、制度供给：以审判为中心背景下证据收集的要求

（一）理论剖析："以审判为中心"的要义

以审判为中心的诉讼制度改革，旨在发挥庭审的决定性作用，要求诉讼各阶段要以庭审中事实认定和法律适用的标准来进行，保证案件质量。①建立以审判为中心的诉讼制度改革，实质上是强调审判阶段在整个刑事诉讼程序中的中心地位，尤其是第一审程序中法庭审判的中心地位，强调把证据采信和事实认定限定在审判阶段，通过审判公开来提升法院的权威，并且保证判决的终局性。

因此，建立以审判为中心的诉讼制度至少应当满足两个层次的要求：第一，确立庭审作为整个诉讼的中心环节。侦查、起诉终将服务于审判，改变过去"以侦查为中心"的状况，围绕审判认定的事实与法律的适用具体展开。第二，强化审前程序的重要性。检察机关在刑事案件审查起诉环节，不能仅凭书面材料作出决定，而应注重核实证据，甚至需要提前介入侦查，并在此基础上充分听取各方意见，以此来严格把控起诉的质量。

（二）价值考量：证据收集的要求

以审判为中心的诉讼制度改革要求庭审实质化，庭审必然要从原来宣读证据后侧重法庭辩论阶段的口才表演式转向侧重法庭调查让证据开口说话弱化法庭辩论阶段的事实判断式，证据"三性"将承担起指控重任。②在以审判为中心的诉讼制度中，证据制度成为一切诉讼活动基石，检察机关应当在诉前给予足够的重视，一方面，证据裁判规则的全面贯彻必须抓紧，对证据的真实性、关联性、合法性进行全面、细致、严格的审查，防止事实不清、证据不足或者违反程序的案件"带病"进入审判；另一方

---

① 张涛. 刑事诉讼各阶段证据证明标准的差异研究[J]. 商，2013(18):1.

② 余卫东,张亚红,于洋. 侦查终结并非都能做到"犯罪事实清楚"[J]. 人民检察，2013(17):1.

面，证据的收集指引工作必须抓紧，既保证刑事侦查的及时高效、保质保量，又要确保刑事诉讼的程序合法。换言之，证据除了具备"三性"外，在侦查环节还必须注意全面性和及时性，全面性保证所有证据环节都不留白，及时性则要求侦查活动迅速及时，避免证据灭失。

一方面，犯罪分子总是极力隐匿、毁灭、伪造证据或者相互串供，以掩盖罪行和逃避罪责；被害方则趋向于让证据往有利于自己的方向呈现。此外，由于环境等自然原因导致证据灭失，比如暴雨对作案现场留下的诸如脚印等痕迹的破坏，以及证据本身存续时效性也会导致证据灭失，比如监控视频、通话清单、短信微信电子证据基于存储介质的容量等因素制约，如未及时提取，即使赋予无限退补机会也于事无补。[①]

另一方面，受破案思维的影响，侦查人员认为只要破案即可，忽略了指纹、痕迹的提取以及对现场其他证据的固定，无法形成完整的证据链，也忽视深挖证据以确认犯罪嫌疑人是否涉嫌其他犯罪。综上，为了确保侦查所获事实和证据经得起庭审检验，罪与非罪、罪轻罪重都能清晰根据法律规定由法庭作出裁判，证据收集工作必须在尊重合法性、真实性、关联性的基础上，包括彻底性和及时性。[②]只有二者的有机结合和全面开展，才能确保既有力指控犯罪又防止冤假错案的"两位一体"刑事诉讼目标的实现。

（三）逻辑起点：证据收集指引的属性

第一，证据收集指引的司法性。以审判为中心的诉讼制度改革要求，证明被告人有罪或者无罪、罪轻或者罪重的证据都应当在法庭上出示，这就要求检察机关要更加客观公正地对待有罪证据和无罪证据，更加注重听取被告人的辩解和辩护人的意见，从书面审查的行政化办案模式过渡到兼听各方的亲历性司法办案范式，从传统封闭的坐堂办案转化为居中判断的诉讼化构造。[③]首先，这就需要构建以检察机关为控方、犯罪嫌疑人及其辩护律师为辩方、审判机关为审方的三角结构，类似于控辩审对抗式结构的对审性和中立性。其次，不论是对犯罪嫌疑人是否羁押的判断，还是对取证合法性的审查，检察官都是在事实判断的基础上适用法律，具有亲历性、判断性。最后，检察官在履职过程中强调恪守客观义务，独立地行使职权，不受其他权力的干扰，确保其中立、客观性。[④]

第二，证据收集指引的程序性。首先，需要建构起检察机关与侦查机关共同参与案件的诉讼场景，只有适用专门功能和作用的刑事诉讼制度，才能不受权力的属性与

---

① 贾磊.以审判为中心的刑事诉讼制度改革再思考[J].哈尔滨工业大学学报(社会科学版),2018,20(4):36-41.

② 曾祥辉.以审判为中心背景下的证据收集指引相关问题研究[J].法制博览,2017(33):1.

③ 黄玉林.证据收集指引工作的实践与思考[J].河南法制报,2017-11-09.

④ 黄祥青.推进以审判为中心的刑事诉讼制度改革的若干思考[J].法律适用,2018(1):33-37.

强弱对比的影响，在程序场域中体现出不同权力在诉讼中的地位及关系。其次，证据收集指引工作中极有可能遇到对非法证据进行排除的问题，这实际上是在解决有关主体权利冲突的问题。必须通过程序的设计和运行，听取争议两端的说法，才能最终将证据予以固定。最后，诉讼结构以"控辩两端、审判居中"的三角结构最为牢固。在证据收集过程中，只有在侦查权与被追诉人权利两者之间引入检察权作为中立的第三方，才会形成三方参与的审前诉讼形态，从而实现国家权力在审前的合理分配和对侦查权的合理监督和控制，防止侦查权的单方扩张和被追诉人的不当受害，以此发挥结构决定功能的控权的作用。

二、创制刑事证据收集审查指引的现实基础

制定刑事证据收集审查指引有无现实基础，主要取决于刑事诉讼领域的证据规则是否全面，法律规定的刑事证明模式是否为证据收集指引活动提供了基础。从以下三个方面可以看出，我国已经具有了创制刑事证据收集审查指引的现实基础：

（一）我国当前制定的刑事证据规则涵盖了证据收集和审查的各个方面

刑事证据规则是规范刑事案件证明程序的规则，包括约束刑事诉讼的取证、举证、质证和认证等主体以及调整它们的行为。近年来，我国立法、司法机关通过立法和司法解释制定了系列规范性文件，使得刑事证据规则的数量大大增加了。截至目前，我国颁布和实施了一系列刑事证据方面的立法，确立了证据裁判原则，主要包括 2010 年最高人民法院、最高人民检察院、公安部、国家安全部和司法部《关于办理死刑案件审查判断证据若干问题的规定》《关于办理刑事案件排除非法证据若干问题的规定》，2012 年《刑事诉讼法》修改，2016 年最高人民法院、最高人民检察院、公安部《关于办理刑事案件收集提取和审查判断电子数据若干问题的规定》和《办理毒品犯罪案件毒品提取、扣押、称量、取样和送检程序若干问题的规定》以及 2017 年最高人民法院、最高人民检察院、公安部、国家安全部和司法部《关于办理刑事案件严格排除非法证据若干问题的规定》，这些规定分别涉及证据种类、证据收集、审查程序，促进了我国证据规范的实践转化。此外，最高人民法院发布的《关于全面推进以审判为中心的刑事诉讼制度改革的实施意见》，从落实证据裁判原则的角度进一步丰富了刑事证据规则。上述散见于相关法律、司法解释和规范性文件中的刑事证据规范内容非常丰富，基本涵盖了证据收集和审查的各个方面，既包括证据能力规定，也包含证明力规定。这些刑事证据规则为制定刑事证据收集审查指引提供了法律依据。

（二）刑事证明模式理论为指引证据收集审查活动提供了基础

近年来，我国学术界围绕刑事证明模式展开了广泛和深入的讨论，虽然至今仍有不同甚至迥异的观点存在，但对于"印证式证明模式"理论界基本达成了一致，这与

"孤证不能定案"的原则相契合。印证式证明模式要求公安司法人员在认定犯罪事实时，不能依赖孤立存在的证据进行事实判断，必须采用两个以上有"独立信息源"的证据。印证式的证明模式符合人类认识事物的逻辑，具有科学性和合理性，有利于增强证据体系的客观性和综合性，克服司法人员的擅断，提高公正性和权威性。由于印证式的证明模式具有科学性，因此使得证据的审查活动在不同诉讼阶段、不同诉讼主体可以重复进行，如果不同时间、不同人员进行印证式的审查之后得出的结论是一致的，那么就能够说明收集到的证据是能够证明案件事实的，是符合科学原理要求的。因此，印证式证明模式能够为办案机关提供收集、审查证据的方向指引。这种模式也得到了我国司法机关的高度认可，例如最高人民法院《关于适用〈中华人民共和国刑事诉讼法〉的解释》和最高人民检察院《人民检察院刑事诉讼规则（试行）》多处使用了证据印证规则。以后，我们应该继续使用这种科学的证据印证规则，制定出可操作性强、指导效果好的证据收集审查指引。

（三）国外经验表明制定证据收集审查指引切实可行

虽然国外很难见到直接以"证据收集指引"命名的规范或规则，但并不等于它们没有分散制定相关的规则。实际上，英美法系国家围绕刑事证据的收集、审查、运用制定的证据规则是十分丰富的。这些规则有的规定于统一的证据法网当中，有的散见于其他法律规范中。美国、加拿大、澳大利亚和印度等国统一的证据法典有相关的规定，英国历史上制定的多部证据单行法规也有相关的规定，如1898年刑事证据法和1984年警察与刑事证据法。英国1984年警察与刑事证据法详细规定了每一项警察权力行使的范围、条件和程序及其涉及的证据规则，具体内容包括警察在刑事诉讼中享有的权力、取证的操作规范以及相关的证据规则，对于警察调查和收集证据具有很强的指引作用，有利于使警察在侦查案件时比较直观地认识到规范取证与证据能力的关系，以及不依法取证可能导致的严重后果，该法对于我们制定刑事证据收集审查指引具有很好的参考价值。

三、当前我国证据收集方面存在的问题

我国以前诉讼制度的特征是"以侦查为中心"，侦查机关主导着诉讼的方向和结果，有人将其比喻为"侦查机关负责做饭，检察机关负责端饭，审判机关负责吃饭"这样的一个流程。在"以侦查为中心"的诉讼制度下，审判机关不能真正实现审判的职能，从而导致了一些冤假错案的发生。我国当前正在建立的"以审判为中心"的诉讼制度正是为了纠正"以侦查为中心"的诉讼制度的弊端，真正实现庭审的实质化，保证案件诉讼活动的质量，既使真正的犯罪分子受到法律的惩罚，又不冤枉无辜。因此，"以审判为中心"的诉讼制度对侦查工作和检察工作提出了更高的要求，侦查机关必须全面准确地调查收集与案件相关的一切证据，只有这样才能查清案件事实，做到

不枉不纵。但在司法实践中，却经常看到因为侦查机关收集证据出了问题，最终导致案件无法查清，真凶逍遥法外，无辜遭受冤屈。因此，为了使侦查机关能更准确地调查收集案件证据，有必要制定科学的证据指引规则，使案件证据确实、充分，事实清楚无疑。但是，在我国的证据收集之中，却存在着一些比较严重的问题，正是这些问题阻碍了证据的收集和调查，最终导致事实没有查清。

（一）当前证据收集模式是封闭的，侦查机关不完全以审判标准收集证据

在我国侦查机关的侦查权与检察机关起诉权的行使两者是完全分离的，司法实践中侦查权的行使非常独立。一般而言，除逮捕须经检察机关批准外，侦查机关对人身自由采取强制措施和对财产权利进行强制性处分，基本上都可以自行决定和执行。侦查机关享有独立决定、执行重大侦查行为的权力，虽然法律赋予检察机关对侦查机关进行监督的职权，但在实践中并未充分行使该职能，而且检察机关公诉部门对自侦部门办理的自侦案件也未参与。有些获取证据的重要行为，例如搜查、讯问、拘留犯罪嫌疑人等，因为检察机关没有参与这些行为，即使存在程序违法、证据失真的情况，检察机关也可能无法发现。另外，侦查机关如果认为事实证据已经清楚，有权单独作出侦查终结决定，而且该决定不受检察机关事前制约。也就是说，侦查机关将事实没有查清的案件移送审查起诉也是它享有的权力，检察机关只能在受案后，才能对事实是否清楚、证据是否充分作出判断，即使检察机关发现证据不足，也只能在退补二次之后作出存疑不起诉决定；如果案件进入了审判环节后，因为检察机关对侦查机关基本上没有了制约措施，所以想让侦查人员出庭、补充调查证据以及获取程序合法的证明，都难以得到其支持。对于侦查机关来说，提起公诉是其侦查行为获得检察机关认可的重要一步，一旦检察机关提起公诉，则已经进入下一诉讼阶段，审判结果对侦查机关而言毫无影响，其大可不再理会，而检察机关却会经常受到侦查机关的制约。在这种侦诉模式下，检察机关不能对侦查机关证据收集进行指引，公安机关也从不认为自己要服从检察机关对事实和证据的认定标准，更加不以审判的标准来收集证据。

（二）侦查机关证据收集以卷宗记录为主，检察机关审查证据亲历性不强，不能更好地对证据实体和程序合法进行监督

检察机关审查起诉阶段并不审查动态的侦查行为，而是审查案卷中纸质化的侦查笔录。此时证据以静止的状态呈现出来，由于检察机关只审查书面化的证据，导致审查的亲历性不足。而且言词证据本身主观性较强，容易随着时间、环境的变化而发生变化。当前司法实践中，只有在可能判处无期以上徒刑或者职务犯罪情形下，侦查机关会提供讯问同步录音录像资料，而其他言词证据，例如被害人陈述、证人证言等均以文字记载形式移送，以此导致检察机关对证据的变化不能及时审查，无法满足以审判为中心的庭审证据标准。

（三）证据收集不全面，侦查机关注重收集对犯罪嫌疑人不利的证据，而忽略收集无罪、罪轻的证据

侦查机关的主要职责是维护社会秩序，打击犯罪是其工作任务的重要组成部分。由于其自身的工作关系，侦查机关注重收集对犯罪嫌疑人不利证据，包括有罪和罪重的证据，而忽略证明被告人从轻、减轻、免除刑罚的证据，这样会严重影响被告人的合法权利以及司法的公信力。例如，有些侦查机关不积极主动收集犯罪嫌疑人立功材料，未及时收集具有自首情节的犯罪嫌疑人到案经过材料，等等。另外，司法机关对犯罪过程的考察必须具有完整性，要求综合全部犯罪证据进行考察。犯罪证据包括定罪证据和量刑证据，定罪证据是用以证明特定罪名的基本构成要件事实，是起诉方指控的犯罪是否发生、如何发生以及犯罪行为是否系被告人所为的事实。量刑证据是用以证明对被告人从重或从轻、减轻、免除刑罚的事实。从理论上来说，如果缺少了其中一个方面，就丧失了完整性。

（四）注重收集真实性和关联性证据，而忽略收集程序合法性证据，导致证据不适格

证据只有具备了真实性、关联性和合法性，才能用来认定案件事实。证据合法性又称为证据能力或证据资格，是一项证据可以用来认定案件事实所必须具备的资格。换言之，如果一项证据是通过违法方式所得，不管其多么真实和相关，都要作为非法证据被排除，也就是丧失了作为证据的资格。证据的合法性的内容包括证据必须由诉讼当事人按照法定程序提供，或由法定机关、法定人员按照法定程序调查和收集。反之，不按照法定程序提供、调查收集的证据不能作为认定案件事实的根据。公安机关移送审查起诉的案件中，有些案件因程序不规范导致证据合法性上存在缺陷。如果法官采用了这样的证据，一会导致国家的法律没有得到遵守和适用，二会导致认定事实错误，造成冤假错案，三会导致法院的判决丧失公信力。

（五）国家目前没有统一的证据收集指引，各个地方自己制定的证据收集指引科学性难以保证

近年来，随着国家推进以审判为中心的诉讼制度改革，各地纷纷制定和出台了一些证据收集和审查的指引。从目前掌握的情况来看，这些指引基本上可以分为两类：一类是针对所有案件的指引。例如，2017 年江苏省检察院出台了《刑事案件审查指引》，围绕着诉前、诉中、诉后三个阶段，明确案件证据的审查和把握方法，从证据认定确保案件的质量。青川县检察院联合县公安局、县森林公安局研制《常见刑事类案件证据收集审查指引》，实现用规范化、标准化的证据收集、审查标准指引具体案件办理。另一类是针对一类案件或一种犯罪，例如浙江省高级人民法院、浙江省人民检察院和浙江省公安厅联合制定出台了《电信网络诈骗犯罪案件证据收集审查判断工作指引》，广西壮族自治区人民检察院制定出台了《毒品案件证据收集审查指引（试行）》，海口中院就办理非法采砂犯罪案制定出台了《关于非法采砂犯罪案件证据收集指引》，佳木斯监察委制定出台了《职务犯罪案件证据收集指引》，制定这些指引的主要目的就是确保证据收集全面、快速、及时，使得案件事实的认定真实有效。

以上指引都是各个地方的检察院、法院或监察委为了解决当地证据收集指引中的一些问题，或者是为了提高某些专门案件办理的效率而制定的，因此带有浓厚的地方色彩，不能满足全国所有司法案件的需要。此外，地方司法机关在制定证据收集指引时，有些规定不太科学、合理，没有起到提高诉讼效率的目的。因此，国家立法机关或司法机关有必要从全国的角度出发，制定一部适用于全国所有司法机关的证据指引，以此来提高证据收集的效率和精度，最终保证案件事实认定的真实有效。

四、刑事证据收集审查指引的未来展望

未来刑事证据收集审查指引的创制与完善应当注意以下几个方面：

（一）证据收集审查指引创制的目标应当明确

构建以审判为中心的刑事诉讼制度，要求侦查机关、检察机关必须按照审判机关定罪判刑的要求和标准收集、审查、运用证据，审判机关必须依照法定程序认定证据并依法作出裁判。这提示我们证据收集审查指引应当服务于以审判为中心的刑事诉讼制度改革，以统一规范公检法机关的诉讼活动为目的，使所办案件达到事实清楚、证据确实、充分的目标，当然这并不是说诉讼的每个阶段如立案、刑事拘留、审查批准逮捕等都采用一个标准和要求，而是案件侦查终结提起公诉、作出判决时应当达到这个标准和要求。[①]为证据收集树立明确的目标，有利于进一步提高侦查机关取证的法治化、规范化，强化检察机关对侦查机关取证活动的引导，促进公、检、法三机关围绕适用证据规则开展理性对话，进一步形成共识，提高案件诉讼的质量。

（二）针对不同案件类型（罪名）制定差别化的指引

在制定时可以分步进行，可以先制定证据收集审查的一般性指引规范，制定适用于不同类型（罪名）案件的个别性指引规范，然后形成指引性强、可操作性强的个罪取证规范。有些证据规则，理论界和实务界已经形成共识，这些规则可以成文的方式集中起来，制定一般性指引规范。在内容上，应当重点体现不同类型案件的不同取证要求，同时反映不同种类证据的取证要求，逐渐形成从整体到部分、从部分到个体的

---

① 蒋永良.刑事证据收集审查指引的创制与完善[J].人民检察,2018(11):26-29.

系统证据审查指引，逐步构建以审判为中心的犯罪指控体系。

（三） 探索构建可数据化的证据标准

随着"互联网+"时代的到来，我们的司法活动也受到了系列影响，必须适应新的要求，运用大数据、人工智能等技术实现证据标准数据化、模型化，推动建立科学可行的证据标准。目前江苏省、上海市、贵州省、北京市、安徽省等地检察机关在此方面的探索已经取得了积极进展。刑事办案智能辅助系统，将基本证据要求嵌入大数据司法办案辅助系统，辅助司法人员对证据合法性自动识别、比对，对证据内容和程序上存在的问题和矛盾自动预警，提醒检察人员及时发现带有瑕疵的证据并加以纠正，提升案件证据收集和审查的质量。

第三节　建立侦查阶段录音录像制度

一、侦查讯问录音录像概述

现行《刑事诉讼法》第一百二十三条规定，侦查人员在讯问犯罪嫌疑人的时候，可以对讯问过程进行录音或者录像（以下简称"讯问录音录像"）；对于可能判处无期徒刑、死刑的案件或者其他重大犯罪案件，应当对讯问过程进行录音或者录像。录音或者录像应当全程进行，保持完整性。至此，对侦查讯问过程实行录音录像制度在我国立法上得到正式确立。[①]但该条只是原则性规定，没有详细的规定，缺乏可操作性。因此，对讯问全程录音录像制度的研究，既是司法实践的要求，也是立法需要研究的问题。

侦查讯问录音录像是指侦查人员在对犯罪嫌疑人进行讯问时，使用录音、录像设备对讯问的过程进行连续不断的同步录音、录像，从而固定和保全讯问内容、讯问行为的一种"技术性辅助活动"。录音录像制度最初是为了防止犯罪嫌疑人翻供而设立的证据保全方式，但在司法实践中不断地使用之后，人们发现录音录像还能够有效地还原讯问过程的原始场景，因此逐渐成为用来在法庭上证明侦查人员讯问程序是否合法，被告人有无受到刑讯逼供的重要方式。

---

① 庞浩然. 侦查讯问同步录音录像制度研究[J]. 法制博览, 2016(17): 197-198.

二、侦查讯问中录音录像的必要性

（一）侦查讯问中录音录像是保护侦查讯问人员的需要

在刑事诉讼中口供被称为"证据之王"，其在案件侦破中起着非常重要的作用，不但是法定的证据之一，直接用来证明犯罪嫌疑人有罪或者无罪，还可以通过口供提供的线索发现案件其他证据，例如物证、书证等客观性较强的证据。在过去侦查技术不发达的情况下，物证、书证等客观性较强的证据较难收集，因此口供便成了刑事司法活动中不可或缺的一环。为了获取犯罪嫌疑人、被告人的口供，讯问人员可谓想方设法、绞尽脑汁，采取和使用各种手段，甚至不惜刑讯逼供。刑讯逼供不但容易屈打成招，造成冤假错案，而且还会侵害犯罪嫌疑人的人身权利，因此为了有效地保障犯罪嫌疑人的合法权利，防止刑讯逼供，我们便设置了侦查讯问录音录像制度。

当然，并非所有案件都存在暴力取证现象，媒体披露出来的刑讯逼供案例应当只占少数。在司法实践中，有些被告人存有侥幸心理，妄想通过翻供来推翻以前的供述，因此经常在审查起诉或者在审判阶段谎称讯问阶段存在刑讯逼供行为。如果这种现象不加以澄清，极有可能影响侦查讯问人员，甚至侦查机关在人民群众心目中的形象。因此，如果讯问过程是合法的，并不存在刑讯逼供等违法行为，司法机关就应该积极澄清事实，维护侦查机关的形象和法院判决的公信力；如果讯问中确实存在刑讯逼供等违法问题，司法部门也应当依法严肃处理，维护被告人的合法权益。不管出于什么情况，侦查阶段的录音录像都是证明讯问过程是否存在非法逼供行为的重要证据。

所以，只要当事人提出讯问中存在非法取证，有关部门应当调查了解讯问中是否确实存在违法问题，并分情况进行处理。现行《刑事诉讼法》第五十七条规定①、第五十八条规定②说明我国检察院和法院都有义务调查核实讯问的合法性。根据现行《刑事诉讼法》第五十九条的规定③，讯问合法性证明的责任是在控诉方。检察院要想证明讯问过程是否合法以及是否存在刑讯逼供行为，必须要求负责讯问的侦查机关提供证明讯问合法性的证据，那么讯问阶段的录音录像就是非常重要的证据。因为侦查讯问通常是在封闭的环境中进行的，如果没有其他证人，也没有录音录像，那么就缺乏有效手段证明，导致事实难以澄清。在当事人提出讯问非法的时候，如果侦查人员不能证明不存在非法行为，根据《刑事诉讼法》的规定，这就属于控诉方没有尽到证明责任，

---

① 《刑事诉讼法》第五十七条规定："人民检察院接到报案、控告、举报或者发现侦查人员以非法方法收集证据的，应当进行调查核实。对于确有以非法方法收集证据情形的，应当提出纠正意见；构成犯罪的，依法追究刑事责任。"

② 《刑事诉讼法》第五十八条规定："法庭审理过程中，审判人员认为可能存在本法第五十六条规定的以非法方法收集证据情形的，应当对证据收集的合法性进行法庭调查。"

③ 《刑事诉讼法》第五十九条规定："在对证据收集的合法性进行法庭调查的过程中，人民检察院应当对证据收集的合法性加以证明。"

反过来说明非法讯问行为是存在的，此时必然有损于侦查机关的形象。因此，讯问时进行全程录音录像实际上对依法讯问的侦查人员和侦查机关起到了保护作用。

此外，讯问时录音录像还有利于提高讯问人员的素质，防止刑讯逼供的发生。如果讯问过程中确实发生了刑讯逼供行为，导致了被讯问人员死亡、重大伤害或发生了错案，讯问人员必将受到追究。如果没有录音录像，讯问人员的行为无法得到有效监督和证明，亦无法追究其法律责任。录音录像记录了侦查人员讯问时的各项活动，侦查人员存在任何的违法行为，都会被如实记录。因为侦查人员知道其讯问活动都在录音录像的监督之下，其将不敢随意实施违法行为甚至刑讯逼供。从这个角度而言，这本身也是对讯问人员的一种必要的保护。

（二）讯问时录音录像是保护被讯问人的需要

现行《刑事诉讼法》第五十二条明确规定①，这条规定对于保障犯罪嫌疑人的人权、维护司法文明具有重要的促进意义。讯问时进行录音录像能使讯问行为更加规范，从而有效地防止刑讯逼供的发生，保障被讯问人的合法权利。当犯罪嫌疑人面临刑讯逼供等非法取证的时候，即使是无罪的人在遭遇殴打、威逼、引诱以及欺骗等非法取证的危险时，有的可能承受不了巨大的痛苦，也有可能为了早日解脱而违心地作出有罪的供述。如果在讯问阶段进行录音录像，讯问的实际情况将被客观记录，被讯问人知道自己会受到法律的保护，就不会担心受到伤害，这样有助于其如实说明案件情况。

刑事侦查活动，包括讯问在内，其目的并不是对被讯问人进行惩罚，而是查明事实的过程。当然，如果被讯问人确有违法犯罪行为，应当由法院依据刑法等相关法律进行惩罚。在案件侦查过程中，为了保证侦查活动的真实有效以及案件得到公正的处理，法律赋予被讯问人一系列权利，如不被强迫自证其罪的权利、无罪推定的权利、辩护的权利等。如果没有录音录像的保障，被告人即使受到了刑讯逼供，也会因为缺乏有效的证明手段，其权利往往得不到保护。

（三）讯问时录音录像是证明证据合法性和打击犯罪的需要

现行《刑事诉讼法》第六十条规定："对于经过法庭审理，确认或者不能排除存在本法第五十六条规定的以非法方法收集证据情形的，对有关证据应当予以排除。"该规定为证据合法性确定了证明标准。依据该标准，证据只要能够确认为非法取证的结果或者不能排除非法取证的可能，将被视为非法证据并被排除。据此，如果当事人提出讯问中存在非法取证行为，并提供了相关线索，如非法取证的时间、地点、人员、方

---

① 《刑事诉讼法》第五十二条规定："审判人员、检察人员、侦查人员必须依照法定程序,收集能够证实犯罪嫌疑人、被告人有罪或者无罪、犯罪情节轻重的各种证据。严禁刑讯逼供和以威胁、引诱、欺骗以及其他非法方法收集证据,不得强迫任何人证实自己有罪。"

式等，即使侦查人员否认存在非法取证行为，但没有录音录像和其他证据有效证明侦查讯问人员陈述的，将被认为没有达到该法条所要求的证明标准，有关证据将被排除。①如果讯问确实是合法进行的，侦查讯问人员和侦查机关必须提供相关的证据予以证明，此时讯问时的录音录像就是一项重要证据，可以起到证明讯问合法的作用。

如果侦查机关确实没有实施刑讯逼供等非法取证行为，但被告人为了逃避刑事惩罚却声称存在刑讯逼供，讯问人员这时也应该对其侦查行为的合法性进行举证。因为仅凭侦查人员的讯问笔录很难自证其说，而且可能因被告人翻供而导致法庭审理中断，诉讼活动不能顺利进行下去，同时因为不能排除刑讯逼供等非法取证行为，造成有关证据不能被法庭采纳，影响了对被告人惩处的力度。

录音录像除了固定犯罪嫌疑人的供述和辩解外，还可以记录侦查人员讯问活动全貌，证明讯问活动的合法性。基于录音录像资料的这些功能，犯罪嫌疑人不敢随意翻供，从而保证了诉讼活动的顺利进行，大大提高了诉讼效率。由此看来，讯问时录音录像也是快速有效打击犯罪的需要。

（四）讯问时录音录像是实施非法证据排除规则的需要

实施非法证据排除规则的目的主要是规范讯问和取证行为，保护犯罪嫌疑人或被告人的合法权利，并非为了妨碍刑事司法，恰恰是为了保证刑事司法的顺利进行。因此，非法证据排除规则应当以促进侦查取证行为的合法化，减少、甚至完全消除非法证据作为成功的标志，排除了多少非法证据并非该规则追求的目标。"存在非法取证并为了防止非法取证"是非法证据排除规则产生的主要原因，通过防止非法取证来确保诉讼活动的正当性，同时保障犯罪嫌疑人、被告人的人身权益。非法证据排除，不仅是一种补救措施，还是一种预防措施，它首先排除了通过非法手段获取的实物或言词证据，而且还从源头上遏制了非法取证行为的发生。

侦查讯问录音录像制度与非法证据排除规则两者之间存在相辅相成的关系。首先，同步录音录像能够在很大程度上规范侦查人员的讯问行为，防止非法取证的发生；其次，依据录音录像所反映出来的犯罪嫌疑人供述是非法取得的，由此实现对该项证据的排除，保证诉讼活动的合法有效。虽然今天侦查技术已经比较发达，但犯罪嫌疑人的口供在我国刑事司法中仍然发挥着十分重要的作用，因此我们有必要采取相关措施保证讯问的合法、有效。录音录像制度的设立，可以大大减少非法取证现象，必将为非法证据排除规则的施行提供坚实的条件，从而使非法证据排除规则达到"刑措不用"的理想效果。

---

① 董坤. 侦查讯问录音录像制度的功能定位及发展路径[J]. 法学研究, 2015, 37(6): 156-173.

（五）讯问时录音录像是防止冤假错案的需要

从近几年曝光的冤假错案来看，这些案件的发生大都与刑讯逼供有着密切的关系。如果对犯罪嫌疑人刑讯逼供，犯罪嫌疑人屈打成招，那么得到的口供可能是虚假的，这样就会干扰侦查人员、检察人员和审判人员对事实的判断，从而成为冤假错案发生的重要根源。录音录像可以录制犯罪嫌疑人和讯问人员的一举一动，把讯问活动发生的真实情况再现在办案人员面前。如果犯罪嫌疑人声称发生了刑讯逼供，则可以申请启动非法证据排除程序，通过录音录像资料来证明其受到刑讯逼供而作出了不真实的供述，从而排除法官对口供的采用。法官也可以在审理案件时通过录音录像资料充分了解到案件讯问时的真实情况，从而判断犯罪嫌疑人是否受到了刑讯逼供而作出是否排除的决定，对保障犯罪嫌疑人的人权以及作出公正的裁判都具有重大作用。

在认定犯罪嫌疑人口供作出是否"自愿"的判断中，录音录像也能够起到关键作用，这是传统的讯问笔录所不能比拟的。通过传统讯问方式对侦查人员是否存在"强迫"行为的判断往往难以查明，原因在于犯罪嫌疑人和侦查人员各执一词，讯问笔录不能全面反映讯问过程的全部情况，仅是单独对言语的记录，不存在对讯问环境或者情况的详细描述，而录音录像则可以反映讯问场所的各种情况。

（六）讯问时录音录像是确保讯问笔录真实性的需要

讯问笔录是按照法律规定的要求，对犯罪嫌疑人的供述和辩解的内容进行的一种记载和固定形式。讯问笔录通常是由侦查机关讯问人员制作的，由于主观或客观上的各种原因，笔录记载的内容可能与被讯问人的陈述不完全一致，有时甚至差别很大。虽然法律规定，为了保证讯问笔录的真实，要求被讯问人在笔录上签字，但是被讯问人由于恐慌、紧张等各种因素，对于笔录中与其陈述不一致的部分可能难以发现其中的错误或不敢不签字。这种差异如果仅仅是语言风格方面的则是可以理解和接受的，但是，如果牵涉到无罪或有罪、违法或不违法等重大问题时，则会严重影响对案件的处理，轻则造成不公，重则可能导致冤假错案。此外，被讯问人在审查起诉和审判阶段有可能提出笔录真实性和合法性问题，此时，我们是否可以依靠被讯问人在笔录上的签字来证实笔录的真实性呢？一般认为，被讯问人的签字确认本身也是笔录的一部分，因此不能用处于质疑之中的笔录的部分来证明笔录整体的真实性和合法性，只能使用笔录之外的其他证据予以证明，那么讯问时进行录音录像就是一种很好的方式。

讯问时的录音录像不管是对侦查人员的讯问行为，还是对犯罪嫌疑人的供述、辩解行为，都能全程同步再现。只要没有发生人为的剪辑，就能通过录音录像中的内容，证明侦查人员讯问行为的合法与否以及犯罪嫌疑人口供的自愿性、真实性和合法性，所以讯问录音录像对刑事诉讼活动的开展具有重大意义。

因此，刑事诉讼中为了确保讯问笔录的真实性，要求其所记载的基本内容要与录音录像材料中反映的犯罪嫌疑人的供述内容保持一致。但是，由于多方面的原因，也可能出现录音录像或者录音录像材料中反映的内容与讯问笔录中记载的内容不一致的情况，此时应当以录音录像的记录为准。因为录音录像材料具有承载信息的多元性、记载内容的全面性和再现效果的逼真性的三大特点，因而其比讯问笔录更加真实可靠。

三、讯问录像的录制规则

科学的制作程序和要求，有助于讯问录音录像全面客观固定证据，增强其可采性。我国新《刑事诉讼法》仅规定了侦查讯问录音录像应全程进行，保持完整性，但对具体的制作主体、监督机制和方式等要求均未涉及，有必要加以完善。①

（一）讯问录音录像的讯问与录制主体

从录音录像材料的制作过程来看，侦查人员既是讯问行为的实施主体，也是该项材料的制作主体。这样看来，侦查人员好像既是运动员，又是裁判员，很容易为世人所诟病。因为讯问录音录像的主要功能就是监督、规范侦查机关的取证行为，而且录音录像容易通过剪接、复制等手段加以篡改。如果侦查人员既实施讯问行为，又制作录音录像，易被怀疑为了证明自己讯问行为的合法性而对录音录像材料进行了篡改。因此，为了在客观上保证录音录像的真实和主观上消除世人的怀疑，应该将讯问主体与制作主体相分离。从我国目前的情况来看，公安机关在侦查讯问过程中并未普遍采取录音录像，即使有录音录像的案件，讯问与制作主体也并未进行分离。新《刑事诉讼法》颁布施行后，要求公安机关在对于可能判处无期徒刑、死刑的案件或者其他重大犯罪案件侦查中，必须对讯问过程进行录音或者录像。为了保证录音录像的客观真实，建议公安机关在侦查讯问过程中录音录像时，建立讯问与制作主体相分离的机制：讯问由侦查人员负责，不得少于二人，录音录像则由专门的技术人员负责；而且录制人员也应当适用《刑事诉讼法》有关回避的规定，凡是与案件有利害关系的，一概不得参与录制工作。从长远来看，为保障《刑事诉讼法》确立的讯问录音录像的目的落到实处，必须实施讯问与制作主体相分离的制度。鉴于当前的情况，可将录制主体由羁押犯罪嫌疑人的看守所等部门实施。

（二）讯问录音录像的监督机制

一项有效的监督制度，除了能够遏制侦查人员的非法讯问行为之外，还能够保证讯问结果的真实性，从而发挥正确认定案件事实和保障人权的作用。前已述及，讯问时将录音录像的讯问主体与制作主体相分离，其目的主要是通过内部的监督机制防止

---

① 赵培显. 侦查讯问录音录像的证据效力与适用[J]. 人民检察，2014(5)：62-65.

侦查讯问人员滥用权力和弄虚作假。但从监督的效果来看，除了内部监督之外，适当的外部监督，特别是来自当事人、辩护人和律师的监督也发挥着重要的作用。通过外部监督，一方面有助于保证讯问录音录像的真实性，另一方面有利于实现当事人对案件的知情权，从而推进刑事诉讼过程的公开化和民主化。但是，从当前司法实践来看，参与侦查讯问录音录像的主体主要包括讯问人员、技术人员和犯罪嫌疑人，当事人的辩护人以及侦查机关的人民监督员，都没有机会参与这一过程，更不用说监督了。那么，新《刑事诉讼法》明确将律师介入侦查阶段的身份定义为辩护人，是否说明在侦查人员对犯罪嫌疑人进行讯问时，律师有权在场监督呢？从法条的规定来看，不能说明立法上建立了讯问时的律师在场制度，但是为了加强对录音录像行为的监督，可以在实践中尝试实验讯问录音录像在场制度。具体而言，即在讯问结束后，不仅要由侦查人员、制作人员、犯罪嫌疑人对讯问录音录像亲自进行签封，而且辩护律师也应参加签封。换言之，允许辩护律师以看得见但听不见的方式参加侦查人员对犯罪嫌疑人的讯问。当然，这种监督方式在立法和实践中存在着一定的障碍，但如果实验效果比较好的话，则可以通过立法规定此项制度，并在实践中通过相应的方式排除相关障碍。

（三）讯问录音录像的进行方式

《刑事诉讼法》规定，讯问时录音或者录像应当全程进行，并保持过程完整性。但是，对讯问过程时间的起止以及时间界定的主体等问题均无明确规定。有学者认为所谓"全程进行"是指讯问犯罪嫌疑人的整个过程，具体包括两个方面：一是每次讯问都应当录音或者录像，不能选择性录音录像；二是每一次讯问的全部过程进行录音或者录像，不能只录其中的一段。"保持完整性"是指录音或录像必须不间断地进行，不能只录其中一部分或者只录对犯罪嫌疑人不利的部分。目前，我国侦查机关在讯问录音录像实际操作中存在着不少问题，其主要包括：把当事人屈打成招之后再带入讯问室录音录像；在当事人上厕所的时候对其进行暴力逼供；先进行"预讯问"，待犯罪嫌疑人将事实交代后再进行录音录像；犯罪嫌疑人在看守所被羁押期间，通过看守所的工作人员对其实施刑讯逼供；在讯问之前先跟嫌疑人说好供述内容，把讯问全程先排练一遍，然后进行录音录像等。除此之外，有的侦查机关在录音录像的技术规程方面也存在很多不规范的地方，不能全面、完整地反映讯问过程全貌，例如在录像中看不到被讯问人的正面，其表情神态更是看不清楚；录像中只完整显示一名承办人，另一名讯问人仅有半个身体；在录像中没有时间显示，声音也听不清楚；录音录像不能显示讯问的全场全景等，这些问题均损害了录音录像的真实性和完整性。因此，为保证讯问录音录像资料的完整性和客观真实性，建议采取下述措施：

第一，讯问录音录像要以能够反映侦查讯问过程的全貌和全景为原则。所谓全貌和全景，即不仅包括参与录音录像的所有人员，还应包括重要场景。换言之，即在录音录像设备能够全程监控的范围内，必须包括犯罪嫌疑人，还要有侦查讯问人员以及讯问时的重要场景。对于采用录音方式还是录像方式，应以录像为原则，因为录像不但能够听见声音，还能够看到动作和表情。

第二，侦查机关的录音录像内容不但要求包括讯问过程，还必须包含犯罪嫌疑人被采取强制措施后至讯问前的全过程，即使在警车上也应安装录像设备，确保不存在录像的盲区。

第三，讯问过程中如果发生特殊情形，例如停电、机器故障等，影响讯问录音录像的完整性的，此时应当中止讯问，并在讯问笔录中作出说明和解释。

第四，被告人在有合理理由时，可以该证据材料未能反映讯问全部场景，缺乏真实性为由，申请鉴定人进行鉴定和法庭予以排除。侦查机关承担举证责任，证明被告人该主张不成立，否则讯问笔录不具有可采性。

（四）讯问录音录像适用的案件范围

那么，哪些案件在讯问时应该录音录像呢？新《刑事诉讼法》对此采取了选择性的规定，将可能判处无期徒刑、死刑的案件以及其他重大犯罪案件确定为讯问时必须强制实施录音录像的案件范围。这样确定的原因，一是考虑到录音录像的设备和技术要求比较高，经济成本比较大，二是考虑到这些案件本身的疑难复杂性、案件本身的社会影响度及犯罪嫌疑人权利保障的重要性。法律这样规定的目的是好的，但在实践中可能会出现以下问题：

首先，在进行讯问之前，如何判断犯罪嫌疑人的量刑。即怎么确定一个应该属于无期徒刑、死刑的案件以及其他重大犯罪案件。实践中对于有些社会危害性和严厉程度显而易见的案件，例如当场抓获的持枪抢劫犯以及暴力恐怖犯罪等，相对来说比较容易判断。但是，有些案件在没有对犯罪嫌疑人进行侦查讯问之前，很难判断其复杂程度和可能判处的刑罚。由此可能导致出现这样的问题，即当侦查机关在对犯罪嫌疑人采取讯问措施之后，才发现其涉嫌的犯罪可能会导致其被判处死刑、无期徒刑，由于前面的讯问没有进行录音录像，这时再进行录音录像已经迟了。如果以补录的方式弥补前面的问题，该项证据材料的"真实性"和"完整性"则会大打折扣。

其次，可能判处无期徒刑、死刑以及其他重大犯罪本身是个不确定的概念。因为不同的侦查人员或不同地域的侦查机关对于同一案件事实，可能得出不同的判断，从而导致同一案件在不同的侦查机关、不同的侦查人员实施讯问的时候，是否采取录音录像有所不同。

再次，实践中刑事诉讼是一个动态过程，随着侦查、检察、审判人员对案件事实认识的不断深化，对案件的复杂程度的认识和犯罪嫌疑人将会判处何种刑罚的判断同样不断地深化。如果侦查人员一开始就认为犯罪嫌疑人可能会被判处死刑或无期徒刑，从而在讯问过程中进行了录音录像，即使后来法院判处的刑罚轻于死刑、无期徒刑，甚至判其无罪，这与立法上的要求没有冲突之处。但是，如果侦查人员一开始在讯问过程中就没有录音录像，而后来法院却判处犯罪嫌疑人无期徒刑或死刑，由于之前没有进行录音录像，那么其所制作的讯问笔录是否具有法律效力以及侦查行为是否有效等一系列问题就值得推敲。

最后，这一弹性规定在实践中造成的危害是巨大的。因为侦查、检察与审判机关对于必须适用录音录像的案件的判断标准并不相同，所以可能出现侦查机关以对适用的案件范围与检察机关、审判机关在理解上不同作为借口，为没有录音或录像推脱责任，由此可能导致应该判处严厉刑罚的犯罪案件，因讯问时没有进行录音录像而程序违法或讯问无效，不得不在提起公诉时建议处以较轻的刑罚，结果不能实现打击犯罪与保障人权的有机统一。

四、讯问录音录像的示证规则

（一）讯问录音录像的移送

在我国，实行讯问全程同步录音录像的初衷在于，"检察机关可以通过向法庭提供同步录音录像资料，有力揭穿被告人的谎言，从而达到遏制翻供、证实犯罪、澄清是非、保护办案干警的目的"[①]。但在我国的司法实践中，公诉机关提起公诉时往往不将该证据材料移送给法院，这是因为虽然新《刑事诉讼法》对侦查终结和提起公诉所移送的证据材料作了具体规定，但对于侦查机关讯问时形成的录音录像证据材料是否要求移送并无明确规定。只是在案件审理过程中，出现以下情形时，检察机关才会出示讯问时的录音录像，例如人民法院、被告人或者辩护人对侦查机关的讯问活动提出异议的，或者被告人当庭翻供的，或者被告人辩解因讯问时受到欺骗、刑讯逼供、威胁引诱等而供述的，公诉人这时才会提请审判长当庭播放讯问全程同步录音、录像，对审理过程中提出有关异议或者事实进行质证。

那么，哪些案件的讯问录音录像检察机关提起公诉时应该随案移送呢？结合我国实际，讯问录音录像移送制度应坚持不同案件有所区别原则，以案件的社会危害性和严厉程度作为录音录像是否移送的判断标准。如果案件达到了可能判处无期徒刑、死刑或者其他重大犯罪的程度，则属于录音录像必须移送法院；反之，若不在这个范围内的案件，则可不移送。对于可能判处无期徒刑、死刑的案件或者其他重大犯罪的案件，不论犯罪嫌疑人、被告人在审查起诉抑或审判过程中是否提出侦查人员在讯问时使用了刑讯逼供等非法取证手段，作为一项硬性规定，要求公诉机关在移送起诉证据时必须移送讯问录音录像资料，否则，犯罪嫌疑人或被告人及其辩护人可以程序违法为由主张讯问行为无效。

---

① 张磊. 职务犯罪案件讯问全程同步录音录像运作现状分析[J]. 中国检察官, 2012(3):68.

实践中经常出现这样的情况：公诉机关移送的证据材料中只有书证、物证等实物性资料，没有讯问笔录，更没有录音录像。对此，有些公诉机关这样解释：实物证据已经足够认定犯罪事实了，根本不需要讯问笔录，不存在移送全程录音录像的必要。此外，还有些公诉机关这样解释：这个案件属于"零口供"定案，侦查机关虽然对犯罪嫌疑人进行了讯问，但犯罪嫌疑人拒绝回答一切问题，讯问在侦破案件中没有发挥任何作用，所以不需要提供讯问笔录，也不需要移送录音录像资料。

笔者认为，这种做法是不妥的，原因有二：其一，从实践经验看，犯罪嫌疑人在供述与辩解的过程中，往往能够提供重要的侦破线索或证据线索，这些线索在有的案件中甚至是寻找案件侦破线索的唯一来源，因此在侦破刑事案件的过程中发挥了重要作用。那么，对犯罪嫌疑人的讯问就成为判断其他实物证据客观真实的重要依据，而讯问录音录像从程序和内容上起着证明侦查人员的讯问行为真实合法的重要作用。其二，如果有些犯罪嫌疑人在对其讯问的过程中一直保持沉默，拒绝供述和辩解。虽然讯问笔录在这些案件中不能起到证明案件事实的作用，也不能从讯问中获得破案的重要线索或证据线索。但是，在这些案件中讯问录音录像却能够证明犯罪嫌疑人悔罪或认罪的态度，对法院量刑具有一定的参考价值。因此，不管是基于什么理由，对于《刑事诉讼法》明确要求录音录像的案件，公诉方都有义务出示录音录像资料，以切实贯彻新《刑事诉讼法》的有关规定。

（二）讯问录音录像的展示

根据以往的司法实践经验，庭审中公诉方一般不会主动出示讯问录音录像资料，或者仅仅出示对指控有利的资料，不愿出示其他部分，即使被告有所要求。新《刑事诉讼法》正式施行后，展示侦查讯问录音录像作为一个正式的诉讼程序登上舞台，这也是控辩双方进行质证和法官审查判断证据的前提和基础，但是该法并无规定执行的细则。笔者认为，讯问录音录像资料具有播放时间长、容量大的特性，结合这一特点可在实践中对其展示作出这些规定：首先，展示的提起。以被告人及其辩护人申请展示为原则，以审判和公诉机关依职权主动展示为例外。其次，展示的情形。被告人及其辩护人对讯问笔录取证行为的合法性提出合理的异议，例如存在刑讯逼供、诱惑欺骗等；被告人及其辩护人认为讯问笔录被篡改，与其在侦查阶段被讯问时的陈述不一致；审判机关认为应当展示的其他情形。再次，展示的方式。公诉机关可通过多媒体示证资料、数码照相机和实物展台彩色扫描仪等方法，把讯问过程和被告人陈述的内容在法庭展示。最后，未经展示的法律后果。展示是被告人及其辩护人对讯问笔录及其来源真实性、合法性行使知情权和质证权的前提，讯问录音录像资料未经展示的讯问笔录不具有可采性，不得作为证据使用。

（三）讯问录音录像的质证

要求公诉人对讯问录音录像进行移送和展示的目的是接受被告人和辩护人的质证，帮助法院审查判断讯问笔录形成的过程，从而确定其内容上的真实性和程序上的合法性。司法实践中，大多数法院仅仅将录音录像作为核实讯问笔录真实与否的辅助资料，只有在被告人当庭翻供，或者提出讯问时遭受了侦查人员的刑讯逼供，或者其他不当讯问时，才将讯问同步录音录像调出来查看，更多时候并未将其纳入庭审质证范围。即使法庭审理时组织双方对于录音录像进行质证，由于讯问录音录像自身的特殊性，在质证主体、内容以及方式上也与其他证据材料的质证有所不同。讯问录音录像不仅记录了犯罪嫌疑人供述与辩解的内容以及当时的情绪与神态，而且也反映了侦查讯问时的具体场地情况和特定讯问人员。为了保护侦查讯问人员的人身和家庭安全，也为了保护当事人隐私和国家秘密，对讯问录音录像的质证方式应有特定的要求。[①]主要内容有：

第一，质证的主体包括侦查讯问人员、录制人员、援助律师、公诉人员、当事人、辩护人和被害人。从一般意义上来说，质证主体应该包括控辩双方，即公诉人、被告人、辩护人和被害人。但是由于侦查讯问人员、录制人员和援助律师是录音录像材料的制作和监督主体，了解和熟悉其形成过程，有权对其真实性和合法性发表意见，因此将他们增加到质证的主体之中。

第二，前已述及，由于讯问人员是侦查讯问行为的实施者，录制人员是录音录像材料的制作者，他们最熟悉和了解讯问的情况和制作的过程，所以可以通知其以证人的方式参加法庭审理，具体说明讯问录音录像取证行为经过和程序。

第三，辩护人是刑事诉讼参与人之一，其职责是维护犯罪嫌疑人、被告人的合法权益，因此如果其可以对录音录像材料制作程序的合法性，及其所反映的犯罪嫌疑人供述与辩解的真实性发表自己的意见。

第四，由于讯问录音录像资料能够证明讯问行为的合法性以及内容的真实性，对于录音录像进行质证在刑事审判当中起着非常重要的作用，因此应该规定未经质证的讯问录音录像资料不得用以认定讯问笔录取证的合法性，并据此直接推定相应的侦查行为无效。

（四）讯问录音录像的审查判断

审查判断讯问录音录像时，应当注意以下内容：讯问录音录像的录制过程，录音录像录制次数与讯问的次数是否对应，卷宗中复印的讯问笔录是否全部具有，讯问笔录和录音录像材料能否相互印证，连续录像是否超过了 12 小时，笔录时间与光盘上的

---

① 郭志远. 我国讯问录音录像证据规则研究[J]. 安徽大学学报(哲学社会科学版),2013,37(1):137-143.

录制时间是否对应，技术卷宗工作通知单上的时间与录制时间是否一致，录制光盘的手续文书是否合法有效，是否存在一人讯问的情况，等等。

如果对讯问录音录像本身的真实性有疑问，应当审查鉴别录音录像材料是否为原件，是否存在伪造或变造等情况，必要时可以提请有关鉴定机构进行识别判断。

如果录音录像与其他证据材料存在矛盾，应当首先查明录音录像制作程序的合法性以及犯罪嫌疑人供述、辩解的真实性，然后与案件中其他证据结合起来查找矛盾出现的原因，最后综合案件所有情况得出结论。

第四节　统一司法鉴定标准和程序

我国新《刑事诉讼法》在鉴定制度的规定上取得了明显进步，但受多方条件制约，尚有一些问题未能触及，比如司法鉴定启动权的单边配置问题、侦查机关内设鉴定机构的取消问题、"三大类"以外人员的管理等。[①] 另外，除了新《刑事诉讼法》规定了鉴定制度之外，全国人大常委会制定的《关于司法鉴定管理问题的决定》（以下简称《决定》）、司法部出台的《司法鉴定程序通则》以及其他有关证据的规定中也有关于鉴定的内容，它们之间如何顺利地衔接，目前已经成为司法实践中遇到的一个难题。《决定》出台已逾15年之久，鉴定人出庭率低、重复鉴定、多头鉴定的现象依然存在，当前急需解决鉴定制度中存在的实质性问题，这也为我国司法统一鉴定标准留下了广阔的空间。

一、统一司法鉴定标准

（一）司法鉴定标准和司法鉴定标准化概述

首先，确定司法鉴定标准的内涵。司法鉴定标准，邹明理教授认为：司法鉴定标准，按其内容有广义和狭义之分。广义的鉴定标准，是指鉴定活动的基本准则，即通常所说的鉴定规范，包括鉴定机构规范，鉴定人资格、地位规范，鉴定程序规范，鉴定管理规范，鉴定对象与鉴定结论规范。狭义的鉴定标准，是指鉴定结论的具体条件，即鉴定结论可靠性的必备因素。[②]这一定义详尽地界定了司法鉴定结论形成过程中的操

---

① 程雷．技术侦查证据使用问题研究[J]．法学研究，2018，40（5）：153-170．

② 邹明理．我国现行司法鉴定制度研究[M]．北京：法律出版社，2001：144．

作标准和技术标准，把"标准"限于司法鉴定结论的形成标准。笔者认为，该定义未能科学全面地反映司法鉴定标准的内涵。司法鉴定标准应该包括两个部分：即鉴定结论的形成标准和鉴定结论的运用标准。[①]

鉴定结论的形成标准，包括从鉴定启动、设计检测项目、确定鉴定方法、评断检验结果、得出鉴定结论等过程中涉及的标准。[②] 这部分标准设定的主要目的是确保鉴定结论的科学性和客观性，尽可能地排除各个环节中人为因素的影响，导致的鉴定结论偏离科学和客观的轨道。它是司法鉴定行业标准的核心部分，也是确保鉴定结论公信力的最重要的环节。鉴定结论的形成标准突出鉴定的技术、步骤、方法，是以明确、细化的标准条款来约束鉴定人和鉴定参与人的鉴定行为。它以标准条款的形式明确告知此类鉴定的最佳方法、必须达到的实验室环境条件、设备仪器条件、需严格遵从的步骤、鉴定结论需达到的条件、鉴定人应持有的职业心态、必须遵守的职业道德，等等。[③] 如果以鉴定结论的形成标准作为鉴定行业协会对鉴定人的考核基础，并配以相应的惩处办法，可以保证鉴定结论形成标准的落实，确保鉴定结论科学、客观。

其次，明确司法鉴定标准化的界定。司法鉴定标准化本质上是一系列与鉴定相关的活动，即确立司法鉴定的标准体系——监督标准的实施——及时收集反馈信息——修正标准，通过以上几个环节来实现司法鉴定的标准化。换言之，该活动包括三项活动，即司法鉴定标准的制定、发布和实施。这项活动是一个不断循环、螺旋式上升的运动过程，不是一次就能完结的。而且，每当完成一个循环，司法鉴定的水平就相应提高一步。司法鉴定标准化的主要目的是通过对司法鉴定的现实问题或潜在问题制定共同使用和重复使用的标准的活动，使司法鉴定活动获得最佳秩序，从而科学合理地完成鉴定活动，获得社会的高度认可和评价。司法鉴定标准化，是司法鉴定学和鉴定制度成熟与完善的重要标志，是鉴定工作走向规范化、自动化、法制化的重要步骤，是现代鉴定工作发展的必然趋势。

（二）司法鉴定标准化法制机制现状及其困境

我国司法鉴定真正纳入统一管理是以 2005 年全国人大常委会发布的《决定》为标志的。虽然自从《决定》出台之后，司法鉴定工作有了更加完备的法律依据，推动了司法鉴定工作的发展和进步，但是有关司法鉴定标准机制还存在着较大的问题。

1. 司法鉴定标准化的立法滞后，已经无法满足当前司法实践的迫切需求

直至今天，我国尚无专门的《司法鉴定标准化法》，现行《中华人民共和国标准化

---

① 丁寒,杨铭宇. 借鉴域外经验完善我国技术侦查制度的思考[J]. 辽宁公安司法管理干部学院学报,2018(3):18-24.

② 谭泽林. 技术侦查证据使用与审查的现实困境及完善路径[J]. 湖南社会科学,2018(3):106-112.

③ 陈亮,丁寒. 技术侦查证据材料转换若干问题思考[J]. 辽宁警察学院学报,2018,20(3):26-31.

法》也是早在 1988 年制定的，迄今已经过去了三十多年，无论是从我国社会经济、政治背景来看，还是从技术领域的发展来看，当时的《标准化法》已经远远无法适应现实的需要。此外，司法鉴定标准化法规应在《标准化法》的框架内制定，必然或多或少受到《标准化法》的制约。在司法鉴定领域，这些问题也同样存在并且影响着鉴定意见最终结果的准确性。随着诉讼科学化的不断发展，其对鉴定意见的依赖越来越强，而目前的司法鉴定标准化体系显然已经无法满足司法实践的需求。因此，为了满足司法鉴定科学和准确的需要，我们应该对相应的标准化法规进行修订，为其提供充足的法律依据。

2. 司法鉴定标准的司法适用性较差

首先，部分司法鉴定领域缺乏相应的标准。我国长期以来形成了相对比较传统四大类的鉴定项目，即法医、物证、声像资料、环境损害。① 随着诉讼案件的日渐增多，需要进行司法鉴定的项目也在不断扩展，如会计司法鉴定、涉农类司法鉴定、建设工程类司法鉴定，又如野生动植物司法鉴定、文物司法鉴定，等等。② 四大类司法鉴定的各个具体项目发展到现在，虽然基本上有相应的司法鉴定标准可供参照，但很多标准并不非常科学，存在修改和完善的需要。对于四大类以外的司法鉴定项目，与之有关的司法鉴定标准相对处于一个缺乏甚至空白的状态，从而导致司法鉴定机构只能参照相关行业发布的行业标准进行具体司法鉴定的实施。在四大类司法鉴定中也同样存在这个问题，例如关于环境损害司法鉴定中环境损害鉴定的评估方法，截至目前国家尚未发布相应的具体标准，只能采用生态环境部环境规划院发布的推荐方法。

其次，已有司法鉴定标准落后。在我国已经颁布实施的相应的司法鉴定技术标准方面，明显的一个问题就是部分现行司法鉴定标准落后，难以满足司法实践的现实需求。③例如，2014 年 3 月 17 日司法部司法鉴定管理局发布了《建设工程司法鉴定程序规范》并推荐各有关单位使用，然而该规范于 2014 年发布之后，2016 年 5 月司法部又颁布了《司法鉴定程序通则》，两者都涉及建设工程司法鉴定，但是存在着很大区别。现行《建设工程司法鉴定程序规范》主要侧重于建设工程造价司法鉴定，而较少涉及建设工程质量的司法鉴定。由于这些问题的存在，该程序规范在司法鉴定实践中适用起来困难重重，因此急需修订。而且，即使在已经发布实施的司法鉴定标准中，同样大量存在标准滞后的问题。当然，造成鉴定标准滞后的原因是多种多样的，或是因为相应科学技术领域发展较快，或是因为司法实践中案件本身复杂多样，或是因为制修订相应的司法鉴定标准需要较长时间，等等。

---

① 在 2015 年 12 月司法部商最高人民法院和最高人民检察院后，决定将环境损害司法鉴定纳入统一登记管理范畴。
② 马康. 技术侦查证据认定研究——以证据能力为切入的分析[J]. 时代法学, 2017,15(1):106-111.
③ 林蓉. 技术侦查措施法律规制的比较研究[J]. 江南社会学院学报, 2018,20(1):73-80.

再次，标准之间相互矛盾。在司法鉴定实践中，部分司法鉴定标准往往存在相互矛盾甚至差异的情况。以司法鉴定项目为例，我国从事司法鉴定的机构和鉴定人采取审批制，必须经过省级司法行政机关的审批方可从事相应的司法鉴定工作。①换言之，我国将司法鉴定项目的审批权下放给省级司法行政机关之后，由于不同省份的司法行政机关适用的标准不同，从而在一定程度上造成不同行政区划之间在同一鉴定项目审批上产生不同的结果。例如，我国部分省份对于《决定》规定的"法医、物证、声像资料类"三大类以外的司法鉴定机构或项目不予审批，从而造成建设工程类司法鉴定、司法会计鉴定等其他类的鉴定无法在本地区解决。另外，即使诉讼当事人委托外省的司法鉴定机构进行鉴定，可能存在这样的问题：本省司法行政机关没有审批的鉴定项目或鉴定机构，外省出具的此类鉴定意见在本行政区划内是否能够获得承认？诸如此类的问题在实践中还有许多，由于这些标准的不统一，甚至相互矛盾正在制约着司法鉴定的发展，并且最终影响以审判为中心的诉讼制度的推进。

3. 司法鉴定标准政出多门，缺乏统一的归口管理

当前，司法行政系统负责司法鉴定的统一管理，但只是限于"登记管理工作"，由谁制定、管理司法鉴定标准等却没有明确，从而导致在鉴定实践中各部门都有权对自己"所属领域、专业"发布相关鉴定标准，甚至是技术标准。目前，公检法司等机关在制定、发布诉讼领域的司法鉴定标准之外，其他有关部门也在制定、发布各自管辖范围的司法鉴定标准。现在只有在法医、物证、声像资料、环境损害司法鉴定等方面明确统一管理，其他领域各部门单独发布相应的司法鉴定标准的情形还有很多，而且相当普遍。另外，不但各部门单独发布相应司法鉴定标准，而且各部门间联合发布相应司法鉴定标准的情形也时有发生，由此造成司法鉴定标准政出多门的情形非常严重。正是由于司法鉴定标准缺乏统一的归口管理部门，难免会造成相互推诿、相互争权，甚至标准之间相互矛盾等不利情形，从而严重影响了司法鉴定的权威和效率，也给以审判为中心的诉讼制度的推进制造了不少障碍。

（三）司法鉴定标准化法制机制建设的主要路径

因为司法鉴定标准化法制机制建设在鉴定实践中具有重要意义，但是其尚存在不少问题，所以司法鉴定标准化法制机制建设当前显得尤为必要和迫切。笔者认为，我们应当立足于司法鉴定理论、实践和改革的大趋势，考虑从以下几方面予以完善：

首先，重新制定《司法鉴定标准化管理办法》。1989 年生效的《标准化法》已经无法满足实践需求，因此急需制定新的《标准化法》。当新《标准化法》通过之后，

----

① 王贞会. 技术侦查证据庭外核实程序之完善[J]. 河南社会科学,2018,26(2):49-54.

必然对我国包括司法鉴定在内的标准化工作发挥重要影响，为众多领域和行业的标准化提供充分的法律依据。但是，正如上文所述，司法鉴定标准与传统技术标准无论是在制定、修改过程中，还是在运行、监督等过程中，都存在显著差别。因此，笔者建议，应当以《标准化法》的发布为契机，司法鉴定行政主管部门可以考虑根据司法鉴定标准化工作的特殊性，制定更具体、更具可操作性的《司法鉴定标准实施细则》，从司法鉴定标准的制定、修改、运行、监督等实体层面以及程序、期限等程序层面加以明确。①

其次，确定司法鉴定标准的管理机构。我国司法鉴定工作缺乏统一的归口管理，导致鉴定标准政出多门，这也是我国司法鉴定标准化机制建设中存在的一道障碍，甚至最终可能对诉讼公正的保障产生很大程度的制约作用。为了这个问题的妥善解决，现提出如下建议：条件成熟的鉴定类型或项目可以成立专业委员会并制订相关标准，指导具体的鉴定实践；对于成立专业委员会条件还不成熟的，可以考虑由相关行业参与制订标准，或者在一定条件下借鉴该行业标准，然后由标委会发布标准并进行管理。不过，对于标委会的具体运行模式，应该根据具体的情况进行考量，当然服务司法实践是其首要和最终目标。

最后，明确政府在司法鉴定标准中的地位和作用。现在政府在司法鉴定标准中主要发挥着制定和审批的职能，但是由于司法行政机关并非专业部门，因此其制定的标准有时并不科学，容易影响鉴定意见的科学性和准确性，在实践中产生了较大的质疑。而且，政府部门的主要职责是管理，因此笔者建议：应当改变现行政府在标准中的职能定位，从以前直接制定、审批标准的职能，转变到依法管理标准上来，把制定标准的任务交给行业组织或民间团体，扩大民间团体在标准化方面的作用。就政府在标准中的作用，具体而言，"建立科学的标准化管理体制要求我国标准化管理部门转变职能，从主要依靠行政手段审批标准为主，转到依法管理标准上来，从行政管理为主转到管理、服务并举上来，从单一依靠政府力量制定标准转到调动政府、企业、社会各方面的积极性共同制定标准上来，与标准化行业协会、社会团体密切合作，支持标准化领域专家充分发挥作用，使我国的标准化管理体制由政府主导型向学术团体主导型过渡"②。

二、司法鉴定程序秩序的统一

深化司法鉴定制度改革是全面推进依法治国、深化司法体制改革的重要内容。改革包括实体和程序两个方面，实体即司法鉴定标准的统一，程序即司法鉴定过程的顺畅。上面介绍了司法鉴定标准方面存在的一些问题以及改进的方法，下面分析一下司

---

① 王东. 技术侦查的法律规制[J]. 中国法学, 2014(5):273-283.
② 李志军. 我国标准化管理体制改革的目标、原则与重点[J]. 科学与管理, 2004(2):28-30.

法鉴定程序方面存在的问题，以有助于我国在司法鉴定程序上的改革与完善。在司法鉴定实施程序方面，由于有关司法鉴定的委托与受理、司法鉴定的启动、质证、重新鉴定等一些问题的存在，我国司法统一、规范、公正的司法鉴定制度的发展还存在较大阻碍，因此需要进一步健全规范的司法鉴定实施程序，健全公正合理的司法鉴定诉讼程序。

（一）健全规范的司法鉴定实施程序

司法鉴定实施程序，即鉴定机构受理委托人的委托后，指定适合的鉴定人完成鉴定工作，出具鉴定意见并保证鉴定质量的一系列活动。鉴定实施程序的最终目的和任务是司法鉴定人运用先进的科学技术和专业知识对诉讼涉及的专门性问题独立进行鉴别和判断，并对自己作出的鉴定意见负责。在此过程中需要特别注意并完善的问题有以下几项：明确规定司法鉴定人的各项义务，特别需要进一步落实司法鉴定人负责制，防止司法鉴定实施过程中各行其是和无人监督，从而导致鉴定质量无法保障。具体而言，应当规定司法鉴定人应当遵守保密义务、回避义务、出庭作证义务、独立出具鉴定意见的义务；就复杂、疑难和特殊技术问题咨询相关专家的，相关专家即使提供了专业性的意见，最终鉴定意见仍然应当由本机构的司法鉴定人出具；有些司法鉴定存在多人参加的情况，不同的鉴定人员对鉴定案件有不同意见的，应当注明。

（二）完善司法鉴定的诉讼程序

司法鉴定既为诉讼活动服务，也是诉讼的重要组成部分。司法鉴定所产生的鉴定意见将作为证据在诉讼中使用。所以，不仅司法鉴定的实施要同时遵循科学规律和法律要求（如法定期间等），鉴定意见的使用更要受到程序规则和证据规则的影响。[1]明确、完备的程序规定是形成和运用科学鉴定意见的重要保障，因此健全公正的司法鉴定诉讼程序也是司法鉴定制度改革的重要内容。

十八届四中全会通过的《中共中央关于全面推进依法治国若干重大问题的决定》明确指出，要"推进以审判为中心的诉讼制度改革，确保侦查、审查起诉的案件事实证据经得起法律的检验。[2]全面贯彻证据裁判规则，严格依法收集、固定、保存、审查、运用证据，完善证人、鉴定人出庭制度，保证庭审在查明事实、认定证据、保护诉权、公正裁判中发挥决定性作用"。这一方面回应了目前证人、鉴定人出庭作证制度实施不理想的现实，另一方面提出"推进以审判为中心的诉讼制度改革"的要求。[3]这不仅为司法鉴定诉讼程序的进一步完善提出了更高的要求，而且也是一个难得的机遇。在为

---

① 王晨辰，周轶. 技术侦查制度之检讨[J]. 法律适用，2014(2):43-49.
② 董坤. 论技术侦查证据的使用[J]. 四川大学学报(哲学社会科学版)，2013(3):151-160.
③ 王骄. 技术侦查证据庭外核实的程序性障碍[J]. 贵州警官职业学院学报，2012,24(4):12-15,31.

实现"以审判为中心"进行的系统性诉讼制度改革中，司法鉴定质证程序的完善既能够得到助力，也有望为这一体系性改革的成功添砖加瓦。

第五节　完善见证人制度

侦查取证行为的规范化、法定化与公开化是切实有效推进审判中心诉讼制度改革的应有之义。而刑事侦查程序中见证人制度对于切实保证侦查行为的规范化、法定化与公开化，真正保障诉讼参与人的权利，有效提升侦查行为的公信力起着非常重要的保障作用。然而，在侦查中心主义诉讼模式下，见证人制度形同虚设，难以发挥其应有作用。①侦查中心主义的根本特征是侦查机关在刑事诉讼中处于主导地位，决定着刑事诉讼的方向和结果。见证人制度设立的初衷本来是为了保证侦查行为依法进行，保证收集证据的真实合法，保证犯罪嫌疑人的人权。但是，由于司法实践中见证人制度存在的问题，导致严重偏离了规范侦查程序的初衷，更严重违背了审判中心诉讼制度改革的精神实质与价值取向。在审判中心诉讼制度改革的宏观背景下，我们应该更加重视与反思刑事侦查程序中见证人制度存在的问题。为了规范侦查程序，提升侦查程序法治化水平，应该有针对性地对见证人制度进行深入的完善与改革，从而切实推进审判中心诉讼制度改革的发展和进步。

一、当前刑事侦查程序中见证人制度存在的问题

根据法制现代化的基本要求，应然状态的法律制度应当首先在立法层面上具备必要的形式理性，这也是实现其价值理性的前提与基础。侦查程序中见证人制度的现代化首先体现为严密完备且科学统一的法定程序体系②。然而，现实中的见证人制度尚不具备必要的形式理性，存在程序粗陋、过程设计不合理以及欠缺可操作性等问题。

（一）法律本身规定零散混乱

零散凌乱的立法模式，加上不同的制定主体，极有可能使与见证人制度相关的法律法规在司法实践中不协调或者难以衔接，从而导致见证人制度在司法实践中产生适

---

① 孟禹廷. 公信力视域下侦查阶段见证制度的完善[J]. 湖北经济学院学报(人文社会科学版),2018,15(8):99-101.

② 刘霞,李武成,孙丽娜. 三方面完善见证人制度[J]. 检察日报,2017-11-12.

用混乱等问题，从而与《刑事诉讼法》规定见证人制度的立法本意相背离。[①]不管是什么法律制度，要想在现实生活中得到切实的贯彻施行，必须先要做到所有与此相关的法律规范相互之间没有矛盾和抵触。因为各个制定主体在各自的职责范围内制定与见证人相关的规范时，考虑问题的出发点可能不完全相同，从而导致调整和规制的主体行为也会存在差异，当然更加可能出现调整的行为相同，但标准和要求不同。如此一来，就会导致见证人制度的贯彻和执行者无所适从，或者选择对自己最有利的规定，而规避对自己不利的规定，最终的结果就是造成见证人制度的目的落空。因此，我们必须对不同主体制定的相关见证人制度进行梳理，使其相互衔接和协调，从而充分发挥该制度的作用，最终推进以审判为中心诉讼制度的建立。

（二）见证人法律定位不够清晰

现行相关法律规定并未对见证人的法律地位作出明确界定，致使见证人在刑事侦查程序中的角色定位不明晰。见证人法律地位的不明晰，导致理论研究的混乱，无法有效指导司法实践，致使见证人制度在司法实践中无法发挥出应有作用。[②]那么，见证人在法律中到底处于何种地位呢？首先，我们看一下法律的规定：我国《刑事诉讼法》规定在勘验、检查、搜查、扣押时需有见证人在场，由此可见，我国已经建立了强制见证模式的雏形；《人民检察院刑事诉讼规则》第112条规定："勘验时，人民检察院应当邀请二名与案件无关的见证人在场。"《刑事案件现场勘查规则》第4条第三项中规定："现场勘查必须邀请两名与案件无关、为人公正的公民作为见证人，公安司法人员不能充当见证人。"

从上述规定可以看出，法律并未明确规定见证人在法律中的地位及其权利和义务。从当前学术界的观点来看，有人将其视为一般证人，有人将其视为特殊证人，还有人将其视为独立的诉讼参与人。见证人的身份和地位不同，其在诉讼中享有的权利和履行的义务就不同。而在其身份和地位没有确定的情况下，我们就无法确定其在诉讼中可以干什么、必须干什么，由此可能导致出现这样的情况：即我们对见证人的正当要求遭到其无理拒绝，因为现在其身份和地位不明，我们的要求没有法律依据。这样一来，就会给刑事诉讼造成一定的障碍，降低诉讼的效率，因此通过立法明确见证人的身份和地位，权利和义务，以及见证人的条件至关重要。

（三）见证人制度内容有待完善

上文已经述及，现行法律法规并未具体规定见证人在侦查过程中的权利和义务，

---

① 张伟．试论刑事侦查中的见证人制度[J]．法制博览，2016(10)：1.

② 黄涛．审判中心主义视域下刑事侦查程序中见证人制度的审视与反思[J]．甘肃警察职业学院学报，2017，15(4)：9-14.

审判过程中是否出庭等，由此导致见证人、侦查人员以及审判人员在诉讼过程中无所适从，从而严重影响了见证人实际作用的充分发挥。根据当前的法律法规可知，见证人制度仅适用于勘验、检查、搜查、扣押等侦查行为，而不适用于其他的侦查行为。如此一来，其他侦查行为就无法适用见证人制度，不能受到见证人的监督，不能提高侦查行为的程序合法性以及获取证据材料的真实性。换言之，这会导致见证人制度在侦查程序中的意义无法得到全面发挥。同时，我国法律缺乏对见证人制度客观情况的全面考虑，并未对见证人不宜见证和难以见证的情况作出规定，例如见证人是否有权回避以及在何种情况下回避。由于没有如此规定，有时见证人不想参与见证，但是又没有拒绝的法律依据，因而只能勉强前往，以至于有强人所难之嫌。此外上文提到，现有相关法律只是简单地规定见证人参与侦查活动的正当性，对于侦查程序中见证人的资格、权利、义务及后果并未具体规定，从而也造成了一些问题，影响了见证人制度的效果。

二、审判中心主义诉讼制度改革背景下完善见证人制度的路径分析

（一）将打击犯罪与保障人权作为见证人制度的价值追求

侦查程序中见证人制度的完善同侦查程序现代化密切相关，也同侦查程序价值理念多元化密切相关①。在不同的价值理念支配下所形成的见证人制度是截然不同的，单一的价值理念支配下形成的见证人制度只能片面发挥作用，多元的价值理念支配下形成的见证人制度才能全面发挥作用。但是，侦查程序价值理念多元化的形成过程是漫长的，价值观念和法律文化的变革绝不可能一蹴而就，因此注定了侦查程序中见证人制度的完善必须经过长期的浸润，逐渐将多元的价值理念蕴含在制度之中，然后一点一滴地潜移默化，绝不可能在一朝一夕之间完成。当前，刑事诉讼多元的价值理念应当包括打击犯罪、保障人权与程序正义。通过多元的价值理念推动见证人制度的科学化，从而促进刑事诉讼的高效有序进行，并最终推动以审判为中心的诉讼制度的建立。

（二）细化强制见证的相关规定

所谓强制见证，即在法律明确规定的情形下见证人必须参加相关程序，否则该程序即属违法的诉讼制度。强制见证的宗旨主要是加强对侦查行为的监督，保证侦查行为的真实合法，同时保护犯罪嫌疑人的人权。但是由于我国对强制见证适用范围的立法规定比较粗疏，造成实践中见证程序出现了各种问题，因此很有必要对见证制度进行规范。

---

① 黄涛. 审判中心主义视域下刑事侦查程序中见证人制度的审视与反思[J]. 甘肃警察职业学院学报，2017，15（4）：9-14.

首先，侦查实验的见证人制度应当是一种强制性规定。侦查实验在刑事诉讼中所起的作用主要是判断事实是否能够发生以及是如何发生的，现在其在司法实践中运用得越来越多，因此必须保障侦查实验的客观性、公正性，防止侦查人员随意编造结论，那么要求见证人参与侦查实验应当是一种强制性规定。

其次，搜查程序中应当实施强制见证制度。搜查程序目的在于搜寻犯罪的证据以及查获犯罪嫌疑人，是刑事诉讼中一项重要的侦查程序，其会严重影响公民的人身权、财产权和隐私权。在现行的搜查程序中，被搜查人或其亲属、邻居或者见证人是并列选择的关系，从而导致见证人被邀请的概率很低，见证人制度的监督制约作用得不到充分发挥。

最后，细化没有见证人参与见证的例外规定。虽然法律规定了见证人制度，很多程序中要求有见证人参加，但是司法实践中邀请不到见证人的情况并不罕见。那么，当出现这个问题时，怎么解决呢？《最高人民法院关于适用〈中华人民共和国刑事诉讼法〉的解释》第八十条规定："由于客观原因无法由符合条件的人员担任见证人的，应在笔录材料中注明情况，并对相关活动进行录像。"司法解释在此只是给了一个原则上的、笼统的规定。

"客观原因"到底包括哪些情形，司法解释并未给予细化，因此很有可能导致侦查机关在实际操作中随意性过大，最终使见证人制度形同虚设，不能充分发挥作用。笔者认为，应该对"客观原因"进行细化：①涉及国家秘密；②侦查行为的开展可能会威胁见证人的生命、健康；③侦查行为的开展可能会对公众利益造成严重损害的。通过这些细致的设计，确保该制度的良性运行。

（三）司法机关应当完善见证人审查制度，准确认定见证人地位

在法庭审判时，如果辩方对见证人的资格提出异议，那么法庭应当开展对见证人资格的审查工作。为了防止因为见证人不适格而被法庭认定侦查程序违法的问题出现，侦查机关应当自觉建立审查见证人是否适格的程序，排除不适格的见证人参与见证，以避免因为出现见证人适格问题而影响侦查程序的效力。

见证人到底在诉讼中属于什么身份？本文认为，鉴于见证人在诉讼中的地位和作用，宜将见证人作为独立的诉讼参与人看待，不宜将其视为证人。两者主要区别在于：首先，证人是在诉讼之前知晓案件的事实情况或者掌握案件的相关线索而向司法机关作证的人，具有不可替代性。而见证人则是在刑事诉讼过程中，因为受到侦查机关的邀请才参与到侦查活动中的，具有可选择性。其次，证人证明的对象是案件的实体性事实，而见证人证明的是程序性事实，即侦查行为的合法性和客观性。最后，见证人在刑事诉讼中不仅发挥证明作用，还发挥着重要的监督作用。

因为见证人的身份、地位以及在诉讼中发挥的作用不同于证人，因此其在诉讼活动中享有的权利和履行的义务就与证人截然不同。其参与诉讼活动的主要目的应是受

侦查机关邀请，全程观察侦查行为的发展和进行，监督侦查机关的侦查活动，从而制约、规范侦查机关的取证行为。

（四）以立法形式明确见证人的权利和义务

在当前的法律体系下，见证人是具有独立地位的侦查见证人，根据其在侦查中的地位和作用，应赋予其相应的权利和义务。本文认为，见证人的权利应当包含四个方面：①是否参与见证的决定权。侦查活动具有复杂性，如果见证人确实基于自身原因，无法接受侦查机关的邀请，不便参与见证活动，此时可向侦查机关说明理由而不予参加。②阅读、要求修正笔录和拒绝签名的权利。侦查活动中侦查人员要对包括见证在内的侦查活动制作笔录，对侦查活动进行客观的记载。笔录制作也是侦查活动之中的重要内容，而见证人设立之目的主要就是对侦查活动进行监督，所以监督笔录制作也就成了其见证的重要工作。因此，见证人在侦查行为结束之后，有权阅读笔录，如果发现记载内容与侦查行为实际不符，见证人有权要求侦查人员修改。如果侦查人员拒绝修改，见证人则有权拒绝签字。③获得经济补偿权。见证人接受侦查机关邀请后，需要赶赴侦查活动现场进行见证，有时还要履行出庭作证义务，必然会发生交通、餐饮、住宿等费用的支出。对此，见证人有权要求给予经济补偿。④安全保障权。见证人参与刑事诉讼活动，很有可能对犯罪嫌疑人、被告人不利，因此他们及其近亲属可能会对见证人进行打击报复。为了保护见证人的人身财产安全，消除其见证的顾虑，有必要建立见证人人身保护机制。

见证人的义务应该包括以下三个方面：①不得随意终止见证的义务。根据见证人的地位和作用，见证人应当听从侦查人员的指挥，遵守见证程序和现场秩序，认真观察侦查活动的整个过程和结果。而且没有正当理由，不得随意终止见证，避免影响侦查活动的顺利进行。②保密义务。侦查阶段的任务主要是收集犯罪证据并抓获犯罪嫌疑人，侦查信息一旦泄露，则可能导致犯罪嫌疑人隐藏或逃跑。因此见证人必须对在侦查活动中知悉的案件信息严格保密，不得泄露见证中知悉的案件信息。③出庭作证的义务。见证人对有关侦查活动进行全程观察，因此最有资格说明侦查行为的实施情况，证明侦查行为的合法性。所以，在审查起诉阶段或法庭审理阶段，如果公诉人员、法官或辩护人对侦查活动的合法性有异议，见证人应当出庭作证，就自己的所见所闻说明情况，并接受相关人员的质证。

（五）明确违反见证程序证据的法律效力

为有效发挥刑事诉讼中见证人制度的监督作用，有必要对违反见证程序的侦查行为作出程序性的制裁。因为见证制度执行的规范性关系着有关侦查行为所获证据材料的效力，所以应根据不同的情形确定见证行为的效力。①法定见证情形下没有见证的证据效力。原则上此时取得的证据是无效的，法庭不能用来证明案件事实。但是有原则必有例外，某些侦查行为没有邀请见证人，如果属于法律规定的例外情形，则证据效力不受影响。②见证人拒绝签字的证据效力。司法实践当中，见证人会出于种种原因拒绝在侦查笔录上签名。如果遇到这种情况，侦查人员一定要注明原因，然后由见证人出庭说明拒签的原因。若查明属于见证人个人原因拒签，则笔录效力不受影响；若查明属于见证程序违法拒签，那么法院应当考虑见证权利的受限程度，根据"利益均衡原则"确定笔录的效力。③辩护方对见证程序的合法性提出质疑的证据效力。如果法庭审判时，辩护方对见证人的适格性、见证程序是否合法等问题提出异议。在这种情况下，见证人应当出庭证明自己的资质和条件。如果见证人不能出庭予以证明，则侦查笔录不具备法律效力。

（六）规定违反刑事见证人制度的法律后果

我国刑事见证人制度在实践中违规操作现象严重，从而导致该制度形同虚设，没有起到应有的法律效果，其重要原因是没有规定对违反刑事见证人制度的制裁措施。司法实践中，只有公安司法人员和见证人严格依照法律遵行刑事见证人制度，刑事见证人制度才能在运行过程中发挥其应有的作用，因此有必要建立专门的责任追究机制，使违反刑事见证人制度的人受到相应的法律制裁。首先，实践中侦查人员存在以下情形：应当邀请见证人无故不邀请、不让见证人进入侦查现场、限制见证人的权利、虚假签名或者盖章等。如果尚未构成犯罪，其所在单位应根据相关责任人员违法情节的严重程度予以警告、记过、记大过等行政处分。其次，当前法律法规尚未规定见证人违反刑事见证人制度应承担的法律责任。实践中，见证人履行义务不当或者违背法定义务的情况时有发生，例如明知侦查机关在侦查行为中存在严重的违法行为却依然在侦查笔录中签字盖章、出庭作证时提供虚假的证言、故意泄露侦查过程中知悉的案件信息等。对于以上这些情形，应该根据见证人违法行为严重程度的不同，让其承担不同的法律责任。如果造成严重后果的，例如故意给犯罪嫌疑人传递案件信息导致其逃跑，此时已经构成犯罪，应依法追究刑事责任。若是一般违反刑事见证人制度的行为，尚未构成犯罪的，应根据具体情况给予其警告、罚款、拘留等司法处分。

第六节　建立重大案件讯问合法性核查制度

重大案件讯问合法性核查制度，是指对于一些罪行严重的刑事案件，在侦查机关讯问犯罪嫌疑人之后，由检察机关核查讯问是否合法的一种制度。该制度的目的旨在确保侦查机关讯问行为的合法性，防止刑讯逼供以及其他形式的非法讯问，最终保证案件事实真相得以查明和犯罪嫌疑人的人权不被侵犯。

2016年10月，最高人民法院、最高人民检察院、公安部、国家安全部、司法部印发的《关于推进以审判为中心的刑事诉讼制度改革的意见》（以下简称《意见》）提出，"探索建立重大案件侦查终结前对讯问合法性进行核查制度"，明确由检察院驻看守所检察人员开展讯问合法性核查，以发现和排除非法言词证据，遏制刑讯逼供等非法取证。①

2017年6月，上述五部门又联合印发了《关于办理刑事案件严格排除非法证据若干问题的规定》（以下简称《规定》），明确要求检察院驻看守所检察人员应当在重大案件侦查终结前询问犯罪嫌疑人，核查是否存在刑讯逼供、非法取证情形，并同步录音录像，同时还明确了核查材料在法庭调查阶段的证明价值。该制度旨在规范侦查机关的取证行为，对于推进以审判为中心的刑事诉讼制度改革具有重要意义。由此明确了人民检察院驻看守所检察人员开展重大案件侦查终结前讯问合法性核查的职责。②

检察机关刑事执行检察部门特别是派驻检察室为了充分发挥重大案件讯问合法性核查制度的作用，对贯彻落实《意见》和《规定》进行了积极的探索，在实际工作中积累了一定经验，同时也发现了一些突出问题和实际困难，急需通过对该制度进行修改完善予以妥善解决。

一、重大案件讯问合法性核查制度存在的问题

（一）检察机关得到讯问信息有阻碍

检察机关要想对重大案件的讯问是否合法进行核查，首先必须知道侦查机关的讯问是否已经进行，讯问工作是否已经全部完毕，是否可以开展核查工作？一般而言，为了保证重大案件讯问合法性核查及时开展并得出核查结论，时间上应当在侦查终结前进行。为了实现这个目标，侦查机关应在案件侦结前为检察机关留有一定时间启动并完成核查工作，因此必须通过一定形式让派驻检察人员及时知晓侦查机关正在侦查的重大案件拟于何时侦查终结。但是，相关法律法规目前尚未对侦查机关的告知义务作出规定，有些侦查机关没有主动通知检察机关，所以需要最高人民检察院会同有关部门共同明确。

（二）核查启动时间和方式尚未统一

核查程序的启动一般包括三种方式，即侦查机关书面建议、犯罪嫌疑人及其辩护

---

① 盛宏文，彭子游. 重大案件侦查终结前的讯问合法性核查制度[J]. 中国检察官，2018(19)：45-48.
② 吴要武. 讯问合法性核查亟须制度化[N]. 检察日报，2018-08-01.

人申请和检察机关依职权决定。首先从时间上来看，侦查机关在案件侦查终结前多长时间通知检察机关没有统一，有的规定七日前，有的规定十日前，有的规定十五日前。通知时间的长短会影响核查工作的准备，因此法律上应该统一规定需要核查的重大案件通过书面形式告知犯罪嫌疑人羁押地的派驻看守所检察室的时间。对于启动方式，有的提出应依申请核查为主，依职权决定核查为辅。有人则提出相反的意见，总之对于启动时间和方式还有待规范统一。

（三）核查讯问内容信息的边界不清晰

检察机关在对重大案件的讯问合法性进行核查时，应该重点核查哪些内容呢？对此范围规定不同，也会影响着核查工作的效果，直接影响到该制度目的和功能的实现。如果核查案件范围界定过宽，势必增加核查的工作量，影响日常派驻检察工作的正常开展。因为本来看守所派驻检察人员的数量较少，如果核查任务过重，必然加剧两者的矛盾，造成核查工作流于形式；如果对核查案件范围界定过窄，则会导致应当进行讯问合法性核查的案件没有进行核查，影响对侦查讯问活动的必要监督和犯罪嫌疑人合法权益的保障。目前对重大案件核查的范围，各地规定不一，亟待明确。

二、解决方式的分析

（一）合理、科学界定重大案件的性质和范围

重大案件讯问合法性核查制度的宗旨主要是保证重大案件能够得到客观、正确的处理，避免造成冤假错案，从而影响司法的权威。只要重大案件不出现错误，其他轻微案件即使出点错误，也不会造成太大的影响。那么，什么样的案件才能确定为重大案件呢？这涉及案件的性质，也可以说是确定的标准。有人认为，通过参考相关规定，重大案件应当是指案件性质严重、犯罪情节恶劣和量刑较重的犯罪案件。[①]但公、检、法三机关在"重大案件"的范围界定上认识并不一致，标准也不统一，造成讯问合法性核查制度在实践中难以实施。

此外，实践中还存在着一些较为复杂的问题，也导致"重大案件"难以判定。例如，对重大案件的把握侦查机关和检察机关认识不一致时，应由谁来判定；重大案件中如有犯罪情节较轻的共同犯罪嫌疑人，是否需要核查；黑社会性质组织犯罪、严重毒品犯罪等可能判处无期徒刑以上刑罚的，侦查机关却以案件侦破的需要为由，拒绝在侦查终结前开展讯问合法性核查的，检察机关是否可以自行决定进行核查，等等。

因此，要科学界定重大案件的范围，必须进行全方位的思考。本书综合各个方面

---

① 罗锦山，黄金海. 讯问合法性核查的理论争议及实践建议[J]. 福建法学，2018（2）：75-78.

的规定，例如《刑事诉讼法解释》第六百一十条以犯罪嫌疑人、被告人可能被判处无期徒刑以上的刑罚，以及案件在本省、自治区、直辖市或者全国范围内有较大影响为标准，界定重大案件讯问合法性核查程序适用的案件范围；《四川省德阳市人民检察院关于重大案件侦查终结前讯问合法性核查的实施办法（试行）》第三条规定：重大案件包括：（一）可能判处无期徒刑以上刑罚的刑事案件；（二）检察机关立案侦查的职务犯罪大要案件；（三）其他在本地区有重大影响的案件。

对于这些规定，我们可以总结其共同的标准，借鉴来作为重大案件讯问合法性核查的标准。建议根据犯罪嫌疑人涉嫌犯罪事实和可能被判处刑罚的轻重、社会影响确定重大案件的范围。[1]对犯罪嫌疑人可能被判处无期徒刑、死刑的案件，黑社会性质组织犯罪，毒品犯罪，致人重伤、死亡的案件，在侦查终结前，进行讯问合法性核查。条件成熟后，可以逐步扩大讯问合法性核查案件的范围，对所有未成年、盲、聋、哑犯罪嫌疑人涉嫌犯罪案件侦查终结前，由驻所检察人员或巡回检察官对侦查讯问合法性进行核查，以体现对未成年、盲、聋、哑犯罪嫌疑人等弱势群体合法权益的特别保护。

（二）详细规定不同层次的核查人员

一般而言，进行讯问合法性核查的人员应当是驻所检察室的刑事执行检察人员，但是由于核查所面对的案件千差万别，为了确保核查的质量，对于特别重大的案件，建议由上级检察院刑事执行检察人员通过巡视检察、专项检察等方式与下级检察院驻所检察人员共同开展核查。或者有特殊需要时，还可以吸收侦查监督部门和公诉部门的检察人员参加。因为侦查机关的讯问笔录最后都要移交检察机关，由公诉部门审查后决定是否起诉。如果公诉部门提前介入讯问合法性的核查，对于保证核查工作的质量以及起诉工作都有重要的作用。

如果同级侦查机关办案时将犯罪嫌疑人羁押于其他地区的，可以考虑由上级检察院刑事执行检察部门进行核查工作，因为异地核查可能存在一些障碍或不便。核查的地点可以选在驻所检察室的讯问场所，也可以选在看守所的讯问场所，由上级检察院刑事执行检察部门决定。驻所检察人员应坚持依法核查、敢于核查、善于核查的原则，核查与规范并重，积极拓展核查领域。通过不同层次核查人员的严格工作，既保证侦查讯问受到合理的监督，又保证刑事诉讼的顺利进行，积极推进以审判为中心的诉讼制度的建立。

（三）明确侦查机关的告知义务和核查启动时间

规定侦查终结前对讯问合法性进行核查，侦查机关立案后至结案前都属于侦查终

---

① 许渊. 完善重大案件讯问合法性核查制度[N]. 检察日报,2018-03-02.

结前，笔者认为第一次讯问后派驻检察室即可视情启动核查。对于案件已经侦查终结作撤案处理的，如果犯罪嫌疑人向检察机关提出控告曾被刑讯逼供，则应由侦查监督部门调查处理；已经移送检察机关审查起诉的，则应由审查起诉部门调查处理。[①]由于核查中可能有大量的工作需要完成，所以应该给核查工作留出充足的时间，故此建议：在重大案件拟侦查终结的十日前，侦查机关应当通知派驻看守所检察室，由其工作人员启动讯问合法性核查程序。如果侦查机关讯问工作基本完成，但是犯罪嫌疑人的供述不稳定，以后存在翻供的可能性，为了增强讯问的合法性，应尽早建议检察机关启动核查程序。明确要求，经核查，确有刑讯逼供、非法取证情形的，侦查机关应当及时排除非法证据，不得作为提请批准逮捕、移送审查起诉的根据。[②]这也说明，有的案件核查工作可以在侦查机关报捕之前启动并初步完成。但就整个侦查环节讯问合法性的核查结论，应在最后一次讯问结束后作出。需要明确的是，侦查机关在检察机关启动核查程序之后又进行讯问的，应及时告知且不得影响和干扰核查活动的顺利进行。[③]

第七节　完善补充侦查制度

补充侦查在《刑事诉讼法》中并没有明确具体的概念，根据《刑事诉讼法》及相关司法解释对补充侦查的一些规定，可以将其概念界定为：是指公安机关或人民检察院的办案人员依照法律规定的内容和程序要求，在原有的刑事案件侦查工作的基础之上，就原有案件未侦查结束的部分案件事实及情节进一步继续侦查、补充证据的一种刑事诉讼活动。[④]

公安机关或检察机关准确、及时地对案件进行补充侦查，在司法实践中有着非常重要的作用。如果有些事实没有调查清楚检察机关就匆忙起诉，要么会导致法院因为证据不足而宣判无罪，致使真正的犯罪分子逃脱了法律的惩罚；要么则有可能导致法院因为事实认定不清而错误判决，造成冤假错案而冤枉了好人。因此，进行准确、及时的补充侦查，有利于全面查清案件事实，防止检察机关起诉错误或者审判机关判决错误，保证案件得到正确的处理，既不放纵罪犯，又能保障人权。

① 刘继国. 讯问合法性核查的职能定位与制度设计[J]. 人民检察，2017(24)：17-20.
② 赵刚. 讯问合法性核查的实践运行[J]. 人民检察，2017(24)：24-26.
③ 刘宪章. 重大案件侦查终结前讯问合法性核查之思考[J]. 中国检察官，2017(21)：54-57.
④ 黄珣. 补充侦查制度的反思与改革[J]. 人民法治，2018(15)：64-69.

当然，并非每个刑事案件都需要经过补充侦查程序，因为有些案件侦查工作非常扎实，已经达到了案件事实清楚、证据确实充分的程度。补充侦查的适用条件是案件部分事实、情节尚未查明或有遗漏罪行、遗漏同案犯罪嫌疑人的情况。从程序上来说，补充侦查由人民检察院依职权来决定，然后退回侦查机关，由侦查机关根据检察机关的要求予以补充侦查。补充侦查完毕，再移送检察机关，由检察机关根据情况决定是否起诉。

一、当前我国侦查制度存在的问题

（一）部分案件补充侦查质量不高

《刑事诉讼法》第一百七十五条第三款明确规定："对于补充侦查的案件，应当在一个月以内补充侦查完毕。"根据本条规定，退回侦查机关补充侦查的案件，侦查机关应该安排人手积极主动寻找、发现新的证据，使得案件不清的地方得到证明，达到案件事实清楚、证据确实充分的要求。但是，司法实践中却存在这样的情况：部分侦查人员对补充侦查工作不重视，对检察机关退回补充侦查提纲置之不理，责任心不强，在法定期限内没有搜集任何新的证据，也没有形成书面的补充侦查报告，而将检察机关退回的案件材料原封不动地返回检察机关审查起诉。我们认为，造成这种现象的原因是侦查机关往往将案件侦破作为奖惩侦查人员的标准，补充侦查工作质量与奖惩并无必然联系，对于补充侦查工作缺乏细化、规范的评价标准。由于侦查机关对补充侦查工作不重视，缺少的证据没有得到收集和固定，导致案件事实无法查清，检察机关只能作出不起诉的处理，最终使得犯罪分子逍遥法外，逃脱了法律的制裁。

（二）补充侦查存在异化的趋势

在调研中发现，实践中侦查机关具有偏重惩罚犯罪和追求实体公正，以及忽视保障人权和程序正义的倾向，从而导致补充侦查一定程度上背离了其本来的价值取向，使得补充侦查出现了滥用和异化的现象。主要表现在以下几个方面：

首先，利用补充侦查"借时间"。实践中公安机关和检察机关都有利用退回补充侦查"借时间"的问题存在，首先我们看检察机关的做法，检察机关假如在法定的审查起诉期限内因各种原因无法作出起诉决定，一旦超期将会造成程序违法。但是，按照法律规定，公安机关补充侦查完毕移送人民检察院后，人民检察院重新计算审查起诉期限。这时检察机关将案件退回补充侦查，就能顺理成章地实现延长审查起诉时间的目的。公安机关也有这一现象，公安机关如果因为犯罪事实认定不清、法律适用存在争议等问题导致在法定的侦查羁押期限内无法侦查终结，一旦超期也会发生程序违法。这时，侦查机关就会提前和检察机关达成"君子协定"，在不移送案卷材料的情况下，直接要求检察机关填写《退回补充侦查决定书》，以此实现延长侦查羁押时间的目的。

其次，利用补充侦查"给颜色"。这种问题主要出现在公安机关与检察机关的相处"不融洽"的时候。根据《人民检察院刑事诉讼规则》第三百八十条的规定，检察机关退回补充侦查时"应当提出具体的书面意见，连同案卷材料一并退回公安机关补充侦查"，但是有些检察机关为了给公安机关点"颜色"，故意在退回补充侦查时不写明具体意见，导致公安机关无法明确退回的原因和理由，更加难以达到补充侦查的要求。就公安机关而言，对检察机关退回补充侦查存在天然的"排斥"，认为退回补充侦查是对侦查工作的否定，在检察机关将案件退回补充侦查以后，不是积极地补充证据，而是消极敷衍，有的甚至将案件原封不动地再次移送审查起诉。[①]这种现象的存在将会导致诉讼效率降低，公安司法机关的权威和公信受到损害，当事人的合法权利也会受到侵害。

（三）退回补充侦查案件办案时限存在超期现象

侦查机关对检察机关退回补充的案件超期侦查是在退回补充侦查过程中存在的最明显、最严重的现象，这种现象的存在严重损害了犯罪嫌疑人的合法权益，因为超期侦查一般会造成侦查机关对犯罪嫌疑人超期羁押。在司法实践中，凡是退回补充侦查的案件，往往是证据难以查找或收集的。在补充侦查过程中，如果期限已到，证据还没找到，侦查机关往往进退两难。补充侦查期限已到的情况下，如果对犯罪嫌疑人变更强制措施，很有可能造成其逃跑或被害人上访，影响案件的顺利进行；如果此时强行提起公诉，则证据又不符合要求，很有可能被法院宣判无罪。在"两害相权取其轻"的原则指导下，侦查机关往往选择前者。近年来，通过检察机关对公安机关的侦查羁押期限的专门监督，补充侦查案件的超期现象虽明显减少，但在个别案件中仍然存在，个别犯罪嫌疑人的合法权利依然得不到切实的保障和维护。

（四）补充侦查的方式单调，自行补充侦查与联合补充侦查运用少

根据《刑事诉讼法》第一百七十五条第二款的规定，人民检察院审查案件对于需要补充侦查的，可以退回公安机关补充侦查，也可以自行补充侦查。但在司法实践中，审查起诉案件中遇到需要补充查证的时候，检察机关往往选择退回侦查机关补充侦查，而不自行补充侦查。检察机关选择这种做法的原因很多，既有法律规定的限制，自行补充侦查必须在审查起诉期限内完成，这样会给检察机关造成很大的压力；也有客观上人力物力方面的原因，侦查机关掌握着拥有侦查技术和侦查技能的人力资源以及侦查设备，检察机关很多时候并不具备侦查的条件。自行补充侦查有时虽然会给检察机关增加工作的困难和压力，但如果没有区分具体情况而一概退回侦查机关，也有可能

---

① 隋宝玲. 从宏观和微观角度完善补充侦查制度[N]. 检察日报, 2018-07-01.

造成诉讼时间的浪费，降低诉讼效度。

二、补充侦查制度的完善

从理论上来说，补充侦查制度对于侦查机关及时、准确地查明案件事实以及检察机关正确、合理地提起公诉起着非常重要的作用，对于当前国家正在倡导的以审判为中心的诉讼制度的建立也具有重要的价值。但是，由于司法实践中补充侦查制度存在的问题阻碍了该制度作用的充分发挥，所以有必要从理念和制度两个方面对其进行改进，以实现刑事诉讼打击犯罪和保障人权的双重目标，进一步推进以审判为中心的诉讼制度的建立。完善补充侦查制度，尽可能做到以下几点：

第一，转变办案理念。刑事诉讼的理念是既要惩罚犯罪，又要保障人权；既要实现实体公正，又要实现程序公正。任何一个都不能欠缺，单纯注重某一方面都与现代法治精神相悖。就补充侦查而言，无论什么时候的补充侦查，都是为了实现《刑事诉讼法》"惩罚犯罪、保障人权"的双重目标，而不应当成为超期羁押的"合法面具"或"避风港湾"。当前，超期羁押现象虽明显减少，但其负面影响仍不容小觑。导致超期羁押的原因很多，其中侦查能力不足，证据收集、固定、运用等存在瑕疵，证据链条不完整，证明标准不到位，甚至迫不得已进行补充侦查，是导致超期羁押的重要原因。[①]

第二，规范运行程序。程序公正是当前我们追求的法治目标和前进的方向，补充侦查也需要程序公正，严格适用补充侦查的条件和程序，保证其在法治轨道内运行；要想实现程序公正，必须首先实现程序有法可依，而目前补充侦查程序尚不完善，因此需要对补充侦查条件中"需要补充侦查""犯罪事实不清、证据不足"等作出更加明确的解释和限定，完善相关法律的内容。为了实现补充侦查的规范运行，需要强化对补充侦查程序的法律监督；侦查机关、检察机关必须严格遵守补充侦查的法定期限，不能超期侦查；完善补充侦查争议处理机制等。

第三，防止权力滥用。补充侦查的本意是给侦查机关一个改正错误的机会，因为《刑事诉讼法》规定了侦查结案的标准，即"案件事实清楚，证据确实充分"，因此侦查机关将案件移送审查起诉时应当达到这个标准。但是，检察机关审查之后，如果发现没有达到这个标准，就会退回侦查机关进行补充侦查，所以这也是"有错必纠"工作路线在刑事诉讼程序中的体现。前已述及，补充侦查有利于案件事实的查明，有利于打击犯罪和保障人权。但是，案件退回补充侦查也存在负作用，即其相对延长了犯罪嫌疑人、被告人被羁押的期限，加重了犯罪嫌疑人、被告人的身心负担。因此，从"尊重和保障人权"的刑事诉讼目标出发，鉴于补充侦查制度存在着天然的弊端和负面

---

① 姜保忠. 补充侦查制度研究[N]. 公民与法(法学版)，2014(9)：7-10.

作用，应当谨慎适用，严格遵守补充侦查的程序。实践中所出现的补充侦查异化的趋势，利用补充侦查"借时间"和"给颜色"等行为都是不可取的，也是对程序正义原则的背离。

第四，优化考核标准。十八届三中全会提出了"推进法治中国建设，完善人权司法保障制度"，为建立更加科学合理的司法业务考核标准体系提供了指针，我们应该以此为标准，废除不合理的量化指标，使补充侦查工作向着更加科学、合理、文明、人道的方向发展。2010年，公安部率先出台规定，要求各地公安机关取消"破案率"等考核指标，此后各地公安机关开始淡化"破案率"等指标。2013年6月，公安部下发《关于进一步加强和改进刑事执法办案工作切实防止发生冤假错案的通知》，提出进一步健全完善执法办案考评标准，严禁下达发案数、破案率、退查率等不科学、不合理的考评指标，积极引导广大民警既要多办案，更要办好案。优化后的考核指标更能体现司法过程的性质和规律。①

---

① 崔建华. 重构我国补充侦查制度[J]. 黑龙江省政法管理干部学院学报，2012(5):119-121.

第四章 审查起诉阶段的证据制度改革

第一节 建立人民检察院退回补充侦查引导和说理机制

一、我国建立人民检察院退回补充侦查引导和说理机制的背景

我国现行补充侦查制度的发展可以追溯到 1931 年由豫、皖、鄂地区的苏维埃政府出台的《革命法庭与政治保卫局的关系和区别》，文件内提及的"保卫局复查"便是补充侦查的雏形。1944 年公布出台的《晋冀鲁豫边区太岳区暂行司法制度》首次以立法形式确立了补充侦查制度，"补充侦查"成为相对固定的法律术语。后来，此制度又于 1956 年、1979 年、1996 年、1998 年、2012 年经过数次演变，终于发展成现在的格局。2016 年最高人民法院、最高人民检察院、公安部、国家安全部、司法部联合出台《关于推进以审判为中心的刑事诉讼制度改革的意见》，对退回补充侦查制度完善的方向、做法提出了具体要求，其中，第七条规定："完善补充侦查制度。进一步明确退回补充侦查的条件，建立人民检察院退回补充侦查引导和说理机制，明确补充侦查方向、标准和要求。规范补充侦查行为，对于确实无法查明的事项，公安机关、国家安全机关应当书面向人民检察院说明理由。对于二次退回补充侦查后，仍然证据不足、不符合起诉条件的，依法作出不起诉决定。"

在我国不断推进审判中心主义的大背景下，人民检察院在刑事诉讼证据改革中发挥了连接公安机关和人民法院的关键桥梁作用，特别是对刑事证据的传递，决定了公安机关的侦查结果是否已确实充分，能够经由人民法院审判作出裁决。但是，并不意味着人民检察院仅仅只是证据和案件的传递者，其更重要的作用是对案件能否进入公诉程序严格把关，更好地服务于审判中心主义的司法实践。因而，人民检察院经过审查认为需要补充侦查的，可以要求退回补充侦查，而对于退回补充侦查的方向和要求

在实践中往往不能得到有效表达，甚至使该制度流于形式，即使退回补充侦查也未能再次得到符合案件要求的刑事证据。建立退回补充侦查的引导和说理机制的重要性由此凸显。

二、我国建立人民检察院退回补充侦查引导和说理机制的现状

（一）退回补充侦查

1. 补充侦查

当前，我国学界对补充侦查的含义并没有形成统一意见，其中，比较具有代表性的观点主要包括以下三种：第一，补充侦查是指公安机关或人民检察院依照法定程序，在原有侦查工作的基础上做进一步调查，补充证据的一种诉讼活动。[①]第二，补充侦查是指公安机关或者人民检察院对案件存在部分事实不清、证据不足或者尚有遗漏罪行、遗漏同案犯罪嫌疑人等情形的，依照法定程序，在原有侦查工作的基础上做进一步调查、补充证据的一种诉讼活动。[②]第三，侦查机关依照法定程序，对案件部分事实不清、证据不足或者尚有遗漏罪行、遗漏同案犯罪嫌疑人的情形，在原有侦查工作的基础上做进一步调查，补充证据的一种侦查活动。[③]由此可见，当前虽然学界对补充侦查在某些层面存在一定分歧，但是，结合我国刑事诉讼的司法实践，从整体把握补充侦查，可以得出相对一致的意见，即在刑事诉讼活动中，公安机关和检察机关对部分事实不清、证据不足的案件，依照法律规定的程序，以原有侦查工作为基础，进一步查缺补漏、增添证据的诉讼制度。

补充侦查可能发生在侦查阶段、审查起诉阶段抑或审判阶段，不管在刑事诉讼的何种阶段，均为人民检察院作出补充侦查的要求，换言之，只有人民检察院才有权要求对案件进行二次补充侦查。那么，以补充侦查执行的主体为标准，可以将补充侦查分为两类，即退回补充侦查和自行补充侦查。退回补充侦查是指退回原侦查机关或部门补充调查有关事实并收集相应的证据。这种类型包括退回公安机关补充侦查和退回检察机关自侦部门补充侦查，发生在审查批捕和审查起诉阶段。而自行补充侦查是指由负责起诉的检察机关自己调查相关事实并收集证据，这种类型发生在审查起诉阶段，其主要目的是避免侦查时间过长，提高诉讼效率。

此外，在审判阶段，人民法院可以建议人民检察院补充侦查，最高人民法院《关于全面推进以审判为中心的刑事诉讼制度改革的实施意见》第八条第一款规定："人民

---

① 陈卫东. 刑事诉讼法[M]. 北京：中国人民大学出版社，2015：237.
② 陈光中，徐静村. 刑事诉讼法学[M]. 2版. 北京：中国政法大学出版社，2002：15.
③ 樊崇义. 刑事诉讼法学[M]. 北京：法律出版社，2013：213.

法院在庭前会议中听取控辩双方对案件事实证据的意见后，对明显事实不清、证据不足的案件，可以建议人民检察院补充侦查或者撤回起诉。"此外，人民检察院也可以主动建议补充侦查，《刑事诉讼法》第二百零四条规定："在法庭审判过程中，遇有下列情形之一，影响审判进行的，可以延期审理：（一）需要通知新的证人到庭，调取新的物证，重新鉴定或者勘验的；（二）检察人员发现提起公诉的案件需要补充侦查，提出建议的；（三）由于申请回避而不能进行审判的。"第二百零五条规定："依照本法第二百零四条第二项的规定延期审理的案件，人民检察院应当在一个月以内补充侦查完毕。"因此，在审判阶段，检察机关为了更好地实现公诉职能，仍然可以对案件进行补充侦查，全面准确地打击犯罪，以实现司法公正。

2. 退回补充侦查

退回补充侦查是指人民检察院在审查起诉时发现部分案件事实不清，而将案件退回侦查机关要求其进行补充证据的活动，包括审查批捕阶段的退回补充侦查和审查起诉阶段的退回补充侦查。其中，对于审查批捕阶段的退回补充侦查，《刑事诉讼法》第九十条规定："人民检察院对于公安机关提请批准逮捕的案件进行审查后，应当根据情况分别作出批准逮捕或者不批准逮捕的决定。对于批准逮捕的决定，公安机关应当立即执行，并且将执行情况及时通知人民检察院。对于不批准逮捕的，人民检察院应当说明理由，需要补充侦查的，应当同时通知公安机关。"而对于审查起诉阶段的退回补充侦查，《刑事诉讼法》第一百七十五条第二款、第三款、第四款规定："人民检察院审查案件，对于需要补充侦查的，可以退回公安机关补充侦查，也可以自行侦查。对于补充侦查的案件，应当在一个月以内补充侦查完毕。补充侦查以二次为限。补充侦查完毕移送人民检察院后，人民检察院重新计算审查起诉期限。对于二次补充侦查的案件，人民检察院仍然认为证据不足，不符合起诉条件的，应当作出不起诉的决定。"此外，《刑事诉讼法》第一百七十条第一款规定："人民检察院对于监察机关移送起诉的案件，依照本法和监察法的有关规定进行审查。人民检察院经审查，认为需要补充核实的，应当退回监察机关补充调查，必要时可以自行补充侦查。"即这两条法律分别规定了人民检察院对公安机关和监察机关移送起诉的案件可以退回补充侦查和应当退回补充调查，体现了人民检察院在审查起诉阶段的补充侦查决定权。同时，《人民检察院刑事诉讼规则》第二百六十二条至第二百七十一条对人民检察院退回补充侦查的方式、条件等作出了更为具体详尽的规定。

作为人民检察院公诉环节程序倒流的一种重要方式，审查起诉阶段的退回补充侦查应当兼顾实体正义与程序正义，实体正义即人民检察院有权要求公安机关补充侦查以获取案件事实上缺少的诉讼证据，程序正义即人民检察院退回补充侦查的操作规程必须科学、合理，能够真正实现补充证据、查明事实的功能。但是，退回补充侦查并非诉讼程序之常态，只能作为人民检察院公诉程序中的一种补救程序，只能是程序的

"非常态"，或者说退回补充侦查仅仅是普通刑事诉讼过程中的一种特殊救济程序，功能在于对侦查阶段的过失或疏漏进行补救。若实体补救型退回补充侦查比例过高，不利于被追诉者的人权保障；相应，若程序补救型退回补充侦查比例偏低且效果不佳，则不利于实现公诉程序正当化和人权保障。[1]因此，赋予人民检察院退回补充侦查的决定权应该首先考虑刑事诉讼程序"常态"与"非常态"的平衡，然后实现审查起诉阶段的实体正义与程序正义的统一。

（二）引导和说理机制

1. 引导机制

退回补充侦查的功能在于公诉机关依据提起公诉的标准对案件当前事实、证据情况进行分析衡量，如果发现有些事实没有相应的证据材料证明或证据材料相互之间存在矛盾的，则将案件退回侦查机关要求补充相关证据并提出指导性意见，从而使得案件事实清楚，证据确实充分，完全达到公诉的标准。而检察机关将退回补充侦查的必要性充分传达给侦查机关及侦查人员，就必须加强引导和说理机制。但是，当前我国法律并未对人民检察院退回补充侦查的引导和说理机制作出具体规定，因而导致在实践中该机制没有统一的操作要求，多流于形式。因此，可以首先在理论上对该机制进行简要的分析概括，以寻求形成对实践的指导作用。

退回补充侦查要求检察机关对退回的案件加强对公安机关侦查工作的引导，包括引导的方向、方式和范围。具体而言，检察机关引导侦查机关的内容应当予以明确规定：第一，引导方向。检察机关在《补充侦查提纲》中应当对侦查方向予以明确，如在涉嫌故意杀人的案件中，是对物证还是对证人证言加强侦查，或是在区分直接故意还是间接故意上存在漏洞应当着重加以进一步侦查，对案件进行整体、客观把握。第二，引导方式。侦查机关在补充侦查过程中，对于收集与固定证据较为困难的案件，可以主动请求检察机关给予引导意见，与此同时，检察机关也可以在发出补充侦查要求时提出引导方向，引导侦查机关的取证工作顺利进行。第三，引导范围。公诉引导侦查的范围应当明确：在法律适用方面，检察机关的主要任务在于引导侦查人员准确判断案件性质，正确区分罪与非罪、此罪与彼罪的界限，从而增强取证的针对性；在案件事实方面，检察机关应当对证据的客观性、关联性与合法性予以审查和过滤，抓住案件事实的主线；在案件证据方面，在对证据的收集、固定与保存的过程中，检察机关应当重点向全面性与稳定性的方向引导。第四，引导后的处理。若公安机关在侦查中存在违法行为或者恶意拒绝检察机关的引导，检察机关可以向有权机关提出检察

---

[1] 蔡笑. 程序倒流视角下的退回补充侦查问题实证研究[J]. 吉林公安高等专科学校学报，2010，25(6)：45-50.

建议，相应机关应将处理结果及时反馈。检察机关若对处理结果不满意，有权向该处理机关的上级机关提出复查意见。但应当强调的是，检察机关的工作仅限于引导侦查，无论采取何种方式引导，都不能干预正常的侦查活动。

2. 说理机制

说理区别于引导，是检察机关对侦查机关要求退回补充侦查的一种理由说明，以及引导方向的进一步解释和具体化。当前，在我国刑事诉讼中，建立退回补充侦查的说理机制主要包括以下几个方面：

第一，说理主体。审查起诉阶段的退回补充侦查说理机制的说理主体必须具体到刑事案件的办案人，也就是说理者和说理对象分别为检察机关和侦查机关的办案人员，因此，在落实说理责任上不应当笼统地归为机关责任，而应当具体到案件的实际经办人。

第二，说理形式。退回补充侦查的说理形式可以分为书面形式和口头形式，但是在实践中，为了更好地发挥说理作用，说理机制往往采取书面和口头相结合的形式。一般是先由检察机关承办人给侦查机关送达《补充侦查提纲》，这是书面形式。侦查机关确定具体承办人员后，二者针对具体问题进行面谈交流，这是口头形式。两者结合的形式可以使得信息得到及时反馈，并且提高沟通效率。

第三，说理内容。该内容主要包括三个方面，一是对退回补充侦查的背景说清楚，使侦查机关了解检察机关对案件处理的具体思路，进而明确侦查方向。二是对退回补充侦查的理由说清楚，包括证据不足的理由和不采取自行侦查的理由等，列举出哪些案件事实没有调查清楚，这些事实调查不清楚对全案会有何种影响。三是对退回补充侦查的标准说清楚，此次侦查所取得的证据在全案中的证明作用如何，大致是何种类型的证据，证明力要求达到何种证明程度等。

第四，说理跟踪与监督。加大跟踪与监督的力度的主要原因是检察机关在退回补充侦查后，由于没有及时跟进，对侦查工作缺乏跟踪与监督，从而导致出现侦查机关退而不侦、久拖不查等现象。通过及时的跟踪与监督，如果发现存在侦查机关故意拖延、搁置不办或者消极补充侦查等情况的，检察机关承办人可以进行口头纠正或督促；如果因为存在违法现象致使主要证据灭失、造成案件处理受到重大影响或者补充侦查超期等，检察机关可以及时采取监督措施，通过送达《纠正违法通知书》的形式监督补充侦查工作。

退回补充侦查作为人民检察院的法定办案手段之一，其妥善运用能够帮助检察院较为全面地查清案件事实，从而保障公诉案件质量，促进公诉机关司法职能的实现。但是如果人民检察院的退回补充侦查没有明确原因，也没有继续侦查的方向，将导致刑事案件始终处于侦查状态，降低案件办理效率，影响诉讼程序的合法有序推进。为了切实应对审判中心主义的刑事诉讼改革，提高刑事诉讼办案质量，应当在实践中健全退回补充侦查引导和说理机制。《刑事诉讼法》赋予检察机关的退回补充侦查手段，是作为存疑不起诉的前置程序，应切实根据案件办理需要进行退回补充侦查。在司法实务中，公诉部门承办人退回补充侦查案件时，应按照相关要求在《补充侦查提纲》中详细写明退回原因、所缺证据材料、继续侦查方向，给予公安机关明确的补充侦查方向、标准和要求，切实提高补充侦查效率，更好发挥公安机关和监察机关之间相互分工、相互配合的作用。

三、我国建立人民检察院退回补充侦查引导和说理机制的不足之处

（一）从立法上看，退回补充侦查的规定过于笼统

一方面，从现行《刑事诉讼法》的规定来看，检察机关如果认为案件需要补充侦查的，可以决定退回补充侦查，也可以自行侦查，但是对于退回补充侦查的实施细则却没有详细规范。例如在什么条件下启动，哪些案件必须由侦查机关补充侦查、哪些案件由检察机关自行侦查，是否需要详细说明退查的理由，是否可以通过退回补充侦查方式补正证据程序性瑕疵，侦查机关补充侦查应该达到什么样的质量或要求等，均未详加规定。另一方面，现行《刑事诉讼法》规定之权利义务不对等，只规定了检察机关决定退回补充侦查的权利，却未规定侦查机关尽力补充证据的义务，从而造成检察机关对补充侦查的质量和效率无法进行有效监督，更加无法保证侦查机关补充侦查工作的质效。另外，现行《刑事诉讼法》关于退回补充侦查办案期限的设计不尽合理，从而导致在司法实践中检侦各自为维护部门利益而借退回补充侦查期限缓解办案压力，使退回补充侦查功能出现异化。

1. 侦查机关与检察机关权责配置错位

现行的刑事诉讼中，公检法是分工负责、互相配合、互相制约的"流水式作业模式"，它构建了我国刑事诉讼中检警关系的基本框架——分权与制衡，就价值评判而言，这种模式无论是在权利保障方面还是在确保追诉权的实现上都有欠缺。①侦查机关居于案件侦查、取证的主导地位，有人称其为"做饭的"，检察机关处于被动地位，有人称其为"送饭的"。侦查机关做什么饭，检察机关只能送什么饭，因此移送案件质量的高低，事实是否清楚，证据是否充分，基本由侦查机关决定。而且，检察机关对侦查机关的法律监督和制约方式及效力非常有限，导致权力配置严重失衡，影响了诉讼的质量和效率。一旦案件移送审查起诉，侦查机关就很少再承担责任，因证据问题造成的诉讼和信访风险都由检察机关承担。侦查机关认为，案件侦查终结移送审查起诉

---

① 冯军,韩文成.我国检警关系模式的选择与定位[J].河北法学,2003(4):19-23.

之后，自己的侦查工作就万事大吉了。当公诉人员通过审查发现案件存在事实不清、证据不足、漏罪漏犯等问题的时候，案件已经不在侦查机关手里，绝不可能再让侦查机关承担什么责任，只能采取退回补充侦查这种不得已而为之的补救措施。故而，公诉人在指控犯罪上具有举证责任，承担着更大的诉讼风险和心理压力，而指控的证据却又来源于侦查。在这种权责错位的环境下，侦查环节与公诉环节不可能形成有效衔接，刑事诉讼进程的良性有序运转必然受到影响。①

2. 退回补充侦查决定、程序、执行监督缺失

从《刑事诉讼法》、最高人民检察院《诉讼规则》的规定来看，退回补充侦查决定作出的标准是"事实不清，证据不足"，但此规定过于笼统，缺少统一细化的标准。由于相关法律既没有规定补侦侦查的适用前提，也没有明确的适用条件，因此导致其在实践中缺乏操作性。此外，补充侦查也没有规定相应的监督措施，所以公诉案件承办人在把握补充侦查必要性时较为随意，不但使该制度的功能大打折扣，而且成了侦、诉机关利用其"互借时间"的一种手段，从而人为地降低了刑事诉讼的效率，增加了犯罪嫌疑人的压力。从退回补充侦查执行程序上看，也存在着诸多问题。根据《刑事诉讼法》的规定，补充侦查以一个月为限，补充侦查终结后，侦查机关应当重新移送检察机关审查起诉。但是，由于对补充侦查人员缺乏可行的法定监管和约束，侦查人员也不需要承担相关的法律责任，所以他们往往并不按照法定期限完成补充侦查，也不向公诉人员说明没有完成的理由，有的甚至干脆不再报送案件，最终导致补充侦查的执行实质上处于监督的真空状态。在案件繁多、取证时间紧张的情况下，重破案、轻补查、查而不清、查而不报等问题一直得不到解决，退回补充侦查通常难以达到目的，检察机关只能二次补充侦查或被迫作出起诉或不起诉的决定。②

（二）从制度上看，"以审判为中心"的新型检侦关系尚未形成

1. 检侦双方尚未形成统一证明标准

《中共中央关于全面推进依法治国若干重大问题的决定》指出，"推进以审判为中心的诉讼制度改革，确保侦查、审查起诉的案件事实证据经得起法律的考验"。"审判中心主义"刑事诉讼制度有效避免了侦查对审判的限制和束缚，审判机关可以对侦查机关做的"饭"进行全面的审查和判断，达不到证明标准的则不予认定，换言之，即侦查获取的证据对于裁判没有预决力，在刑事案件事实认定、证据质量上对侦查机关都提出了新的要求。但是，现行《刑事诉讼法》对案件事实清楚、证据确实充分并无

① 杨红岩. 退回补查程序中的问题与应对措施[J]. 人民检察，2010(23)：79-80.
② 姬艾佟. 完善退回补充侦查制度相关问题研究[J]. 中国检察官，2018(11)：27-30.

明确和详细的规定，加上案件类型的纷繁复杂，检侦机关各自承担着不同的职责，导致两者在案件认定标准的理解上也不一致，所以司法实践中经常出现侦查机关和检察机关对同一案件在事实认定和证据上观点迥异，侦查机关认为已经达到了提起公诉的条件，检察机关却认为案件事实还不清楚、证据也未确实充分。同时，由于检侦双方缺少定期沟通会商机制，导致双方就同一类型案件的证据证明标准长期无法达成一致，从而在实践中出现案件因标准不一而反复退回补充侦查的情况，最终结果是诉讼进程停滞不前。

2. 检察引导侦查制度尚未形成

长期以来，我国刑事诉讼程序严重受到"侦查中心主义"的影响，养成了公安机关"做饭"、检察机关"端饭"、审判机关"吃饭"的不良习惯，造成检察机关过度依赖侦查机关移送的证据与调查的事实，没有提前介入相关案件的侦查工作进行有效的监督和指导，严重缺乏主导性。现有侦查机关的调查取证质量无法适应建立以审判为中心的诉讼制度之要求，当前我国尚未形成有效贯彻和落实"审判中心主义"的新型检侦关系，检察机关什么时间介入侦查，由哪个部门介入侦查，介入侦查后怎么有效引导等问题，均没有制定相应的规范作为依据，导致侦查质量问题层出不穷。

3. 侦查机关相关考核制度仍需完善

科学的考核制度对于提高侦查人员的工作积极性，及时完成侦查任务，提高工作效率起着非常重要的作用。但是，侦查机关现有的考核制度，多以移送案件数量、批捕率作为考核指标，并未将案件起诉率、退补率纳入考核的范畴。不作为考核指标，就意味着即使工作没有干好，其工资收入不会因此受到影响，更不会因此受到处分或惩罚。同时，侦查机关对于补充侦查质量也没有制定相应的奖惩措施，由此造成侦查人员形成严重的消极懈怠心态，认为案件一旦移送检察机关就万事大吉。由于侦查机关针对性考核的直接激励、督促的缺乏，部分侦查人员对退回补充侦查的补证工作敷衍了事，导致退回补充侦查工作效果甚差，不尽人意。

（三）从观念上看，检侦固有工作观念均已不适应新时代的法治要求

1. 检侦双方侦查中心主义的观念仍然存在

侦查中心主义观念在我国长期占据主导地位，侦查机关往往决定着刑事案件的事实认定，从而导致审判活动很少组织控辩双方对证据进行实质上的质证，仅是对侦查获取的证据及结论在形式上予以确认而已。因此，侦查人员观念上一直存在着一些错误倾向，例如"重破案、轻诉讼""重口供、轻取证"。他们认为案件已经侦破了，检察机关要求补充侦查纯粹属于吹毛求疵、多此一举，因此对退回补充侦查持消极态度，

心怀抵触，故意久拖不查，甚至置之不理。而检察机关不少检察人员目前也存在这样的错误观念，一是过度依赖侦查，认为侦查机关既然已经破案，就说明证据已经很充分了，直接起诉就行了。二是对侦查人员的消极怠工疏于监督、怯于监督，从而导致补充侦查工作举步维艰，没有取得预期的效果。

2. 侦查机关重实体、轻程序的观念仍然存在

司法实践中，侦查机关长期以来存在着重实体、轻程序的办案观念。很多侦查人员认为，只要事实的真相调查清楚就可以了，调查取证程序上的合法性往往没有引起重视。随着新《刑事诉讼法》的修订，其中增加了许多规范办案程序和保障人权的内容，程序合法才逐渐引起了侦查人员的重视。不过，虽然新的《刑事诉讼法》对办案程序作出了明确的规定，但要办案人员在一朝一夕转变旧观念却非常困难，因此实践中仍然存在不少程序违法现象，例如辨认笔录缺少侦查人员或者见证人的签字、超过退回补充侦查重报时间才重新移送审查起诉等。

3. 检察机关"亲历性审查"观念尚未形成

在传统检侦关系中，检察机关在侦查阶段并不参与案件侦查，他们认为侦查是侦查机关的事情，将自己工作定位为审查批捕、审查起诉，因此侧重审查检察，即仅在案件移送审查起诉后对证据进行书面审查，并没有提前介入侦查进行"亲历性审查"的观念。长期实践导致检察机关缺少发挥捕前、诉前引导侦查作用的意识，侦查取证能力因无从发挥而日渐退化；同时在发现证据存在问题时，存在第一反应就是督促侦查机关进行补证，而非自行补证的错误倾向。[①]

四、我国建立人民检察院退回补充侦查引导和说理机制的完善建议

（一）转变办案思维，提升侦诉人员的业务素质和履职能力

首先，要树立证据规则意识，提升侦查水平。随着国家提出的以审判为中心的诉讼制度改革的逐步推进，庭审实质化日益受到重视，法庭加强了对证据的证据能力和证明力的审查判断，特别是对调查取证的程序合法性的要求越来越严格，因此对证据的收集、固定和保存程序是否合法直接关系着证据能否被法院采用，更进一步关系到案件的事实认定和刑事处罚。如果侦查机关取证程序合法规范，退回补充侦查的概率自然就会降低，办案效率自然能够得到保障，刑事诉讼程序自然就符合正义的内在追求。

---

① 上海市浦东新区人民检察院课题组,蔡红伟.审查起诉环节退回补充侦查制度运行检省及进路分析(9)[J].犯罪研究,2018(3):103-110.

其次，要加强岗位练兵，提升履职能力。国家提出建立以审判为中心的刑事诉讼制度，体现了国家对刑事诉讼的新要求、新思想和新理念，是"审判中心主义"的贯彻和落实，旨在纠正长期以来形成的"侦查中心主义"之弊端。而侦查机关的工作人员已经适应了"侦查中心主义"的模式，让他们在短时间内转变侦查的观念和做法是不现实的。若要实现他们在思想和做法上的快速转变，适应新的时代和新的制度之要求，必须组织他们进行全面、科学的业务学习、岗位培训和技能比武等，通过这些途径和方式持续深化侦查人员对案件事实和证据的理解、分析和把握能力，提升刑事案件侦查和补充侦查的水平。根据刑事案件侦查的实际需要，快速提高侦查机关办案人员侦破取证遵守程序规定的能力，从而减少审查起诉环节退回补充侦查的适用率。

再次，细化退回补充侦查提纲，强化检察机关自行补充侦查的力度。退回补充侦查时存在效率不高、时间延迟的问题，与退回补充侦查提纲不明确、不详细有着很大的关系。检察机关在退回补充侦查提纲里只指出侦查的方向，进行了原则性的说明，没有针对性和操作性，从而导致侦查人员不能理解检察机关的意图，侦查工作一直不能启动，最终造成退回补充侦查没有及时完成。要解决这个问题，需要检察机关细化退回补充侦查提纲，详细列明当前案件事实和现有证据存在哪些问题，哪些事实或情节没有证据证明需要提供证据，结合具体的案件指出证据的具体种类和取证方法，或者直接指出补充什么证据。另外，公诉人员也要提高自己的侦查水平，扩大自行补充侦查的适用范围和几率，提高诉讼效率。因为补充侦查是检察机关提出来的，因此其最熟悉补充侦查的要求和目的，自行补充侦查可以大大减少两个机关沟通交流的环节，避免盲目退回补充侦查，提高办案效率。

最后，规范健全提前介入机制，变被动审查为主动引导。很多案件等到退回补充侦查时已经迟了，因为侦查机关程序违法的事实已经造成，有时无法改变，或者有的证据由于收集不及时，已经遭到损毁、灭失，所以对于重大案件需要检察机关提前介入侦查，监督和指导侦查机关的调查取证工作。但是，目前对于哪些案件需要提前介入，两个机关尚未达成共识，故需要两机关要加强沟通协调，尽量在重大、复杂、疑难等案件的范围上达成共识，国家以法律作出相对明确的界定。案件范围界定之后，侦查机关如果侦查此类案件，必须第一时间通知公诉机关派员到场，提前介入侦查以便引导取证；公诉机关也要牢牢把握主动引导侦查的机会，为了实现介入和引导的目的，必须提前熟悉案情，分析证据情况，作出正确的引导，并适时跟进监督确保侦查机关科学规范地取证。

（二）建立健全退回补充侦查制度的监督制约和保障机制

首先，要建立退回补充侦查跟踪与反馈制度。退回补充侦查效果并不理想，其中有一个重要的原因就是缺少跟踪与反馈制度。司法实践中，检察机关认为自己通知侦查机关补充侦查之后，自己的工作已经完成，只要"静候佳音"就可以了。殊不知很多侦查人员虽然被安排承办补充侦查工作，但是并不积极主动，而是拖沓懈怠，补充侦查工作长期没有进展。为了解决这一问题，需要公诉人员充分发挥主观能动性，对侦查人员要敢于监督、善于监督，对案件要及时跟进并要求补充侦查人员主动反馈办理情况，随时掌握退回补充侦查进度，遇到问题时要进行适当的引导和调整，提高案件退回补充侦查质量和效果。如果侦查人员存在消极补充侦查甚至补充侦查超期等行为，必须及时予以纠正，必要时向其主管部门书面通报。

其次，要善于利用绩效考核机制和办案质量终身负责制。绩效考核是激发办案人员的工作积极性以及提高工作效率的重要方法。如果将退回补充侦查案件的办理纳入绩效考核，对于缩短退回补充侦查的时间和提高补充侦查的效率都会发挥重要作用，而且侦诉两机关均要将其纳入考核机制予以考量。如果公诉人员滥用退回补充侦查"借时间"或者放任退回补充侦查不监督，侦查人员"退而不查"以及超期退回补充侦查等不良行为，都在考核时给予减少绩效的处理。另外，将退查率作为单位的指标纳入考评机制。如果办案单位的退查率偏高，一般说明这个单位的办案质量不高，那么对于单位的考评成绩必然就差。当然也不能一概而论，考评时可以在遵循司法规律的基础上，核实该单位退查率高背后的原因，如果该单位对此无法作出合理解释，则应视为办案质量不高而予以扣分，反之则可加分。

再次，完善侦查人员出庭作证制度。"审判中心主义"的核心思想抑或本质特征，即通过法庭审判来认定案件事实并作出裁判。换言之，公诉人在法庭上所提交的诉前由侦查机关调查获取的证据，如果在证据能力或证明力上存在问题而控方不能作出解释或说明，审判人员则只能依据法律规定将其排除而不予采用。不像以前的刑事审判只是走走过场，即使证据存在问题也根据控方的要求予以认定，现在刑事审判的最终结果掌握在法院手里，而非侦查人员手里。退回补充侦查实际上反映了侦查人员与公诉人员在办案思路和证明标准上的认知差异，侦查人员认为按照侦查机关的标准事实已经调查得非常清楚了，但是检察人员却认为距离检察机关的标准还有一段距离，因此导致了前者对退回补充侦查案件的排斥与抵触。那么，让侦查人员充分理解证明标准的把握程度可能会消除他们的排斥与抵触，而要求侦查人员出庭进行角色体验就是一个很好的方法。当控辩双方在法庭上对证据产生争议时，通知侦查人员出庭作证，让其亲身经历法庭对事实和证据的把握尺度，他们的观念就会与公诉人员趋向一致，提升他们对退回补充侦查案件的认同感，在以后的侦查过程中就会依法依规取证。

（三）加强沟通协调，增强办案合力

退回补充侦查效率不高的原因之一，就是检察机关和侦查机关之间缺乏良好的沟通和协调，导致双方在有些问题上意见没有达成一致，从而阻碍了退回补充侦查的正常进行。因此，要想提高退查质效和降低退查率必须完善沟通协调机制，增强双方办案的合力。加强沟通协调的方法包括以下两个方面：一是完善或优化侦诉两机关沟通

协调的形式，例如通过会签文件或者联席会议等形成统一明确的证据标准并严格执行，以此来减少双方对证据标准的认知分歧。通过相互阐述对案件事实、证据的认识和理解，双方加强沟通交流，尽力将事实和证据分析透彻，找出分歧和问题的本质所在，从而有针对性地研究和解决。二是注重经验积累与分享。建立退回补充侦查总结通报制度是积累与分离经验的好方法。经过一段时间的退回补充侦查工作之后，可以将所有案件进行综合分析对比，发现共性和普遍的问题，概括、总结经验和教训，对下一步改进工作方法、提升案件质量具有重要意义。同时，可适时建立精品案例库，对于提前介入侦查、公诉引导侦查以及合力侦查成功的典型案例予以提炼升华，形成一套成熟的补充侦查思路与方法，作为模板供借鉴与参考。①

第二节　强化人民检察院庭前准备和当庭讯问、举证、质证

一、我国人民检察院庭前准备和当庭讯问、举证、质证的背景

在审判中心主义的改革背景下，我国提出要充分发挥人民检察院的公诉职能，两院三部《意见》第八条规定："进一步完善公诉机制，被告人有罪的举证责任，由人民检察院承担。对被告人不认罪的，人民检察院应当强化庭前准备和当庭讯问、举证、质证。"

1979年《刑事诉讼法》构建的庭前准备程序有三项内容：第一百零八条确立了当时庭前审查程序的模式，对全案证据材料进行实体性审查；第一百零九条规定了法院在必要的时候可以启动庭前调查权；第一百一十条规定了法院在开庭前应当进行的程序性准备事项。而这种庭前准备的制度设计常常出现追求实体正义却忽视程序价值的后果。1996年《刑事诉讼法》的修改，借鉴了起诉状一本主义，将检察机关的起诉方式从全案移送变成只向法院移送"起诉书、证据目录、证人名单和主要证据复印件或者照片"，但庭前准备环节未做实质性变动，容易形成"一步到庭"的审理方式。

科学、合理的庭前准备程序对于检察机关全面发现起诉的案件事实是否清楚，了解辩方的主张和掌握的材料，正确归纳争议焦点以及有针对性地进行法庭活动起着重

---

① 丁彩彩,雷闪. 审查起诉阶段退回补充侦查实证分析[J]. 中国检察官,2018(19):53-56.

要作用，具有重要的价值。从历史上看，我国的庭前准备程序有一个变化发展的过程。1996年《刑事诉讼法》规定的庭前准备活动主要包括诸如送达、通知、传唤以及指定辩护等一些程序性的活动，2012年《刑事诉讼法》增加了召开庭前会议程序，回避、出庭证人名单、非法证据排除等问题可以在庭前会议中提出并解决，还可以通过庭前会议了解情况，听取公诉人、当事人和辩护人、诉讼代理人的意见。2012年新增加的这一程序设计改变了1996年《刑事诉讼法》规定的那种由主审法官单方面进行庭前准备的做法，通过法官举行庭前听证，并召集控辩双方同时参与，从而集中解决案件的程序争议问题。2018年新修订的《刑事诉讼法》仍沿用了之前的庭前准备程序规定，对此没有进行修改，反映了理论和实践上的高度认可。

党的十八届四中全会通过的《中共中央关于全面推进依法治国若干重大问题的决定》提出"推进以审判为中心的诉讼制度改革，确保侦查、审查起诉的案件事实证据经得起法律的检验"，"全面贯彻证据裁判规则……"。这表明我国刑事诉讼制度由过去的侦查中心主义开始向审判中心主义转变，而审判中心主义制度的落实需要全面贯彻证据裁判规则，由法院以证据为中心来认定案件事实。制度理念上的转变必然会带来刑事证据裁判规则适用的变化，要想更好地贯彻和落实审判中心主义，必须科学、合理地完善和适用刑事诉讼证据裁判规则。因此，需要对证据裁判规则适用问题进行全面、深入的研究，保证正确、全面贯彻证据裁判规则，防范冤假错案的发生，提高司法公信力。

从规范性文件看，2007年《关于进一步严格依法办案确保办理死刑案件质量的意见》规定"坚持证据裁判原则，重证据、不轻信口供"，是我国最早涉及"证据裁判规则"的规范性文件。2012年《刑事诉讼法》第四十八条"证据必须经过查证属实，才能作为定案的依据"；第五十三条"对一切案件的判处都要重证据"，并未将证据裁判规则的表述写入刑事诉讼法。其司法解释第六十一条规定"认定案件事实，必须以证据为根据"。党的十八届四中全会提出"全面贯彻证据裁判规则……"，表述包括严格依法收集、固定、保存、审查、运用证据，严格落实证据法定证明标准，严格落实疑罪从无原则。[①] 2018年《刑事诉讼法》第五十九条第一款"在对证据收集的合法性进行法庭调查的过程中，人民检察院应当对证据收集的合法性加以证明"和第六十条"对于经过法庭审理，确认或者不能排除存在本法第五十六条规定的以非法方法收集证据情形的，对有关证据应当予以排除"等，对当庭举证质证等确认证据的效力作出了规定。

---

① 曹红军,李鹏飞,杨勤凯.刑事审判环节证据裁判规则适用研究[J].安徽理工大学学报(社会科学版),2018,20(5):47-53.

二、我国人民检察院庭前准备和当庭讯问、举证、质证的现状

（一）庭前准备的现状

庭前准备是指法院在刑事案件正式开庭审判前为了更好地完成审判任务而进行的准备程序，是连接公诉审查程序和正式庭审的中间程序，简而言之，庭前准备程序就是法院为刑事案件开庭审判做准备的程序。在我国现有学术研究中，刑事庭前准备程序有两种理解：即广义庭前准备程序和狭义庭前准备程序。广义的庭前准备程序，是从时间上定义的，即指检察机关提起公诉后到正式开庭前的程序。这一阶段的准备程序，主要包括两个方面的内容：一是法院的公诉审查程序，即法院审查检察机关提起公诉的案件是否符合起诉的条件，决定是否对案件进行审判；二是法院组织控辩双方为更好地开庭审判而进行的准备活动。狭义的庭前准备程序仅指后者，即法院受理检察院起诉之后，为顺利完成开庭审判而组织检察机关、被告人及其辩护人所进行的准备活动。基于当前我国刑事诉讼的司法实践，以及重点研究人民检察院的庭前准备主体地位，采狭义概念，即仅指以庭前会议为主要内容的庭前准备。

对于人民检察院单独进行庭前准备工作，我国《人民检察院刑事诉讼规则（试行）》第四百二十八条规定："公诉人在人民法院决定开庭审判后，应当做好如下准备工作：（一）进一步熟悉案情，掌握证据情况；（二）深入研究与本案有关的法律政策问题；（三）充实审判中可能涉及的专业知识；（四）拟定讯问被告人、询问证人、鉴定人、有专门知识的人和宣读、出示、播放证据的计划并制定质证方案；（五）对可能出现证据合法性争议的，拟定证明证据合法性的提纲并准备相关材料；（六）拟定公诉意见，准备辩论提纲；（七）需要对出庭证人等的保护向人民法院提出建议或者配合做好工作的，做好相关准备。"

对于控辩审三方共同参与的庭前准备活动的具体内容，根据我国《刑事诉讼法》《最高人民法院关于适用〈中华人民共和国刑事诉讼法〉的解释》《关于全面推进以审判为中心的刑事诉讼制度改革的实施意见》等规定，主要解决下述问题：①管辖权的归属；②回避；③申请调取证据；④提出新的证据；⑤申请非法证据排除；⑥对出庭证人、鉴定人、有专门知识的人的名单的异议；⑦是否公开审理；⑧是否同意适用简易程序；⑨延期审理问题；⑩提起附带民事诉讼的调解；⑪证据开示和案件争点整理。

在司法实践中，由于庭前准备程序多是由法官主持的，其目的主要是确保审判工作顺利完成。因其由法官主持，所以庭前准备程序多是集中在庭审的几个关键节点上，并非诉讼的全过程。庭前准备的内容主要包括合议庭的组成、相关法律文书的送达、传唤当事人等一些基础性、手续性内容。由于法官主持庭前准备程序，因此其只关心前面所提的程序，一些与审判息息相关但涉及控诉和辩护内容的庭前程序往往被忽略或淡化。

（二）当庭讯问、举证、质证的现状

不同于庭前准备，当庭讯问、举证、质证是强调人民检察院在法院庭审阶段充分贯彻审判中心主义的具体要求，是贯彻庭审实质化和证据裁判规则的具体体现。在我国的司法实践中，讯问往往集中于审前的侦查阶段和审查起诉阶段，而在法院的庭审过程中，当庭讯问一般流于程序化，甚至只是对此前讯问的重复，不能达到审判中心主义的要求。而对于当庭的举证、质证，对于重大疑难案件，由于证据较多，往往公诉人不能全部列出，只是以证据组的形式出示，而此时的举证、质证更多集中于庭前的证据交换，不能体现庭审中心主义的要求。

庭审中心主义区别于审判中心主义，审判中心主义是指在侦查、起诉、审判以及执行等刑事诉讼诸环节中，审判处于中心地位，起着主要作用；庭审中心主义是指案件进入审判程序之后，在案件受理、庭前准备、开庭审判以及宣告判决等诸环节中，开庭审判处于中心地位，起着主要作用。其宗旨在于充分发挥开庭审判对审核证据材料和认定案件事实的基本作用，是现代司法工作的重要指导思想，也是当前法治社会的司法原则之一。

庭审中心主义的具体做法应该包括：法官审判刑事案件时，遵守直接言词原则和非法证据排除制度，全面保障公诉人和辩方意见在法庭的充分发表，在法庭上审查和核实认定案件客观事实的相关证据。实现以审判为中心的诉讼制度改革，必须切实推进庭审中心主义，确保庭审的实质化，防止庭审走过场。庭审实质化与庭审形式化相对，就是在贯彻和落实审判中心主义的改革中，充分发挥庭审在整个司法审判的核心作用，在庭审中实现所有的事实认定和证据认定以及审理裁判活动，与以前的侦查中心主义、卷宗中心主义等彻底区别开来。

三、我国人民检察院庭前准备和当庭讯问、举证、质证的不足之处

（一）庭前准备的不足之处

1. 庭前会议制度存在缺陷

一方面，庭前会议定位模糊。对于庭前会议有不同的观点，有人认为庭前会议属于独立的诉讼程序，时间上虽然处于公诉审查与开庭审判之间，但其发挥着承上启下的独立作用；有人认为庭前会议是为开庭审判做准备的，因此其应附属于审判程序，但此定位会大大限制庭前准备解决争端的范围。另一方面，庭前会议启动和参与主体的范围受到限制，只有法院有权启动庭前会议，公诉人和被告人、辩护人则是被动地参与；同时，根据我国法律和司法解释的规定，参与庭前会议的主体受到限定，包括公诉人、当事人、辩护人以及诉讼代理人，侦查人员以及有关证人则被排除于参与主

体之外，这样不利于非法证据排除的真正实现。

2. 证据开示制度不健全

证据开示对于控辩双方相互了解对方的证据，集中精力质证以及法官归纳争议焦点，缩短庭审时间，提高诉讼效率具有重要的价值与意义。我国现有法律也有明确规定：案件召开庭前会议时可以进行证据开示。但是，庭前会议在我国并非每个案件的必经程序，大部分案件根本不经庭前会议而直接进入庭审程序，那么对于这些案件能否进行证据开示以及开示时如何操作成了一个急需解决的问题。如果不进行开示，则有可能造成诉讼突袭。例如检察机关出于诉讼利益的考虑，对于一些具有关键作用的证据故意不在庭前移送，而是在正式开庭时才提出，这样就会导致辩护人没法进行充分的准备而难以作出有效的抗辩。此外，因为法院没有组织证据开示，辩护方收集的证据也未向控诉方展示，对此我国《刑事诉讼法》并无强制性规定，但也有可能影响庭审的进展和效率。

3. 争点整理功能难实现

前已述及，通过庭前准备程序可以对案件的争点进行整理，从而节约庭审的时间，提高审判的效率。我国现行《刑事诉讼法》并未对此问题作明确的规定，《关于全面推进以审判为中心的刑事诉讼制度改革的实施意见》第六条规定，"人民法院可以在庭前会议中听取控辩双方对于审判相关问题的意见，询问控辩双方是否申请或异议，并归纳控辩双方的争议焦点"。但是，在庭前准备阶段对案件争议焦点进行整理归纳的性质和地位法律并未加以明确，故而在实践中往往造成庭前准备与法庭审理之间的冲突，特别是检察机关对未进入庭前会议的刑事案件，往往无法及时完成争议焦点的把握，以便在庭审中做好充分准备，代表国家指控和打击犯罪。

4. 起诉前自身准备不充分

在人民法院决定开庭审判后，人民检察院应当做好自身的准备工作，但是，由于案件数量较多，且公安机关移送的侦查证据不够全面，对案件的理解和处理具有一定差异等，检察院往往不能在开庭前做好充分准备，同时可能存在部分地区部分人员办案水平偏低，专业知识掌握不充分等，在拟定起诉书和判断案件的犯罪定性问题时出现错误，以及出现在庭审中辩论不充分、对辩护人提出的证据无法予以回应和判断等问题。

（二）当庭讯问、举证、质证的不足之处

1. 当庭讯问的虚化

由于人民检察院在审查起诉阶段已经对被告人进行了讯问，且公安机关在侦查阶

段也已形成了讯问笔录的记载，已经在开庭审理前掌握了被告人的大部分情况，故人民检察院在庭审阶段往往很少当庭讯问甚至不进行讯问，这种现象大大弱化了庭审的实质意义，未能充分把握犯罪嫌疑人的供述，以至于在当庭翻供的情况下导致庭审的中止，无法有效推动案件审理的顺利进行。

2. 当庭举证的虚化

在法庭审理阶段，公诉人往往采取宣读的方式进行举证，仅对较为重要的证据进行说明，但这种说明并不详尽，只是简单陈述，对证据的证据能力和证明力很少进行进一步的说明。辩方只能通过律师事前翻阅案卷来把握控方的证据，法院也只能在审前或审后对卷宗进行翻阅，未能充分发挥庭审对举证的重要意义。同时，在司法实践中也存在举证不全面的问题，检察机关可能出于节省审判时间和提高诉讼效率的目的而尽量少举证，或是为了达到控诉的目的仅仅提出定罪或量刑证据，而对量刑或对被告人有利的证据并不在法庭上提出来。

3. 当庭质证的虚化

在刑事诉讼的司法实践中，证人出庭制度的不完善导致证人出庭作证率较低，进而导致庭审质证虚化。证人不出庭作证，被告人就失去了当庭对质的对象，法官也就很难查清楚案件事实和证据情况，使得被告人质证出现了虚化的现象。此外，在有限的庭审时间内，控辩双方只能对对方证据提出不同看法，而非真正对证据的内容提出质疑，使得多为检察院自说自话，无法形成控辩双方对于证据相互对立的质疑和回应，以至于无法有效排除非法证据和其他不具有证明力的证据，错误地佐证事实，影响公正审判。

四、强化人民检察院庭前准备和当庭讯问、举证、质证的完善建议

（一）强化人民检察院的庭前准备工作

1. 完善人民检察院参与庭前会议制度

我国法律将庭前会议的启动权赋予法院，如果审判人员认为需要召开庭前会议，则会通知公诉人、当事人、辩护人以及诉讼代理人等参加。换言之，只有法院审判人员拥有庭前会议的启动权。但是，在司法实践中公诉人作为审判活动的主要参与人，有时也会产生一些与审判相关的问题需要通过庭前会议解决，否则将会影响庭审的顺利进行。因此，可以考虑赋予公诉人申请启动庭前会议的权力。法院对于公诉人的申请进行审核后，如果认为确实需要启动庭前会议，则批准公诉人的申请，启动庭前会议。同时，在庭前会议中将非法证据排除落到实处，对于控方收集的证据辩方认为系

非法取得的，需要进行审查。如果控方对于辩方收集的证据有异议，也应当及时提出并在庭前会议进行审查，防止在庭审时提出此项要求而中断审判的顺利进行。

2. 加强人民检察院的证据开示

庭前准备程序中的证据开示在司法实践中具有重要作用，但由于很多案件没有开展证据开示活动，使得该制度的作用未能充分发挥出来，因此可以通过扩大适用证据开示案件的范围和明确证据开示的规则和范围两方面加以强化。随着司法改革进程的不断推进，可以适时将证据开示规定为庭前准备的一个独立的必经程序，即不论庭前会议是否召开，法院都要组织控辩双方相互在庭前进行证据展示，以帮助控辩双方在庭审中打好有准备的仗，实现审判中心主义的内在要求。此外，我国还需在未来立法中完善证据开示规则，包括证据开示的顺序、次数，以及控辩双方在开示证据中基于天然差异而享有的不同规定分别为何等。

3. 注重归纳刑事案件的争议焦点

在当前的制度背景下，大部分刑事案件并未召开庭前会议，公诉机关为了增强庭上抗辩能力，也应在掌握现有证据和案件事实的基础上，对案件搞好庭前预测，注重归纳刑事案件的争议焦点。公诉人要想成功出庭支持公诉，首先在庭前对案件事实必须做到"胸有成竹"，一切案情都十分清楚。其次，法院庭审的过程实际上也就是控辩双方在法庭上进行交锋的过程，公诉人要想打败对方，取得控诉的胜利，必须对辩方的观点进行准确预测，做到"知己知彼"，方能保证庭上辩论"百战不殆"。所谓"知己"就是前面讲的"胸有成竹"，对案情必须十分熟悉，对所有情节、证据应了如指掌，对相关法律、法规应烂熟于心。所谓"知彼"就是要预测被告人、辩护人的辩护立场和辩护意向，可能做无罪辩护还是轻罪辩护；分析被告人在庭上抱有何等心态，会否出现翻供和狡辩等情况；辩护人会从哪个角度、哪些方面提出问题，如何应对其问题；辩护人是否会向法庭出示、提交新的证据，会否要求新的证人出庭作证，等等。对于上述问题进行全面的预测和梳理后，有针对性地制定应变对策，做好论证、反驳、答辩的准备工作。做好有针对性的辩护准备，对成功控诉有着举足轻重的作用。

4. 提高自身办案水平，做好充分准备

体现公诉人办案水平的一个很重要的方面是起诉书和公诉意见书的制作情况。如果起诉书和公诉意见书能够用语规范，叙述清楚，定性准确，科学严谨，不但能够说服法官，让法官采纳控方意见，而且能够动之以情，让被告人认罪服法，此外还能够打动旁听群众，让群众接受法制教育。因此，对于符合起诉条件的案件，公诉人向法院提起公诉的时候，必须精心制作起诉书和公诉意见书。庭审活动是紧紧围绕起诉书所指控的犯罪事实进行的，制作起诉书要以犯罪构成为主线，叙事清楚、扼要，犯罪

事实定性准确，适用法律正确无误。起诉书中出现的数字应具体、明确，不得笼统、含糊；公诉意见也是庭审中常用的法律文书，对于表达控方观点和立场，说服法官、辩方以及旁听群众发挥着重要作用。表达控方的观点和立场，其目的在于运用证据对犯罪构成进行详细的论证，进一步揭露犯罪、证实犯罪，也是对起诉书的补充完善。说服法官、辩方以及旁听群众，其目的在于揭示犯罪的根源，使法官支持控方的观点，让被告人信服检察机关的控诉，对旁听的群众进行法制宣传，达到预防犯罪、减少犯罪和弘扬社会正气的目的。

（二）强化人民检察院当庭讯问、举证、质证

1. 注重当庭讯问的现实意义

在侦查和审查起诉阶段总结提炼犯罪嫌疑人的供述是否有前后矛盾、明显不符的问题，在庭审阶段利用审判前的最后时间再次确定被告人的供述是否与客观证据相符，能否与其他证据形成证据链。特别对被告人不认罪的，更应当谨慎判断，切实做到"只有被告人供述，没有其他证据的，不能认定被告人有罪和处以刑罚；没有被告人供述，证据确实、充分的，可以认定被告人有罪和处以刑罚"的要求，避免冤假错案的发生。

2. 调整庭审举证策略

公诉人的指控要想获得法官的支持，必须举出全面、充分的证据，证明案件事实客观、真实存在，那么庭审中举证策略就显得非常重要。在庭审中，针对不同的案件可以采用不同的举证方式，举证方式包括批量式举证和逐一举证两种方式。如果案件事实清楚、证据较多且大多确实充分、无异议的，采取批量式举证为宜，这样可以节约诉讼效率；如果案情复杂、争议较大，采取一证一举的方式为宜，这样可以做到稳扎稳打，避免出现冤假错案。在司法实践中，公诉人举证大多采用两种方式相结合的办法，一个案件中对于异议不大或没有异议的证据采用批量式举证，对于存有异议或异议较大的证据，则采用一证一举的方式，以此突出庭审重点。既保障诉讼效率，又明辨案件事实，便于审判人员形成内心确信，促进庭审实质化真正有效地得到贯彻和落实。

3. 强化当庭质证的实施

为了实现审判中心主义，必须真正地贯彻和落实庭审实质化，所有的证据必须在法庭上进行当面质证。特别是对于证人证言等言词证据，不能只对书面材料进行质证，必须最大限度地确保证人出庭作证，在法庭上当面对证人进行询问，揭发证人证言本身的矛盾之处，并以此为突破口进行有效质证，最终发现案件真实情况。探索多元化

的质证模式，完善证据质证的规范性程序，区分不同案件性质，选择适宜的当庭质证方式，最大限度发挥庭审活力，将举证、质证落实到法庭审理当中，将辩论直接呈现给法官，以便法官基于司法中立地位作出合法合理裁判。

第三节　健全人民检察院对侦查机关移送证据的审查核实制度

一、我国人民检察院对侦查机关移送证据的审查核实制度的背景

以审判中心主义为指导的刑事证据获取必须以司法审判为标准，即排除非法证据，以合法证据作为刑事案件程序向前推进的依据。非法证据排除的理念在 1996 年修正的《刑事诉讼法》中第一次引入，这是我国在排除非法证据规则立法上做的初次尝试。但这次立法规定并不全面，只有禁止性行为，没有明确规定如何对非法证据进行排除以及非法取证的后果。1998 年最高人民法院出台了《关于执行〈中华人民共和国刑事诉讼法〉若干问题的解释》，其中第六十一条明确规定严禁以非法的方法收集证据，该次最高人民法院的解释比 1996 年《刑事诉讼法》前进了一步，因其规定了非法取证的后果，即非法证据不能作为定案根据。同年最高人民检察院修订的《人民检察院刑事诉讼规则》在排除非法证据的立法上比最高人民法院的解释又前进了一步，其规定人民检察院审查起诉部门对侦查部门收集证据的侦查活动具有监督权。换言之，检察机关可以对侦查机关非法收集证据的行为进行审核并要求其给予说明。2001 年最高人民检察院出台的《关于严禁将刑讯逼供获取的犯罪嫌疑人供述作为定案依据的通知》着重强调非法言词证据的排除，进一步加大了对刑讯逼供等非法取证行为的监督力度。但是，这些司法解释程序性规定都比较粗糙，缺乏可操作性。2010 年 5 月"两高三部"联合发布了《关于办理死刑案件审查判断证据若干问题的规定》和《关于办理刑事案件排除非法证据若干问题的规定》，这两个规定使非法证据排除从理想变成现实，解决了之前的非法证据排除规则缺少排除程序的问题。2012 年修订的《刑事诉讼法》第一次以立法形式对非法证据排除规则作出较为详细的规定，从非法证据的内涵和外延、排除程序直至证明标准等方面。

2016 年"两高三部"发布的《关于推进以审判为中心的刑事诉讼制度改革的意见》第五条第二款规定："探索建立重大案件侦查终结前对讯问合法性进行核查制度。

对公安机关、国家安全机关和人民检察院侦查的重大案件，由人民检察院驻看守所检察人员询问犯罪嫌疑人，核查是否存在刑讯逼供、非法取证情形，并同步录音录像。经核查，确有刑讯逼供、非法取证情形的，侦查机关应当及时排除非法证据，不得作为提请批准逮捕、移送审查起诉的根据。"2017年6月"两高三部"联合发布《严格排除非法证据规定》，从侦查、起诉、辩护、审判各环节就排除非法证据的认定标准和排除程序对两个证据规定的相关内容进行细化，并加以完善。至此，我国检察机关对侦查机关移送证据的审查核实制度已经得到了立法上的相对完善。

近些年暴露出来的冤假错案反映了侦查阶段存在的种种问题，鉴于检察机关属于法律监督机关，因此加强检察机关对侦查工作的监督已刻不容缓。"审判中心主义并不否定检察机关的诉讼监督……应当加强检察机关的侦查监督，这也是由侦查中心主义向审判中心主义变革的必然要求。"[①] 在我国当前语境下，对侦查权进行必要的司法控制十分迫切和重要，这就需要加强检察机关对侦查权的监督，这是与检察机关的职责相适应的。以审判为中心的刑事证据制度，要求在侦查和审查起诉阶段即做到刑事证据能够符合刑事审判要求，主要由公安机关、检察机关和审判机关三者相互分工又相互合作，共同为案件的正确处理、纠纷的妥善解决发挥最大化的推动作用。归根到底，控辩双方在庭审中进行充分的举证、质证能够为法院审理查明案件事实并作出相应判决奠定坚实的基础。因而，以审判为中心改革的成功推进就必然要求所取得的证据符合最基本的合法性、客观性和关联性等特性，那么，健全人民检察院对侦查机关移送证据的审查核实制度就变得尤为重要了。

二、我国人民检察院对侦查机关移送证据的审查核实制度的现状

（一）审查核实程序的启动

《刑事诉讼法》第五十七条规定："人民检察院接到报案、控告、举报或者发现侦查人员以非法方法收集证据的，应当进行调查核实。对于确有以非法方法收集证据情形的，应当提出纠正意见；构成犯罪的，依法追究刑事责任。"该条规定以法律形式确定了人民检察院对于审查核实程序启动的主体地位。人民检察院发现、判断非法证据的来源主要包括两个途径：一是接到报案、控告、举报，二是自行发现。

对于报案、控告和举报，三者虽然都是检察机关发现、判断非法证据来源的主要途径，但三者还是有所不同。报案是指知情人发现侦查人员非法取证的线索后，出于正义或良知而向检察机关报告的行为。报案人的范围较为宽泛，多为偶然发现非法取证行为或事实，并不知道非法取证行为的实施人是谁。控告的主体是特定的，即犯罪

---

① 叶青. 以审判为中心的诉讼制度改革之若干思考[J]. 法学, 2015(7):3-10.

嫌疑人及其近亲属或其诉讼代理人，当其合法权益受到非法取证行为的侵害时，为了维护自己的合法权益而依法向检察机关告发，要求对非法取证行为实施人予以惩处，控告一般有明确的被控告人。举报是指与案件无直接利害关系的其他知情人知道侦查机关存在非法取证行为而向检察机关反映相关人员的非法取证行为并要求予以惩处的活动。依据最高人民检察院《内设机构处理来信来访分工暂行办法》的规定，"各级检察机关的控告检察部门和举报中心统一接待来访，处理来信，保障公民依法行使控告、举报、申诉的权利"。检察机关通过报案、控告和举报的形式，能够广泛收集侦查机关侦查过程中可能存在的非法取证行为，从而保护犯罪嫌疑人的人身权益，确保每项证据的真实、合法、有效。

检察人员的自行发现是指通过审查案卷中证据本身、证据之间存在的矛盾，发现非法证据的线索并最终得出结论的活动。司法实践中，侦查人员为避免采用非法方法收集证据而带来的各种法律风险，往往采取非常隐蔽的手段，例如疲劳审讯、语言威胁等变相刑讯逼供的方法，直接采用刑讯逼供的较少。人民检察院在审查核实证据时，通过仔细审查案卷材料，可能发现侦查人员讯问犯罪嫌疑人的过程抑或笔录存在矛盾，便可以此为线索分析是否存在以非法方法收集证据的信息，然后进一步判断是否存在非法证据。

《人民检察院刑事诉讼规则》第七十二条第二款规定："当事人及其辩护人或者值班律师、诉讼代理人报案、控告、举报侦查人员采用刑讯逼供等非法方法收集证据，并提供涉嫌非法取证的人员、时间、地点、方式和内容等材料或者线索的，人民检察院应当受理并进行审查。根据现有材料无法证明证据收集合法性的，应当及时进行调查核实。"该项规定表明在实施调查核实非法取证行为之前，检察机关应当先根据现有材料进行审查，从而判断是否存在非法取证行为。如果检察机关通过穷尽现有证据材料，仍难以判断侦查人员取证行为的合法性，侦查机关出具的收集证据合法性情况说明也不足以证明其取证行为合法的，才具备调查核实非法取证行为的必要性。换言之，只有通过审查现有材料无法确定是否存在非法取证行为时，才能对侦查人员的取证行为进行调查核实，并非一有报案、控告、举报便直接调查。

（二）对非法取证行为的审查核实

1. 审查核实的主体部门

检察机关应当以检察院的名义决定对侦查人员非法取证行为进行调查核实，案件所处的诉讼阶段不同，具体负责调查工作的部门也有所不同。因为本章只讨论在审查起诉阶段移送证据的审核核实，所以人民检察院的公诉部门是对侦查机关是否存在非法取证行为进行审查核实的主体部门。

2. 审查核实的方式

司法实践中，侦查人员以非法方法收集证据的行为往往非常隐蔽，因此外人是很难发现的。但是犯罪嫌疑人是侦查人员采用非法方法收集证据行为的直接侵害对象，因此其对侦查人员的非法行为最为清楚，感受也最为深刻。故而，讯问犯罪嫌疑人成为调查核实非法取证行为的最重要的方法和途径。此外，调取讯问录音录像也是一种重要方法。根据相关法律的规定，侦查机关对重大案件的犯罪嫌疑人进行讯问时必须进行录音录像，录音录像客观记录了讯问现场的情况，能够真实还原讯问的动作和语言。因此，调取讯问录音录像是调查核实是否存在非法取证行为的有效方法。除此之外，也可以结合着其他方法进行综合认定。

3. 对非法取证行为的认定

到底什么是非法取证行为，认定的标准是什么？我国现行法律以及相关司法解释都没有对刑讯逼供等非法取证行为的具体情形进行明文列举，也没有通过概念的方式对非法取证行为予以科学界定。实践中非法取证行为也是五花八门，既有暴力殴打，又有变相肉刑，还有精神逼供等。有学者主张借用联合国《禁止酷刑和其他残忍、不人道或有辱人格的待遇和处罚公约》关于酷刑的定义，作为我国司法实践中解释和认定刑讯逼供等非法方法的规范依据。[①]《人民检察院刑事诉讼规则》第六十七条规定："对采用下列方法收集的犯罪嫌疑人供述，应当予以排除：（一）采用殴打、违法使用戒具等暴力方法或者变相肉刑的恶劣手段，使犯罪嫌疑人遭受难以忍受的痛苦而违背意愿作出的供述；（二）采用以暴力或者严重损害本人及其近亲属合法权益等进行威胁的方法，使犯罪嫌疑人遭受难以忍受的痛苦而违背意愿作出的供述；（三）采用非法拘禁等非法限制人身自由的方法收集的供述。"该规则采用了客观+主观标准，只要实施了刑讯逼供等非法行为，并且违背意愿，就构成非法取证。最高人民法院《关于适用〈中华人民共和国刑事诉讼法〉的解释》也要求满足实施了刑讯逼供等非法行为，并具备迫使违背被讯问人意愿的条件。因此，关于人民检察院对非法取证行为的认定标准，我国在实务中仍存在一定争议。

4. 对非法取证行为的制裁

对非法取证行为的制裁表现在两个方面：一是对证据的制裁。经过审查核实后，人民检察院认定确有以非法方法收集证据的，该证据要被排除，不得作为报请逮捕、批准或者决定逮捕、移送审查起诉以及提起公诉的依据。二是对人的制裁。如果侦查

---

① 龙宗智. 两个证据规定的规范与执行若干问题研究[J]. 中国法学, 2010(6): 17-32.

人员采用非法的方法收集证据，属于违反法律的行为，根据情节不同承担不同的法律责任。《人民检察院刑事诉讼规则》第七十三条第二、三款规定："对于侦查人员的非法取证行为，尚未构成犯罪的，应当依法向其所在机关提出纠正意见。对于需要补正或者作出合理解释的，应当提出明确要求。对于非法取证行为涉嫌犯罪需要追究刑事责任的，应当依法立案侦查。"

三、我国人民检察院对侦查机关移送证据的审查核实制度的不足之处

（一）非法取证行为发现难

我国侦查讯问活动具有秘密性、封闭性的特征，实践中极少有外界的人目睹讯问的过程。犯罪嫌疑人、证人、被害人等作为非法取证行为的受害者，即使遭遇非法取证行为，但是对于怎么控告、举报知之甚少，没有能力去行使权利。此外，暴力、威胁等非法取证行为给犯罪嫌疑人、证人、被害人造成了非常大的心理阴影，内心产生恐惧情绪，又严重影响其行使该权利的积极性。另外，检察人员在审查案件材料和讯问犯罪嫌疑人时，即使发现办案机关非法取证的痕迹，但是囿于传统观念的影响，"重实体，轻程序"，往往强调证据的真实性，忽视取证程序的合法性。在这种传统思维模式下，取证合法性问题有时根本不予审查，直接采纳取证结果用以证明案件事实。

（二）非法取证行为取证难

首先，非法取证审查程序依附于正常诉讼程序。检察机关非法取证调查核实程序依附于案件诉讼程序，并未实现诉讼职能和诉讼监督职能的分离，这种依附性导致了诉讼监督职能对诉讼职能追求目标的屈服[①]。由此导致诉讼监督职能的弱化，从而限制了非法证据调查核实行为的开展。其次，缺乏配套协作机制。法律虽然赋予检察机关调查核实的职责，但没有规定相应的配套协作机制。一旦发现非法取证行为，由哪个部门进行调查，法律未做具体规定。此外，非法取证行为的发生与调查时间上存在较大跨度，很难及时提取证据，加上办案期限、办案力量等因素的制约，严重限制了非法证据审查核实的效果。最后，侦查人员讯问犯罪嫌疑人，讯问现场处于相对封闭的状态，虽然有些案件要求同步录音录像，但是绝大部分案件侦查人员并未录音，因此无法还原和再现讯问活动的场景。以上几种因素，造成了对非法取证行为取证的困难。

（三）非法取证行为认定难

非法取证行为之所以认定难，主要是因为没有一个科学、合理的标准。例如，我

---

① 陈光中.非法证据排除规则实施问题研究[M].北京:北京大学出版社,2014:167.

国当前法律文本对刑讯逼供的定义是通过非法方法使犯罪嫌疑人在肉体或者精神上遭受难以忍受疼痛或者痛苦。那么，对于"难以忍受"到底如何衡量，达到什么程度才算"难以忍受疼痛或者痛苦"？对于刑讯逼供等非法方法的认定，关键在于嫌疑人肉体或者精神上遭受疼痛或者痛苦的"难以忍受"程度，规定用疼痛或痛苦的"难以忍受性"来描述刑讯逼供等非法方法收集证据的行为，这种"用规则来解释规则"的做法，无助于实务中问题的解决[①]。而且，即使"难以忍受"的标准可行，那么我们能够通过什么证据、如何来证明达到了这种程度呢？在非法取证发生空间相对封闭的情况下，很难找到知情人来证明。即使找到了知情人，极有可能是侦查机关的工作人员，让其去证明自己的同事非法取证，困难也是可想而知。

四、健全人民检察院对侦查机关移送证据的审查核实制度的完善建议

（一）完善非法证据排除规则

第一，对"等非法方法"应作出更详细的规定。要加强非法证据排除规则的适用，必须通过立法明确非法取证的标准或具体情形，只有这样才具有可操作性。但是，当前我国法律对非法证据的认定以"刑讯逼供等非法方法"和"暴力、威胁等非法方法"表述，除了规定刑讯逼供、暴力、威胁这些稍微具体的情形之外，其他情形均以"等非法方法"笼统表述，相当于对其他方法并没有具体规定，这样一来便导致此规则在司法实践中难以适用。因此，在未来的司法实践中，必须具体规定非法方法的认定范围，除了规定刑讯逼供以及冻、饿、晒、烤、疲劳审讯等常见非法方法外，还应规定一个具有可操作性的兜底条款，凡是违背被讯问或询问者的自主意愿、采用强迫手段取得的证据方法，都可以归到"等非法方法"的范围以内。

第二，明确非法证据排除规定的举证责任。对于是否采用了非法方法来获取证据，到底应该由谁来举证？从证据法的理论来说，应由取证者承担证明自己采用合法方法收集证据的责任。如果取证者能够证明自己采用了合法的方法收集证据，则可排除非法取证行为的存在；如果取证者不能证明自己采用了合法的方法收集证据，则可认定存在非法取证的事实。因此，非法证据排除规则适用的举证责任主要应由取证者承担。但是，犯罪嫌疑人、被告人及其辩护人等提出非法取证行为存在的，也应当提供一定的证明责任，即承担提供相关证明材料或者线索来申请启动非法证据排除程序的责任。但是，犯罪嫌疑人、被告人申请非法证据排除的启动程序需要提供哪些线索及材料，当前仅有概括式规定，法律规定并不明确，从而增加了实际操作的难度。那么，在今后的立法中应该明确规定辩方需提供的线索及材料，增强实际操作性，降低启动的难

[①] 万毅."无解"的司法解释——评"两高"对"刑讯逼供等非法方法"的解释[J]. 法学论坛,2014,29(1):53-62.

度，充分保障犯罪嫌疑人、被告人的基本权利。

（二）提高检察机关审查核实能力

在当前我国推进建立以审判为中心的诉讼制度的背景下，审判机关处于刑事诉讼的中心地位，证据的采用和事实的认定最终都掌握在法院手里。如果检察机关提供的证据达不到刑事诉讼的证明标准，法院就会宣判被告人无罪，那么检察机关公诉的目的则无法实现。最终可能导致犯罪分子逍遥法外，被害人的合法权利得不到保护，社会秩序和司法正义无法维持。因此，检察机关必须加强对证据的全面审查，提高审查核实证据的能力，确保所有的证据达到刑事诉讼的证明标准，即案件事实清楚，证据确实充分。具体而言，检察机关审查证据主要审查其是否符合"三性"要求，即证据的真实性、关联性和合法性。因为犯罪事实必须依靠证据证明，而检察机关承担控诉的职责，因此必须确保所有的证据都真实合法，根本方法就是通过认真审查核实证据，发现不完善的证据，然后做好补充完善的工作。

但是，由于侦查人员非法取证行为往往带有一定的隐蔽性、专业性、行业性，因此检察机关及检察人员要想做好审查核实的工作，需要提高以下能力：

一要提高讯问犯罪嫌疑人的能力。检察机关讯问犯罪嫌疑人与侦查机关讯问犯罪嫌疑人的重点不同，侦查机关讯问犯罪嫌疑人是为了获得案件线索，了解案件事实，而检察机关讯问犯罪嫌疑人是为了审查侦查人员讯问过程是否合法，应当立足于取证方式，调查取证方式的具体细节，判断是否存在非法取证行为。

二要提高询问知情人的能力。因为知情人一般是了解案件事实的人，其提供的信息比较真实，但是知情人可能碍于同事、朋友关系，不想向检察机关陈述案情，因此需要工作人员提高获取知情人证言的能力。

三要强调在书面资料中发现问题的能力。有时书面材料能够反映出侦查行为的合法与否，因此检察人员应认真、仔细对犯罪嫌疑人入监、体检、提讯记录、谈话记录等直接反映嫌疑人身体、精神状况的书面材料进行全面查看，提高发现问题的能力。

四要强化讯问同步录音录像措施。同步录音录像客观地记录了侦查人员讯问的场景，能够反映讯问过程是否合法，因此检察人员应该强化讯问同步录音录像措施。应该录音录像而没有录音录像的，要及时通知侦查机关纠正。

（三）建立移送证据审查核实的配套制度

首先，完善法律援助制度。切实保障犯罪嫌疑人的辩护权，彻底改变当下辩护律师权利受限的状况，确保辩护律师权利的充分行使，保护犯罪嫌疑人的诉讼权利。2017年最高人民法院和司法部联合发布的《关于开展刑事案件律师辩护全覆盖试点工作的办法》中提出的"推动实现刑事辩护全覆盖"正在我国刑事司法中逐步付诸实施。就侦查阶段的工作而言，辩护律师在侦查阶段享有各项权利，例如会见当事人不再受监听，不许公安人员陪同；有权对公安机关的侦查工作提出书面意见；为犯罪嫌疑人提供法律帮助、代理控告、申诉，等等。这些权利只有得到充分行使，才能发挥对侦查机关的监督作用，从而保障侦查行为的合法有效以及所获取证据的客观真实。

其次，建立检察机关与侦查机关审查核实非法取证协作机制。刑事诉讼中有一个重要原则，即公、检、法三机关应当"分工负责，相互配合，相互制约"。相互配合对于共同完成刑事诉讼任务，实现刑事诉讼目的起着重要作用。为了贯彻和落实这一原则，在审查核实非法取证行为工作中，可以尝试建立侦查机关与检察机关的协作机制。检察机关在审查核实非法取证行为前，应当及时将审查核实情况通知办案机关即侦查机关，并要求侦查机关对"非法取证行为"进行说明并附带必要的材料。侦查机关在收到检察机关的通知后，应当在规定的期限内将讯问录音录像资料或者讯问见证人签署的情况说明资料一并移送检察机关审查核实。

最后，建立健全排除非法证据的案件质量考评和问责机制。如果侦查人员的取证行为被认定为非法，则说明其工作质量低劣，考评不过关。如果单位考评不过关，则会影响其后面工作的安排以及绩效。这样可以倒逼检察人员重视排除非法证据，提高案件办理质量。另外，如果侦查人员非法情节严重，还要承担相应法律责任，直至刑事责任。侦查人员惮于法律责任的追究，则不敢任意实施非法取证行为。因此，将非法证据的审查核实和排除与否直接与检察人员的个人业绩与年度绩效挂钩，激发检察人员的积极性和主动性，推动案件证据的获取和采纳均符合法律规定，以客观公正的方式促进刑事案件的合法解决，真正实现刑事审判的目的，打击犯罪，保障人权。

第五章　审判阶段的证据制度改革

第一节　健全庭前证据展示制度

一、我国庭前证据展示制度的背景

党的十八届四中全会提出了审判中心主义的诉讼制度改革，为全面推进审判中心主义的刑事诉讼制度改革，法院应当严格围绕这一制度开展审判工作。庭审是整个审判的中心，所以在推行审判中心主义时我们要注重庭审的质量，而庭审又是围绕证据进行的，所以在审判过程中我们要注意对证据的使用。最高人民法院、最高人民检察院、公安部、国家安全部、司法部联合印发的《关于推进以审判为中心的刑事诉讼制度改革的意见》中提出要严格贯彻证据裁判原则的要求，这进一步说明了证据在审判过程中的重要性。所以我们要建立完善的庭前证据展示制度，使证据发挥出更好的证明作用，以还原案件真相，实现诉讼制度向审判中心主义转移。

我国司法领域长期面临着"案多人少"的困境，所以法官在审判阶段花费的时间并不是特别充分，这就造成法官对整个案件的认识可能会不全面，对证据的判断不恰当，而我国侦查中心主义的传统使得法官裁判案件一般都是在侦查机关、检察机关提交的证据的基础上进行的，这就不能保证整个诉讼的公正性。为了解决这一问题，《关于推进以审判为中心的刑事诉讼制度改革的意见》提出我们要完善庭前会议程序，健全庭前证据展示制度。希望通过对庭前证据展示制度的完善来解决司法实践中遇到的问题，贯彻连续、集中审理原则，提高司法效率和质量，保障控辩双方诉权的行使。

证据是认定案件事实的依据，法院依据证据对案件进行裁判，所以无论是对案件的控方还是辩方而言，证据都极为重要。庭前证据展示制度的出现就是为了平衡控辩双方对证据的掌握程度，尽量使控辩双方处于平等的地位。庭前证据展示制度起源于美国，当时的美国盛行"竞技司法理论"①，控辩双方处于完全对立的两面，他们各自独立去搜集证据，而且不会就自己所掌握的证据进行交流，在庭审中通过运用各自掌握的证据相互突袭来赢得整场诉讼。当时证据突袭成为一种诉讼手段盛行一时，但是这也导致庭审成为控辩双方炫技的场所，而不是查明案件真相、作出公正裁判的场所，这严重损害了司法的公正性。②为改变这一状况，美国建立了证据展示制度，证据展示制度的出现打破了控辩双方在证据搜集上的隔阂，减少了法庭中证据突袭的出现，使得裁判更加公正。

我国最初采取职权主义诉讼模式，整个诉讼过程都是由裁判机关引导，证据的搜集也是由裁判机关负责，所以对证据展示制度的需求也不明显。但是随着控审职权的分离，我国的诉讼模式逐渐从职权主义向当事人主义转移，在诉讼过程中也出现了相互对立的控方和辩方，证据的搜集主体也从裁判机关转变为控方。正是由于控方掌握着证据搜集的权力，所以整个案件的证据大部分都掌握在控方手中，辩方能搜集到的证据范围很小，这就造成控辩双方在诉讼过程中对证据的掌握极不平衡，辩方明显处于弱势地位，此时若没有制度的保障，辩方很难实现自己的诉权。所以为了平衡控辩双方搜集证据方面的差异，防止证据突袭给整个庭审过程带来的不利影响，使整个审判过程更加公平顺畅，我国引入了庭前证据展示制度。

二、我国庭前证据展示制度的现状

庭前证据展示制度，又叫"庭前证据开示制度"，还有学者将其称为"证据告知""证据公开"③ 等，虽然对于该制度的名称各不相同，但是内涵却大致相同，是指在开庭前控辩双方依据一定的程序和方式相互披露自己搜集的证据的制度。庭前证据展示制度在1996年《刑事诉讼法》中就有提及，2012年新修订的《刑事诉讼法》在对1996年《刑事诉讼法》的相关内容进行修改的同时又提出庭前会议制度，并明示在庭前会议阶段应当进行非法证据排除。之后在最高人民法院、最高人民检察院、公安部、国家安全部、司法部联合印发的《关于推进以审判为中心的刑事诉讼制度改革的意见》中又提出要"完善庭前会议程序，对适用普通程序审理的案件，健全庭前证据展示制度，听取出庭人名单、非法证据排除等方面的意见"。

对于庭前证据展示制度我国并没有形成一定的体系，仅在《刑事诉讼法》中做了零散的规定。《刑事诉讼法》第四十条规定了辩护人的查阅案卷权，明确规定"辩护律师自人民检察院对案件审查起诉之日起，可以查阅、摘抄、复制本案的案卷材料。其他辩护人经人民法院、人民检察院许可，也可以查阅、摘抄、复制上述材料"。第四十

---

① 尤爱青. 美日刑事证据展示制度比较[J]. 人民检察, 2001(2):60-62.

② 龙宗智. 庭审实质化的路径和方法[J]. 法学研究, 2015,37(5):139-156.

③ 闵捷. 浅论刑事证据开示制度的设立[J]. 法制与经济(下旬), 2011(5):31-32.

二条规定了辩护人对特定证据的处理原则，指出"辩护人收集的有关犯罪嫌疑人不在犯罪现场、未达到刑事责任年龄、属于依法不负刑事责任的精神病人的证据，应当及时告知公安机关、人民检察院"。第一百八十七条中规定了在庭前会议中要对非法证据进行排除，这一条中虽未明确规定庭前证据展示制度，但是其中却暗含着庭前证据展示制度，因为非法证据排除的首要条件就是进行证据展示。第四十一条则规定了辩护人庭前证据展示制度的保障，"辩护人认为在侦查、审查起诉期间公安机关、人民检察院收集的证明犯罪嫌疑人、被告人无罪或者罪轻的证据材料未提交的，有权申请人民检察院、人民法院调取"。

从当前法律的规定看，我国的庭前证据展示制度虽然规定的是双向展示，但是更加重视控方向辩方展示相关证据，辩方可以查阅本案的案卷材料，但是却只需要向控方提供某些特定证据，这也是因为控方具有收集证据的权力，所以证据大多就在控方手中，辩方没有太多证据向控方展示。即使辩方收集证据的范围极窄，我们也不能采取单向展示制度，因为辩方与犯罪嫌疑人直接接触，而犯罪嫌疑人又是最清楚案件真相的人，所以我们也不能忽视辩方收集证据的能力。同时规定辩方向控方展示有关犯罪嫌疑人不构成犯罪或者不追究刑事责任的证据也是为了节约司法资源，尽早将这类案件排除在诉讼之外。对于庭前证据展示的方式，我国采取的是自行查阅的方式，辩方要想查阅控方证据，便自行到检察院、法院去查阅，对于自己收集的特定证据则自觉提供给公安机关、检察机关。对于庭前证据展示制度的救济则是通过向检察院、法院申请调取公安机关、检察机关未提交的证据的形式进行。

三、我国庭前证据展示制度的缺陷

现阶段我国对庭前证据展示制度的立法过于简单模糊，并没有形成体系，纵观整个《刑事诉讼法》，对于庭前证据展示制度的规定不过寥寥数条，同时其他法律法规中也没有相关具体的规定，因此在实践中适用这一制度时难免会出现理解上的偏差，司法实践中关于这一制度的具体实施文本以及运行案例也并不统一。

庭前证据展示制度最先引起大家的关注是在2013年的刘志军案件中，法院在该案庭审之前召开了庭前会议，在庭前会议中进行了相关证据展示，并对一些证据进行了认定，所以这一造成巨大轰动的案件的庭审只花费了三个小时，使得大众产生了庭审作秀的心理认知。[1]因为对庭前证据展示制度不了解，所以大众很难信服庭审是公正进行的。正是由于庭前证据展示制度在立法上的不完善，大众对庭前证据展示制度极不信任，这也成为法官不敢轻易尝试该制度的一个重要原因。不能很好地运用于现实导致庭前证据展示制度名存实亡。这明显不利于庭前证据展示制度在我国的发展。

---

① 　王洋. 我国刑事庭前证据展示制度研究[J]. 郑州航空工业管理学院学报(社会科学版),2016,35(6):87-93.

由于我国长期处于侦查中心主义的诉讼制度下，"重行政、轻司法"的传统使得法院在我国的地位相对较弱，公安机关、检察机关掌握着收集证据的权力，所以大部分证据都是来源于后者，法院的裁判大多也是依据这些证据作出的，审判逐渐流于形式，冤假错案频频出现。综合我国目前对庭前证据展示制度的规定，不难发现我国对于庭前证据展示并没有做强制要求，仅依靠辩护人自己主张进行，但是由于我国控方地位的天然优越性，辩方并不能完全掌握控方到底收集了哪些证据，辩方仅能查阅控方向法院提交的证据，但是想要获取控方未向法院提交的证据，必须经法院的同意，难度显而易见。由此可见辩方的查阅权并不能很好地平衡控辩双方在证据掌握上的不平等。现行规定中对辩方的证据展示限制较小，其原因也是可供辩方收集的证据范围较为狭窄，但是一味地以辩方收集证据的能力较小为由而减小辩方向控方展示证据的范围也是不可取的，因为任何证据只要没有在庭前向对方展示，在庭上都有可能会出现证据突袭的情形，这明显不利于审判的顺利进行。

我国现行法律中关于维护庭前证据展示顺利进行的规定太过模糊，使得控辩双方证据展示没有有效的保障。如果法律仅仅规定了权利却没有规定相关的救济途径，那么权利本身便无法实现。目前《刑事诉讼法》中只规定了辩方认为公安机关、检察机关有证据未提交的，可向检察院、法院申请调取相关证据，但是首先辩方很难发现公安机关、检察机关未提交相关证据，所以现实中辩方为了解公安机关、检察机关掌握的证据，会采取一些非法的手段，比如行贿等，司法腐败会严重损害司法机关的权威性；其次，就算辩方发现了相关证据未被提交，但是公安机关、检察机关拒绝向辩方展示相关证据，或者检察院、法院拒绝调取相关证据，辩方也没有途径去维护自己的权益。同样，《刑事诉讼法》规定辩方应具有及时向公安机关、检察机关告知特定证据的义务，但是若辩方不主动告知，法律也没有对这一行为予以规制。显然这些情形的出现扰乱了我国庭前证据展示制度的实施，将我国的庭前证据展示制度流于形式。

四、我国庭前证据展示制度的完善

我国现在正处于诉讼模式由侦查中心主义向审判中心主义转型的关键时期，在此期间我国的诉讼模式也从职权主义向当事人主义转移，在诉讼中更加注重控辩双方地位的平等，但是侦查中心主义的传统导致辩方在诉讼中处于弱势地位，为了保障控辩双方在审判中诉权的行使，我们就要平衡控辩双方的地位。庭前证据展示制度让控辩双方在开庭前能平等地掌握整个案件的相关证据，这在一定程度上缓解了控辩双方地位不平等的情况。但是现阶段我国关于庭前证据展示制度的规定还存在许多不足，所以制度本身的特点还不能完全在我国发挥出来，所以我们必须尽快完善庭前证据展示制度。

（一）完善庭前证据展示制度的主体

庭前证据展示的主体应当是参加整个庭前证据展示的所有主体。我国现阶段的立法对证据展示制度的主体没有做明确的规定，只规定辩护律师有权查阅案卷材料，其他辩护人经过允许也可查阅案卷材料，辩方在收集到一些特定的证据时应当告知公安机关、检察机关。完善庭前证据展示的主体应当从法官、控方和辩方三方进行。

法官在庭前证据展示制度中充当的是主持者的身份，同时也应当充当监督者的身份，促成证据展示工作的顺利进行。对于参加庭前证据展示制度的法官学界存在巨大的争议。第一种观点认为参与庭前证据展示的法官应当为审理案件的法官以外的法官，理由是为了防止法官先入为主，提前对被告人进行预判，造成审判不公的结果。第二种观点认为参与庭前证据展示的法官应当为审理案件的法官，因为控辩双方双向展示证据就能避免法官产生预判，所以根本无须其他法官介入。笔者赞同第二种观点，笔者认为庭前证据展示制度并不仅仅只为解决控辩双方对证据掌握不平等的情况，若将庭前证据展示制度做前一种狭隘的理解，就显得有些浪费司法资源，本来我国现阶段司法资源就严重不足，这样就明显加大了法院的工作量，久而久之这一制度也会因为法官精力不足而流产。同时在庭前证据展示阶段进行相关证据的处理可以使庭审更加紧凑而不会太过拖沓。所以庭前证据展示制度还应当解决非法证据排除，对控辩双方无争议的证据进行确认等问题，基于此，参加庭前证据展示的法官应当是庭审法官。

庭前证据展示的控方主体应当是检察院，因为检察院代表国家提起公诉，直接与辩方对抗，其肩负着向法院提交证据证明犯罪嫌疑人有罪的责任，案件大部分证据都是由其提供的，其理所当然应为庭前证据展示的主体。

庭前证据展示的辩方主体中首先应当包括被告人的辩护律师，这是如今我国法律认同的。至于被告人和被告人的非律师辩护人是否应当成为该制度的主体呢？笔者认为他们同样应当成为该制度的主体。首先庭前证据展示制度是为了维护控辩双方的诉权，辩护律师的诉权又来自被告人，因此既然辩护律师是该制度的主体，那么被告人也应当是。其次在庭前证据展示中要排除非法证据，确认无争议的证据，这些都直接影响着被告人，所以被告人应当参与庭前证据展示，以维护被告人的合法权益。至于非律师辩护人，他们与辩护律师最大的区别是他们没有调查取证权，但是他们也要维护被告人的合法权益，若草率地将他们排除在庭前证据展示制度之外，明显不利于他们维护被告人的合法权益。

（二）完善庭前证据展示的时间

目前我国对证据展示的时间并没有特别的规定，只规定从检察院对案件进行审查起诉之日起，辩护律师可以去查阅案卷材料，辩护人申请调查取证是在侦查、审查起诉期间进行。既然我国要建立完善的庭前证据展示制度，那么就应当确立一个具体的时间来进行庭前证据展示。根据《关于推进以审判为中心的刑事诉讼制度改革的意见》提出的"我们要完善庭前会议程序，健全庭前证据展示制度"，笔者认为我国庭前证据展示可以在庭前会议中进行。

首先庭前证据展示制度不需要在每个案件中开展，适用简易程序的案件由于案情简单，因此没有进行庭前证据展示的必要，而庭前会议也是只针对普通程序，所以将庭前证据展示放在庭前会议中进行在时间上是合适的。庭前会议本就是在开庭之前进行的为庭审做准备的程序，此时控辩双方对证据的收集基本确定，而且庭前会议的一大重要任务就是排除非法证据，庭前会议中本就包含着证据展示的内容，如今我们将庭前证据展示制度放在其中也是对其中证据展示部分的完善，这既不会过分增加法官的工作量，又能有效完成庭前证据展示。

（三）完善庭前证据展示的范围

对于证据展示的范围，从我国现阶段的规定看，还是重视控方向辩方展示证据，因为控方处于优势地位，主要目的还是平衡控辩双方地位的不平等，但是我国也没有采用单向展示的模式，对辩方仍然规定了一些展示义务。然而现行法律对证据展示的内容并没有具体的规定，所以在完善庭前证据展示制度时我们应当做好对证据展示范围的完善。

由于我国建立庭前证据展示制度的时间较晚，所以在完善时可以借鉴国外的相关经验。通过对国外证据展示范围的研究发现，虽然各国由于国情不同，对证据展示的范围的规定也有所不同，但是其中还是存在许多相似之处，比如说都规定了证据展示的例外情形，都采取的是双向展示的方式，等等。在完善我国庭前证据展示的范围时应适当借鉴国外优点，制定适合我国国情的庭前证据展示范围。

我国职权主义的诉讼传统造成检察院或者说控方几乎包揽了整个证据收集工作，而辩方能够掌握的证据极少，所以为维护辩方的利益，在进行庭前证据展示时，控方应当向辩方展示其收集的全部证据。笔者之所以不建议我国借鉴日本的"控方只展示在法庭中使用的证据"，是因为这会导致辩方很难收集到对辩方有利但是控方却没有在法庭上使用的证据。虽然我国法律规定辩方有申请调查取证权，但是正如笔者上文所说，辩方根本无法得知控方收集了什么对被告人有利的证据，所以这项权利并不能很好地维护被告人利益。而控方向辩方展示其收集的全部证据就有效地解决了这一问题。但是全部展示也存在例外，有些不能展示的证据理应排除在证据展示范围之外，第一，涉及国家秘密的证据不能予以展示；第二，涉及公共利益的证据不能予以展示。由于我国采取双向展示模式，所以辩方也有义务向控方展示其收集的证据，同时根据对等原则，既然规定控方向辩方展示其收集的全部证据，那么辩方也应当向控方展示全部证据，否则既不能杜绝辩方在庭审时证据突袭，同时也不利于控辩双方地位的平等。

（四）建立完善的保障机制

任何制度的推行都需要相应的保障机制，没有保障的权利相当于没有权利。控辩双方本就处于对立的两方，他们各自追求的利益就是对立的，所以若没有保障机制，庭前证据展示制度规定得再完美，任何一方不遵守，制度本身也没有任何意义。所以要让庭前证据展示制度在我国顺利地推行，在完善庭前证据展示制度时就应当特别注意对保障机制的完善。

笔者认为保障证据展示顺利进行，法官应当发挥相应的作用。因为法官作为中立方参与庭前证据展示，他们可以督促控辩双方按照规定完成证据展示工作，若控方或辩方中的任意一方没有做好证据展示工作，法官可以强制其进行证据展示。若他们仍拒绝履行展示义务，致使另一方权益受损的，法官就有理由拒绝采纳该证据。因为建立庭前证据展示制度的初衷就是平衡控辩双方的地位，尽量建立一个平等的诉讼环境，所以一方故意隐瞒相关证据损害到另一方的利益时就应当将该证据排除。同时若在庭审过程中查明控方或者辩方中的任何一方不遵守庭前证据展示制度，其还应当承担一定的责任，因为从某种意义上说这种行为已经构成妨碍司法。

侦查中心主义的诉讼制度在我国推行了很长的历史，整个诉讼充斥着浓浓的职权色彩。法官在侦查机关、检察机关提供的证据的基础上裁判案件，辩方在证据方面处于绝对弱势的地位。随着对当事人主义诉讼模式的引入，职权主义带来的缺陷逐渐暴露在我们面前，其中最大的问题就是控辩双方地位不平等，辩方处于绝对弱势的地位，这明显不符合对抗制的诉讼现状，我们应当为控辩双方营造一个平等的诉讼环境。如今我国引入了庭前证据展示制度，为解决在诉讼中控辩双方对证据掌握不平等的情况，力图从证据方面入手平衡控辩双方的地位。但是制度的不完善导致制度没有发挥出其自身的作用，所以我们应当对该制度进行完善，也必须对其进行完善，这也是实现我国诉讼制度由"侦查中心主义"转向"审判中心主义"的关键。

第二节　规范法庭调查程序

一、我国法庭调查程序的背景

湖北佘祥林案、河南赵作海案、内蒙古呼格吉勒图案、浙江张氏叔侄案……近年来一批冤假错案得到纠正,引起了我国对刑事诉讼制度的思考。①我国刑事诉讼制度在过去很长一段时间内都坚持"侦查中心主义",法院的审判活动大多依靠侦查卷宗笔录等书面材料,这不仅不能查明真相,追究犯罪,反而还会造成大量冤案的出现,大大降低了司法的公信力。为修正诉讼制度中出现的问题,我国提出要推行"审判中心主义",之所以推行审判中心主义,是为了使被告人在庭审中的程序参与权、辩护权得到最有效的保障,使整个案件因控辩双方的相互辩论得到最公正、科学的裁判。

刑事诉讼推行以审判为中心,审判又以庭审为中心,庭审又是围绕证据进行的,法院在作出裁判时也是严格贯彻证据裁判原则,所以实现诉讼制度由"侦查中心主义"转向"审判中心主义",关键在于对证据的处理。只有实现"诉讼证据出示在法庭,案件事实查明在法庭、诉辩意见发表在法庭、裁判结果形成在法庭",才能推进我国"以审判为中心的刑事诉讼制度"的进程。②

庭审的任务就是对案件的事实和法律进行认定,并据此作出裁判。《刑事诉讼法》明确规定"法庭审理过程中,对与定罪、量刑有关的事实、证据都应当进行调查、辩论"。由此可见整个庭审过程最核心的阶段就是法庭调查和法庭辩论。法庭辩论以法庭调查为基础进行,法庭调查通过对证据进行出示和质证查明案件事实,然后控辩双方再根据法庭调查阶段查明的事实进行法律适用的论辩。在庭审过程中若对事实认定有误,那最终案件的裁判结果也不会是公正的。所以法庭调查在庭审中占据着极为重要的地位。

法庭调查是指在法庭上对案件事实和证据进行审查的活动,法庭调查程序是确保法庭调查的公平正义的关键,但是法庭调查程序在我国的发展极为坎坷。"侦查中心主义"的传统使得整个诉讼因重视侦查轻视审判而充斥着浓郁的职权色彩。再加上法院内部对法官的管理采取行政机关的管理方式,上下级法官之间容易产生服从关系,③ 所以法官在办案过程中并不能实现真正的独立,庭审过程更像是一场秀。法官在庭审前就对案件进行预判,整个裁判结果根本不是在庭审中形成的,法庭调查也当然无法得到真正的开展。为解决这一状况,1996 年《刑事诉讼法》引入当事人主义诉讼模式,在庭审中强调控辩双方的对抗,并将卷宗全案移送改为移送证据目录等材料,这一修改在一定程度上削弱了诉讼中的职权色彩,但是由于当时的诉讼环境不容乐观,职权主义扎根太深,所以修改后的《刑事诉讼法》并没有得到很好的实施。因此法庭调查中职权主义干预的情况同样没有得到缓解。直到 2012 年再次修改《刑事诉讼法》,恢复全部案卷移送制度,规定非法证据排除、被告人权利保护、庭前会议制度,在一定程度上完善了庭审程序。2012 年《刑事诉讼法》虽然在一定程度上完善了庭审程序,

① 陈瑞华. 论瑕疵证据补正规则[J]. 法学家,2012(2):66-84,178.
② 见《关于推进以审判为中心的刑事诉讼制度改革的意见》。
③ 郝红鹰. 我国法院审判管理的去行政化研究[J]. 理论与现代化,2011(6):73-78.

但是制度本身对法庭调查程序仍然没有太过关注，对法庭调查程序的制定还是没有系统的规范，庭审过程中对事实的认定还是存在问题，这明显不利于我国诉讼制度的发展。

二、我国法庭调查程序的现状

随着社会的发展、法治的进步，我国逐渐意识到以审判为中心的诉讼制度的重要性，所以在法治建设过程中我们时刻将推进审判中心主义作为制度建立的方向。法庭调查程序的完善同样也体现了这一点。2012 年《刑事诉讼法》对法庭调查程序没有做具体的规定，仅仅对证人出庭、证据的质证、认证做了简单的规定，因此实践中进行法庭调查就存在很多问题。为了司法实践的需要，最高人民法院针对《刑事诉讼法》作出了司法解释，在该司法解释中对《刑事诉讼法》中对法庭调查的相关规定做了完善，特别是对证人出庭相关问题的规定上，但是该司法解释对法庭调查程序的规定仍然存在不足，特别是对法庭调查过程中出现的非法证据排除、疑罪从无等几乎没有涉及，所以总体上来说我国对法庭调查程序的规定还是相当不足的。

正是由于我国对法庭调查程序的规定存在许多空白，所以在实践中法官对法庭调查的处理方式各不相同，被告人诉讼权利的实现程度也就各不相同，这明显与我国推行的审判中心主义诉讼制度不符。所以为实现司法公正，减少冤案的发生，提高审判效率与审判质量，实现庭审实质化改革，最高人民法院制定了《人民法院办理刑事案件第一审普通程序法庭调查规程（试行）》（以下简称《法庭调查规程》）。

《法庭调查规程》是对现有法庭调查程序的发展，其总结了传统庭审的经验，在此基础上提出了创新思维，提出法庭调查程序应当围绕证据裁判、居中裁判、集中审理、诉权保障、程序公正五个基本原则开展，并从开庭讯问，发问程序，出庭作证程序，物证、书证等证据的举证、质证程序，认证规则这几个方面对法庭调查程序做了具体的规定。《法庭调查规程》第一次明确提出了法庭调查程序的原则，同时其基本覆盖了法庭调查程序涉及的重要问题。《法庭调查规程》的具体内容也是科学的，具有可操作性和可行性的，因为该规程制定后，最高人民法院在多地开展了试点工作，并在试点成果的基础上，征求了许多专家学者的意见，对其进行了多次修改完善。《法庭调查规程》的出现不仅对法官裁判案件有一定的指导作用，同时为我国建立规范的法庭调查程序打好了坚实的基础。

三、对法庭调查程序的规范

《法庭调查规程》对规范我国法庭调查程序具有重大意义，因为其是对目前我国法庭调查程序的继承与发展，是经过实践检验的、切实可行的，所以在规范法庭调查程序时要充分借鉴《法庭调查规程》的相关规定。

（一）规范法庭调查的基本原则

法庭调查程序应当建立在基本原则之上，基本原则应当体现法庭调查的基本价值，是建立整个法庭调查程序的基础与灵魂。法庭调查是为了查明案件事实，为法官作出裁判提供事实依据，所以法庭调查的基本原则也应当体现这一目的。

《法庭调查规程》中规定法庭调查的基本原则是证据裁判、居中裁判、集中审理、诉权保障、程序公正这五项，笔者当然赞同将这五项定义为法庭调查的基本原则。第一，法官裁判案件应当以证据为基础，所以法庭调查阶段应当以证据调查为中心，所以应当将证据裁判原则作为法庭调查的基本原则；第二，审判中心主义的诉讼制度强调庭审的重要性，因此作为整个庭审的主持者与裁判者的法官就肩负着极大的责任，法官作为中立的第三方在庭审的任何阶段都应遵守居中裁判原则，这样才能使整个裁判更加公平；第三，为让法官对于案件的裁判思路更加连贯，同时也为了节约司法资源，在庭审时应当遵循集中审理原则；第四，法庭调查应当保障控辩双方诉权的行使，只有控辩双方充分行使其诉权，最后的裁判结果才是公正的、不偏向任何一方的，所以诉权保障也应当是法庭调查的基本原则；最后，之所以将程序公正原则作为法庭调查程序的基本原则，是因为程序公正是最好的防腐剂，这也是规制法庭调查程序的原因，只有实现程序公正，才能保证控辩双方诉权的行使。

除上述五项基本原则以外，笔者认为法官独立原则也应当成为法庭调查的基本原则，法官独立是整个庭审开展的关键，在庭审中只有确保了法官的独立地位，最后的裁判结果才会是正确的。由于我国在过去的很长一段时间里实行的是职权主义，所以司法行政化十分严重，法院对法官的管理采取的是行政机关的管理方式，所以在法院的上下级之间很容易产生服从与被服从的关系，再加上中国人情社会传统、社会舆论对法官的影响，法官很难独立对案件进行裁判，这就使得案件的裁判结果不够纯粹，自然也就无法实现公平。所以在法庭调查阶段也应当遵循法官独立原则，法官对证据能力及其证明力的判断，以及对案件事实的认定都应当坚持独立原则，不被任何其他因素影响。

（二）规范法庭调查的程序

1. 规范讯问、发问程序

讯问、发问具体是指公诉方宣读完起诉书，被告人、被害人就起诉书中指控的犯罪事实分别陈述后，公诉方就犯罪事实对被告人的讯问，被害人、被害人的法定代理人、诉讼代理人、被告人的法定代理人、辩护人、审判人员对被告人的发问，以及控辩双方在法官的准许下对被害人以及附带民事诉讼的原告人发问。我国现行《刑事诉讼法》及其司法解释中虽然有涉及讯问、发问程序，但是其规定稍显粗糙，不利于实践适用，所以在规范讯问、发问程序时应当注意对其进行完善。

首先，讯问、发问之前，应当先听取被告人、被害人就起诉书中指控的犯罪事实的陈述。因为被告人、被害人是案件的直接参加者，他们是最了解案件事实的人，再加上他们处于对立的两面，综合听取他们的陈述有利于查明案件事实。同时若被告人在陈述中承认自己所犯罪行，经法官查明被告人是自愿认罪同时认罪真实后，就可以简化之后的庭审，以节约司法资源。

其次，确定讯问、发问的时间和范围。讯问、发问应当置于证据展示之前，因为被告人、被害人的陈述本身就具有主观性，若在证据展示后再进行讯问、发问，被告人、被害人的陈述就容易被展示的证据影响，更加无法保证其真实性。讯问和发问应当注意局限在起诉书中指控的犯罪事实的范围内，不应当涉及对证据的讯问，因为这会导致讯问过程与举证、质证过程重叠，浪费司法资源。

最后，确定讯问、发问的方式和顺序。讯问、发问应当不带感情色彩，不能采用诱导发问等非正当的发问方式，影响被告人、被害人陈述结果的客观性，法官应当对此做好监督工作，及时制止不正当的发问，排除不正当发问下的陈述。公诉方完成讯问后，被害人、被害人的法定代理人、诉讼代理人、被告人的法定代理人、辩护人经法官同意可以依次向被告人、被害人发问，发问要经过法官的同意是为了防止出现重复发问等无意义的发问降低庭审效率，浪费司法资源；将被告人的法定代理人、辩护人放在最后发问，是为了维护被告人的诉讼权益。当面对有多个被告人的案件时，要注意单独讯问、发问，防止被告人之间相互影响。被害人人数众多的可以推选出代表参加诉讼，接受发问，若被害人不能推选出代表，法官也可以为其指定代表。

2. 规范控辩双方举证质证程序

举证、质证是整个法庭调查程序的关键，所有的证据只有在经过质证之后才能作为定案的依据，未经质证的证据法庭不能采纳。我国现行的对举证、质证的规定还存在许多不足之处，导致不同的法官对举证、质证环节有不同的开展方式，这明显有损我国司法的公信力，所以我们应当规范举证、质证程序。

笔者在本章第一节提出了完善庭前证据展示制度，在庭前控辩双方就在法官的主持下进行了证据展示，所以在举证、质证阶段我们要充分将其与庭前证据展示环节衔接。首先在庭前证据展示阶段控辩双方已经就所有证据进行了交流，所以在举证、质证环节就可以减少大量的时间来向双方展示证据，但是由于庭前证据展示是不公开进行的，同时我国法律规定证据应当在法庭上展示，所以我们在法庭调查举证、质证阶段还是应该简单展示相关证据。

举证、质证环节是控辩双方行使其诉权的关键阶段，也是整个法庭调查的核心，举证、质证的目的在于证明案件事实，所以控辩双方举证、质证的范围应当是与案件事实有关的证据。出于查明案件事实和节约司法资源的考虑，对与案件关系不大或者控辩双方争议不大的证据，简单进行展示即可，而不用花费太多时间对其进行举证、质证。

由于控方负有证明被告人有罪的证明责任，所以控方在讯问、发问后，应当先行举证，然后辩方再举证反驳控方，或者直接反驳控方，辩方之所以可以不举证直接反驳控方，是因为被告人没有证明自己无罪的义务，同时我国的司法传统使得辩方很难收集到与案件相关的证据。控辩双方在对方举证后可以对证据进行质证，质证应当坚持单独质证原则，单独质证有利于提高对证据的质证效果。在控辩双方举证、质证完成后，若法官发现有与案件事实相关或者对量刑有影响的证据没有被举证、质证的，其应当提醒控辩双方对该证据进行举证、质证。

在整个举证、质证环节中，不同的举证、质证顺序可能会给法官造成不同的心证结果，而法官的心证又影响着整个案件的裁判，所以在规范举证、质证环节时我们要重点关注举证、质证的顺序。对于举证、质证的顺序，笔者认为首先应当对与案件事实相关的物证，书证，勘验、检查、辨认、侦查实验等笔录，鉴定意见，视听资料，电子数据这几种客观性证据进行展示，因为证人证言、被害人陈述、被告人供述和辩解这些言词证据的主观性太强，辨别其真伪的难度较大，所以我们应当首先对客观性证据进行举证、质证，若客观性证据确实无法证明整个案件的真相，再对主观性证据举证、质证。在司法中我们应当慎重采纳主观性证据，因为其主观因素太强，所以在运用其证明案件事实之前应当对其进行充分的质证，而质证最好的方式就是请相关人员出庭接受质询。但是这并不代表所有主观性证据的采纳都需要相关人员出庭，只有控辩双方对该证据存在争议时相关人员才有必要出庭作证。

3. 规范认证程序

认证是举证、质证的必然结果，也是实现法庭调查目的的前提条件。因为只有经过法庭认证的证据才会被法庭采纳用于证明案件事实。所以只有保证对证据的正确认证，法官才能对案件进行正确的认定。

认证需要解决证据的证据能力和证明力问题，这两个问题中首先应当解决证据的证据能力问题，因为只有明确了证据的证据能力，才能进行下一步证据的证明力的讨论，所以在认证程序中首先应当进行证据排除程序。证据排除的对象是非法证据，非法证据是指不符合法定形式或者取得程序违法的证据。我国"重实体，轻程序"司法传统使得控方在收集证据时往往忽视程序，而控方又掌握着收集证据的权利，所以在程序无法对其产生约束时就会出现权利滥用。司法实践中经常会出现控方为了证明被告人有罪采取一些非法手段，比如采用刑讯逼供、威胁、引诱、欺骗的方式获得相关证据，等等。不符合法定形式的证据也应当排除，比如未经质证的证据、真伪不明的证据等都应当被排除。排除相关证据，确定证据的证据能力之后，法官应当根据控辩双方对证据的质证意见，以及证据本身与待证事实的关系，证据与证据之间的关系，确定证据的证明力。确定了证据的证明力后法官就可以根据证据认定案件事实，若证据确实充分，能清楚证明案件事实，法官便可对被告人定罪处罚，但是若证据不足以证明案件事实，那么法官就应当作出被告人无罪的认定。

　　法庭调查是实现审判中心主义的诉讼制度的必经之路，是推进庭审实质化改革的重点，所以在司法改革中我们不得不重视法庭调查程序。我国之前对于法庭调查的关注过少，导致至今法庭调查还没有形成规范的程序，司法实践运用不统一，庭审质量也难以保障，因此我国迫切需要规范法庭调查程序，再加上《法庭调查规程》在各地试点成功为建立规范法庭调查程序打下了良好的基础，所以我国应当尽快实现法庭调查程序的规范。

第三节　落实鉴定人、侦查人员出庭作证制度

一、鉴定人、侦查人员出庭作证制度的背景

　　近年来随着大众法律意识的增强，我国司法界普遍存在"案多人少"的困境，所以为了提高诉讼效率，法官往往不会花费太多的时间去通知鉴定人、侦查人员出庭作证，再加上法官习惯性地相信检察院提交的证据和鉴定意见，导致庭审中对证据的审查陷入走过场的危机。随着审判中心主义的诉讼制度改革，我国提出了诉讼中要实现庭审实质化，对于庭审中出现的证据应当做好审查工作。

（一）鉴定人出庭作证制度的背景

　　鉴定人最初出现在诉讼过程中是为了帮助法官理解专业知识，以作出正确的裁判。现实案件的复杂性造成各种专业知识出现在裁判过程中，法官作为裁判主体在作出裁判之前应当充分了解整个案件，但是法官又不可能精通所有专业的知识，专业的事应当交给专业的人去做，所以我们将鉴定人引入了诉讼。鉴定人的出现确实弥补了法官对专业知识理解上的不足，但是由于法官对于鉴定人所做的鉴定意见过分依赖，在司法实践中出现了"以鉴代审"的情况，法官过分信赖鉴定意见，所以对鉴定意见的审查就太过简单①。为了使控辩双方能更好地对鉴定意见进行质证，法官对鉴定意见的合

---

① 魏洋.在以审判为中心的诉讼制度改革背景下司法鉴定人出庭问题探究[J].医学与法学，2017,9（4）:46-51.

法性有更正确的认识，我国制定了鉴定人出庭作证制度。鉴定人出庭作证制度也是实现庭审实质化，推进审判中心主义诉讼制度改革的重要内容。

（二）侦查人员出庭作证制度的背景

在诉讼制度改革之前，职权主义诉讼模式导致我国在很长一段时间内实行的是侦查中心主义诉讼制度，将侦查阶段作为整个诉讼的中心造成在司法实践中出现了严重的"重行政轻司法"现象。基于此，法官充分信赖侦查阶段收集的证据，在开庭审理前法官就根据检察院提交的全部案卷材料进行了预判，庭审时再走个过场便作出裁判，整个诉讼过程对侦查机关收集的证据的合法性没有做充分的审查。法院的裁判结果基本建立在侦查机关收集的证据之上，而侦查机关收集的证据又没有进行合法性审查，这就很容易造成冤假错案。随着诉讼模式对当事人主义的吸收，审判阶段在整个诉讼中的地位逐渐上升，我国也提出诉讼制度由侦查中心主义向审判中心主义转变的制度改革。审判中心主义注重庭审实质化，要求庭审时要对证据进行充分的合法性审查，确定合法以后才能采用，而侦查人员出庭作证是证明侦查人员所收集证据合法性的重要途径，所以我们要完善我国的侦查人员出庭作证制度。

二、鉴定人、侦查人员出庭作证制度的现状

（一）鉴定人出庭作证制度的现状

现行《刑事诉讼法》第一百九十二条第三款规定"公诉人、当事人或者辩护人、诉讼代理人对鉴定意见有异议，人民法院认为鉴定人有必要出庭的，鉴定人应当出庭作证"。鉴定人出庭作证的条件有两个，一是公诉方、当事人或者辩护人、诉讼代理人对鉴定意见有异议，二是法院认为有必要，只有这两个条件都满足，鉴定人才会出庭作证。为了保证鉴定人的出庭率，该法规定"经人民法院通知，鉴定人拒不出庭作证的，鉴定意见不得作为定案的根据"。法官要求鉴定人出庭作证本就是因为对鉴定意见存疑，同时鉴定人又不像证人具有不可替代性，所以鉴定人不出庭接受质证，为了案件的公正就应当排除该鉴定意见。为保证对鉴定意见能进行更好的质证，该法规定经审判长许可的公诉人、当事人和辩护人、诉讼代理人可以直接询问鉴定人，也可以申请法院通知有专门知识的人出庭就鉴定意见提出意见。因为并不是所有人都掌握了案件涉及的专业知识，所以通知有专业知识的人出庭帮助质证鉴定人，不仅有利于控辩双方对鉴定意见的质证，还有利于法官审查鉴定意见，有效防止了专业知识对庭审的不良影响。为保护鉴定人的人身安全，该法还规定鉴定人因在诉讼中作证导致自己或其近亲属的人身安全面临危险时，可以请求法院、检察院和公安机关采取措施保护本人或其近亲属。

《刑事诉讼法》制定后，为解决实践适用过程中出现的问题，保障当事人的质权，

使庭审的功能充分发挥，最高人民法院又对某些条文进行了进一步的解释完善，其中就对证人、鉴定人、有专门知识的人出庭的相关问题作了详细规定。司法解释中增加了被害人及其法定代理人、诉讼代理人，附带民事诉讼原告人及其诉讼代理人可以向法院申请鉴定人出庭作证的规定；完善了鉴定人出庭作证的制度，规定了提出申请的时间，询问鉴定人的顺序、规则、方式以及鉴定人如实作证的义务；完善了对鉴定人及其近亲属的人身保护。

（二）侦查人员出庭作证制度的现状

最高人民法院、最高人民检察院和公安部、国安部、司法部联合颁布的《关于办理刑事案件排除非法证据若干问题的规定》（以下简称《排除非法证据的规定》）中对侦查人员出庭作证作出了规定："经审查，法庭对被告人审判前供述取得的合法性有疑问的，公诉人应当向法庭提供讯问笔录、原始的讯问过程录音录像或者其他证据，提请法庭通知讯问时其他在场人员或者其他证人出庭作证，仍不能排除刑讯逼供嫌疑的，提请法庭通知讯问人员出庭作证，对该供述取得的合法性予以证明。经依法通知，讯问人员或者其他人员应当出庭作证。"该规定中侦查人员出庭是为了证明被告人供述的合法性，但是对于侦查人员出庭作证的其他具体方面并没有规定。

现行《刑事诉讼法》第五十九条第二款对侦查人员出庭作证作了明确规定："现有证据材料不能证明证据收集的合法性的，人民检察院可以提请人民法院通知有关侦查人员或者其他人员出庭说明情况；人民法院可以通知有关侦查人员或者其他人员出庭说明情况。有关侦查人员或者其他人员也可以要求出庭说明情况。经人民法院通知，有关人员应当出庭。"该法规定侦查人员出庭是为了对证据收集的合法性说明理由，相较于《排除非法证据的规定》而言，侦查人员出庭不再局限于证明被告人的供述合法，但是该法中仍没有完善侦查人员出庭作证的制度。

三、鉴定人、侦查人员出庭作证制度的重要性

（一）鉴定人出庭作证制度的重要性

审判中心主义诉讼制度改革要求要实现庭审实质化，而庭审实质化就要求整个诉讼证据质证在法庭、案件事实查明在法庭、诉辩意见发表在法庭、裁判理由形成在法庭，所以鉴定意见作为一种法定证据，其要被法庭采纳就必须要当庭接受质证。[1]首先，鉴定意见是鉴定人对客观专业知识做的主观评价，其本身不可避免会带有鉴定人的主观意志，所以在质证鉴定意见时应当注意排除其中受鉴定人主观意志影响的部分，但

---

[1]　叶青，徐明敏．以审判为中心的证人、鉴定人出庭作证制度的实践思考[J]．中国司法鉴定，2017（4）：1-7．

是从鉴定意见本身来看我们无法排除鉴定人的主观意志影响部分，所以就需要鉴定人出庭对自己所做的鉴定意见作出解释说明。其次，法官对鉴定意见涉及的专业知识领域并不熟识，所以他们无法判断鉴定意见的正确性，当出现不同的鉴定意见时也无法判断应当采信哪一种，所以鉴定人应当出庭对相关问题进行解释说明，回答相关人员的提问，以使法庭对鉴定意见有一个正确的认识。

根据我国现行立法的规定，鉴定人出庭作证是为了判定存疑的鉴定意见的合法性，鉴定意见作为一种法定证据在被法庭采纳之前应当经过充分的质证，鉴定意见又是鉴定人对客观专业知识作出的主观评价，而鉴定意见本身无法体现出鉴定人在做鉴定时的主观感想，所以就要鉴定人出庭对自己所做的鉴定意见作证。我国现行立法中关于鉴定人出庭作证的规定不足造成鉴定人出庭率非常低，虽然《刑事诉讼法》相关司法解释中对鉴定人出庭作证做了相关规定，但是规定得不够完整，所以无法保证鉴定人的出庭率。审判中心主义的诉讼制度改革要求要实现庭审实质化，所有证据都要经过充分的质证才能采纳，所以要提高鉴定人出庭率，以便庭审中对鉴定意见进行充分的质证。

（二）侦查人员出庭作证制度的重要性

整个诉讼过程中侦查机关的主要任务就是收集证据，揭露和证实犯罪，查缉犯罪人，所以整个诉讼过程中涉及的大部分证据都是由侦查人员收集的，他们对证据收集的合法性问题更加清楚，所以法庭在进行证据审查时对证据收集的合法性存疑时，侦查人员应当到庭对证据收集的合法性作出解释说明。

侦查人员到庭作证有利于法官对证据的审查。侦查中心主义的诉讼制度造成我国在很长一段时间里对庭审阶段的忽视，法官裁判案件都是以侦查机关收集的证据为准，但是对证据收集的合法性又没有具体的审查，这就导致侦查机关存在使用刑讯逼供等非法手段收集证据的情况，造成了部分冤假错案。侦查人员到庭作证这一制度的出现在极大程度上将侦查人员采用非法手段收集的证据排除，法官通过侦查人员在法庭上对证据收集的合法性的说明以及对侦查人员的询问，能准确地判断出证据收集是否合法，从而作出正确的裁判。

侦查人员到庭作证还可以提高审判效率。侦查人员作为证据的收集者，他们相较于公诉方而言更加了解证据的收集程序，在法庭对证据收集的合法性存疑时他们能直接快速准确地作出解释说明，这样就不会拖延庭审的进程，有利于集中审理案件，提高庭审的效率。

侦查人员到庭作证还能督促侦查人员在收集证据时尽量合法。在侦查人员到庭作证这一制度出现以前，侦查人员滥用职权收集证据的现象比比皆是，因为侦查人员的行为基本没有受到任何主体的监督，但是这一制度出现后，侦查人员便有义务向法庭说明证据收集的合法性，如果他们无法证明证据是合法收集的，那么证据本身就面临着不被采纳的风险，同时侦查人员还可能会受到处罚。

四、落实鉴定人、侦查人员出庭作证制度的建议

鉴定人、侦查人员出庭作证都有利于推进以审判为中心的刑事诉讼制度改革，但是现行立法对其规定不够完善，使得司法实践中鉴定人、侦查人员的出庭率很低。所以我们应当完善鉴定人、侦查人员出庭作证制度，这也是《关于推进以审判为中心的刑事诉讼制度改革的意见》对我们提出的要求。

（一）完善鉴定人出庭作证制度

我国现阶段对于鉴定人出庭作证制度的立法不具体，存在许多需要完善的部分。

第一，立法对鉴定人及其近亲属的保护力度不够。首先在保护范围上，现行的所有关于鉴定人出庭作证的立法中都只规定了对鉴定人及其近亲属的人身保护，这就导致若鉴定人及其近亲属在此过程中出现财产损失就无法受到保护，再加上法律规定的保护范围仅包括鉴定人及其近亲属，这就给犯罪分子可乘之机，他们就可能基于这一漏洞而对与鉴定人有密切关系的其他人实施报复。其次在保护时间上，《刑事诉讼法》中只规定了在诉讼中对鉴定人的保护，司法解释中更是将保护的时间限缩在审判阶段，这明显无法实现对鉴定人的充分保护，因为鉴定人遭受打击报复大多出现在出庭作证以后，所以鉴定人可能因怕遭受事后的报复而拒绝出庭作证。最后在保护机构上，立法对公安机关、检察院、法院保护鉴定人及其近亲属的人身安全的相关规定过于原则化。立法中仅规定在鉴定人或其近亲属遭受人身危险时可以向公安机关、检察院、法院请求保护，但是对于三机关具有的职责划分并没有做具体的规定，所以在实践中常常会出现三机关相互推诿，导致鉴定人及其近亲属得不到任何的保护。

第二，立法中没有规定对鉴定人出庭作证的经济补助。鉴定人出庭作证并没有任何经济补助，但是鉴定人出庭作证又会产生误工费、交通费、住宿费、就餐费等一系列的花销以及其他损失，所以鉴定人没有出庭作证的动力。

第三，立法对鉴定人出庭作证的强制力度不够。相关立法规定鉴定人不出庭作证会导致其出具的鉴定意见不被法庭采纳，对其本人并没有太大的影响，鉴定人是否出庭作证全靠自觉，这明显不足以促使鉴定人出庭作证。

第四，现行立法中没有对法庭作出的"鉴定人是否有必要出庭作证"的决定的监督的相关规定，所以法官为了庭审效率往往会不同意鉴定人出庭作证。这也是导致鉴定人出庭作证率低的一大重要原因。

为了提高鉴定人的出庭率，强化庭审对鉴定意见的审查，我们应当就以下几方面对鉴定人出庭作证制度进行完善。

第一，应当强化对鉴定人的保护，让鉴定人在作证时没有后顾之忧。首先应当扩大对鉴定人出庭作证的保护范围。将对鉴定人的保护扩大到对其人身和财产的保护以

及将与鉴定人有密切联系的人纳入保护范围。其次应当延长对鉴定人出庭作证保护的时间，对鉴定人的保护时间要延长至诉讼之后，而不是局限在诉讼中。正如英国大法官丹宁所说："没有一种法律制度有正当理由在发现证人因作证而受到侵害时又拒绝施以救济。"同样的，鉴定人因出庭作证而遭遇危险时就应当受到保护，不论危险发生在何时。最后应当设立专门的机关来保护鉴定人出庭作证的安全。笔者之所以认为我国可以借鉴美国证人保护所设立的执行办公室的做法，设立专门的机关来保护鉴定人，是因为公安机关、检察院、法院在诉讼过程中本身就承担着繁重的职责，他们可能无法对鉴定人实施充分的保护，设立专门的机关专门用于保护鉴定人，既不用增加三机关的工作压力，又能实现对鉴定人更加专业全面的保护。

第二，应当建立鉴定人出庭作证补助机制，从经济上鼓励鉴定人出庭作证。对于鉴定人能够证明是因为作证产生的经济损失，法官再对其进行审查，然后根据必要合理的标准对其进行补助。经济补助的范围包括但不限于误工费、交通费、住宿费、就餐费。

第三，应当建立鉴定人出庭作证的强制措施。我国现有立法规定了强制证人出庭作证，但是没有规定强制鉴定人出庭作证，因为鉴定人不像证人具有不可替代性。但是笔者认为如果不建立强制鉴定人出庭作证的机制，就无法保证鉴定人出庭作证，而鉴定人拒绝出庭作证就会导致鉴定意见不被采纳，虽然可以再申请其他的鉴定机关就该问题作出鉴定意见，但是这无疑是对资源的浪费，同时由于要进行重新鉴定，那必然会导致庭审中断，法庭审理便丧失了连贯性，降低了诉讼效率。

第四，应当建立相关的监督机制，监督法院对于"鉴定人是否出庭作证"的决定。笔者认为对法官的决定的监督可以采取复议复核的方式，因为复议复核可以实现对法官所做决定的监督，同时又可以实现对申请人的救济。对于法庭作出的"拒绝鉴定人出庭作证"的决定不服的，申请人可以向法院申请复议一次，对于复议结果不服的，可以向上级法院申请复核。

（二）完善侦查人员出庭作证制度

现行法律对于侦查人员出庭作证制度的规定十分简单，仅仅规定了侦查人员在证据收集的合法性存疑时，经法庭通知应当出庭说明情况。但是对于侦查人员出庭作证的身份、侦查人员拒绝出庭作证的责任、侦查人员出庭作证的保障等都没有作出具体的规定，所以侦查人员出庭作证制度在司法实践中难以运行。完善侦查人员出庭作证制度，就要解决现行的制度本身存在的问题。

首先应当确定侦查人员出庭作证的身份，这是侦查人员出庭作证制度的基础。侦查人员出庭作证主要包括两个方面：一是对证据收集的合法性进行说明；二是对其在实施侦查行为时目击的情况作出说明。很明显侦查人员出庭对目击情况进行说明时其身份是证人，但是对证据收集的合法性进行说明时其就不再是证人了，所以我们应当对其做一个特殊的身份界定，并建立侦查人员出庭作证制度来专门调整其行为。

其次要明确侦查人员出庭作证的责任。侦查人员本身的职责就是收集证据、查明案件事实，其有义务协助法院查明案件事实，所以在庭审阶段法官对证据收集的合法性存疑时其有义务出庭作出解释说明。因此若侦查人员拒绝出庭作证，首先证据本身的证明力会受到影响，严重时将会被排除，其次是对侦查人员本人而言，其没有正当理由拒绝出庭作证，本身就是不履行自己的职责，应当受到相应的纪律处罚，同时法官可以根据具体案件的需要强制侦查人员出庭作证。若发现侦查人员确实采用了非法手段收集证据，还应追究相关人员的行政责任或者刑事责任。

最后要制定侦查人员出庭作证的保障机制。侦查人员由于其身份的特殊性，其本身就是被打击报复的对象，所以应当制定相关措施保障其出庭作证时的人身和财产安全，具体可以借鉴对证人的保护措施，比如不公开其真实姓名、住址和工作单位等个人信息，或者不暴露其外貌、真实声音等。由于侦查人员出庭作证也是履行其职责的行为，其工作单位应当支持其出庭作证。所以应当立法规定侦查人员在出庭作证时其工作单位应当积极配合，并为其预留出时间准备出庭的相关事宜。

第四节　完善证人保护、出庭、补助制度

一、证人保护、出庭、补助制度的现状

随着审判中心主义诉讼制度的提出，庭审在整个诉讼中的地位越来越重，但是我国长期以来形成的侦查中心主义的传统以及法律的滞后性导致现行立法对"以审判为中心"的相关规定还存在许多问题，这成为推进我国诉讼制度改革的绊脚石，因此要实现审判中心主义就要完善相关规定。审判中心主义要求案件事实查明在法庭，所有证据质证在法庭，所以作为法定证据的证人证言当然也应当在法庭上进行质证。证人证言是证人对其知道的案件情况向法院或侦查机关所做的陈述，证人的陈述会受其自身情况的影响，因此具有极大的主观性，在法庭上如果仅对证人证言进行质证，明显无法达到质证的效果，所以证人应当出庭协助质证。证人出庭作证要面临许多问题，出庭会给其造成不同程度的经济损失，也可能使自己遭受案件相关人员的打击报复，大多数证人因此而不愿意出庭作证，所以要提高证人出庭率就要完善证人保护、出庭、补助等制度。

为提高证人出庭作证率，现行《刑事诉讼法》对证人出庭作证做了一些修改，同

时司法解释对刑事诉讼法做了一定的补充，这在一定程度上完善了证人出庭作证制度。首先规定出庭作证以及如实作证是证人的义务①，接到法院的通知后应当配合法庭出庭作证，若其无正当理由拒绝出庭作证，法院可以强制其出庭作证，拒绝作证将会受到惩罚②，司法解释补足了《刑事诉讼法》对强制手段规定的空白，规定强制证人出庭作证需要法院院长签订《强制证人出庭令》。其次规定了证人出庭作证的范围，"当事人或者辩护人、诉讼代理人对证人证言有异议，且该证人证言对案件定罪量刑有重大影响，人民法院认为证人有必要出庭作证的，证人应当出庭作证"③。司法解释从反面规定了不需要出庭作证的情形。④再次规定了证人保护制度，证人在本人或其近亲属的人身安全面临危险时，可以向公安机关、检察院、法院寻求保护，在危害国家安全犯罪、恐怖活动犯罪、黑社会性质的组织犯罪、毒品犯罪等案件中作证，三机关还应在证人及其近亲属的人身遇到危险时主动采取一系列措施对其进行保护。⑤最后规定了证人出庭的经济补助，对于证人因出庭作证而支出的交通、住宿、就餐等费用应当给予补助，同时证人的工作单位不得因证人出庭作证耽误工作时间而克扣证人的相关福利待遇。⑥司法解释具体规定了给证人发放补助的单位是法院。⑦

虽然现行《刑事诉讼法》在一定程度上完善了证人出庭制度，但是司法实践中出

---

① 《刑事诉讼法》第六十二条：凡是知道案件情况的人，都有作证的义务。

② 《刑事诉讼法》第一百九十四条：证人作证，审判人员应当告知他要如实地提供证言和有意作伪证或者隐匿罪证要负的法律责任。第一百九十三条：经人民法院通知，证人没有正当理由不出庭作证的，人民法院可以强制其到庭，但是被告人的配偶、父母、子女除外。证人没有正当理由拒绝出庭或者出庭后拒绝作证的，予以训诫，情节严重的，经院长批准，处以十日以下的拘留。被处罚人对拘留决定不服的，可以向上一级人民法院申请复议。复议期间不停止执行。

③ 《刑事诉讼法》第一百九十二条第一款。

④ 《最高人民法院关于适用〈中华人民共和国刑事诉讼法〉的司法解释》第二百五十三条：证人具有下列情形之一，无法出庭作证的，人民法院可以准许其不出庭：(一)在庭审期间身患严重疾病或者行动极为不便的；(二)居所远离开庭地点且交通极为不便的；(三)身处国外短期无法回国的；(四)有其他客观原因，确实无法出庭的。

⑤ 《刑事诉讼法》第六十三条：人民法院、人民检察院和公安机关应当保障证人及其近亲属的安全。对证人及其近亲属进行威胁、侮辱、殴打或者打击报复，构成犯罪的，依法追究刑事责任；尚不够刑事处罚的，依法给予治安管理处罚。第六十四条：对于危害国家安全犯罪、恐怖活动犯罪、黑社会性质的组织犯罪、毒品犯罪等案件，证人、鉴定人、被害人因在诉讼中作证，本人或者其近亲属的人身安全面临危险的，人民法院、人民检察院和公安机关应当采取以下一项或者多项保护措施：(一)不公开真实姓名、住址和工作单位等个人信息；(二)采取不暴露外貌、真实声音等出庭作证措施；(三)禁止特定的人员接触证人、鉴定人、被害人及其近亲属；(四)对人身和住宅采取专门性保护措施；(五)其他必要的保护措施。证人、鉴定人、被害人认为因在诉讼中作证，本人或者其近亲属的人身安全面临危险的，可以向人民法院、人民检察院、公安机关请求予以保护。人民法院、人民检察院、公安机关依法采取保护措施，有关单位和个人应当配合。

⑥ 《刑事诉讼法》第六十五条：证人因履行作证义务而支出的交通、住宿、就餐等费用，应当给予补助。证人作证的补助列入司法机关业务经费，由同级政府财政予以保障。有工作单位的证人作证，所在单位不得克扣或者变相克扣其工资、奖金及其他福利待遇。

⑦ 《最高人民法院关于适用〈中华人民共和国刑事诉讼法〉的司法解释》第二百五十四条：证人出庭作证所支出的交通、住宿、就餐等费用，人民法院应当给予补助。

庭作证的证人还是少数，证人出庭作证率还是没有得到提高，[①] 证人出庭作证后的人身安全仍然得不到有效的保护，证人受到打击报复的案件还是多次发生，证人对出庭作证的抵触心理还是没有改变，所以我国证人出庭率极低，证人出庭作证还是我国现行诉讼制度中一个亟待解决的难题。

二、现行证人保护、出庭、补助制度的缺陷

虽然在《刑事诉讼法》的修改中对证人出庭作证、证人保护和补助做了相关的规定，但是由于我国的相关制度还处于起步阶段，所以制度本身还存在缺陷，证人出庭作证制度无法在实践中落实，所以在司法实践中证人出庭作证率一直无法提高。现行证人保护、出庭、补助制度的缺陷如下：

（一）未明确证人出庭作证的范围

首先出于对我国司法资源紧张的现状的考虑，所有证人都出庭作证在我国是不可能实现的，所以《刑事诉讼法》采用"有异议""有重大影响""有必要"三个词语将证人出庭作证的范围做了限制。这一规定在实践运用过程中又出现了理解上的分歧，法院在判断证人是否应当出庭作证时，是只要应当就认定为"有必要"，还是要在"有异议"且"有重大影响"的基础上筛选出"有必要"的部分，这就给法官确定证人是否出庭作证留下了很大的自由裁量权。司法实践中"案多人少"的情况导致法官的工作量极大，证人出庭作证会增加法官的工作量，再加上我国职权主义的司法传统造成法庭注重书面证言，对于证人证言极不信任，所以法官在很多情况下为了减少工作压力，节约诉讼时间，提高诉讼效率而滥用其自由裁量权阻止证人出庭作证。这在很大程度上损害了控辩双方的诉权，使得控辩双方无法在法庭上对证人证言展开充分的质证。

（二）对证人的保护力度不够

《刑事诉讼法》专门对证人保护作出了规定，但是实践中仍然出现了许多证人出庭作证后遭受打击报复的案件，这是因为规定本身存在很多漏洞，证人保护无法落在实处，导致证人不愿意出庭作证。

首先，证人保护的范围太过狭窄。第一，现行法律对证人的保护仅局限于对证人及其近亲属的保护，但是在复杂的社会人际关系中，证人的近亲属并不能囊括所有能对证人产生影响的人，比如说证人的恋人并不在法律规定的保护范围内，但是其安全确是影响证人出庭作证的重要因素，所以法律仅规定对证人及其近亲属的保护太过狭窄。第二，法律对于证人及其近亲属的保护仅局限在人身安全部分，但是现实中证人遭受的打击报复并不局限于证人的人身，还有对证人财产的损害。

---

① 陈光中,步洋洋.审判中心与相关诉讼制度改革初探[J].政法论坛,2015,33(2):120-128.

其次，证人保护的实施主体不明。法律仅规定公安机关、检察院、法院有保护证人的义务，但是没有具体规定三者的职责范围，这就导致证人寻求保护时三机关相互推诿，法律也没有规定此时证人可以怎样寻求救济，因而在这种情况下证人无法得到有效的保护。

最后，证人事前保护规定不足。《刑事诉讼法》中规定"对证人及其近亲属进行威胁、侮辱、殴打或者打击报复，构成犯罪的，依法追究刑事责任；尚不够刑事处罚的，依法给予治安管理处罚"，由此可以看出法律本身还是侧重于对证人的事后救济，即在证人遭受打击报复之后对犯罪分子的处罚。但是对证人最好的保护是在事前进行预防，将打击报复与证人隔离，《刑事诉讼法》虽然对事前预防的措施做了相关规定，但是其范围仅局限在危害国家安全犯罪、恐怖活动犯罪、黑社会性质的组织犯罪、毒品犯罪等案件中，对于其他案件中证人的事前保护的缺失导致证人在出庭作证时没有安全感，自然就不愿意出庭作证。再加上对证人事前保护的配套设施的建设没有跟上，所以实践中对事前预防措施的落实不到位。

（三）对证人出庭作证的制约力度不够

虽然《刑事诉讼法》设定了强制证人出庭制度[①]，但是并没有规定具体的强制手段，规定了无正当理由不出庭作证将会遭受的训诫或者十日以下的拘留的处罚，但是现实中对证人不出庭作证的处罚力度还是不大，无法对证人形成很强的震慑效果。再加上中国特有的人情社会、熟人社会的传统以及大众普遍存在的"事不关己，高高挂起""以和为贵"的中庸态度导致证人不愿意出庭作证。

（四）对证人的经济补助制度不完善

《刑事诉讼法》虽然增加了证人经济补助制度，但是其规定却非常简单。仅仅规定了经济补助的范围是证人因履行作证义务而支出的交通、住宿、就餐等费用，由同级人民政府财政支出，有工作单位的证人作证，所在单位不得克扣或者变相克扣其工资、资金及其他福利待遇。正是由于对证人经济补助的规定太过简单，所以导致司法实践适用中出现了许多问题。

第一，将误工费排除在对证人的经济补助之外就极不恰当。《刑事诉讼法》之所以将误工费排除在证人的经济损失之外，是因为法律认为出庭作证是证人的义务，证人的工作单位应当支持，所以证人作证期间也应当保障证人的工作福利，所以既然工作单位已经保障了证人的工资福利，那么在对证人进行经济补助时就不应当考虑误工费。但是笔者认为证人出庭作证本就是为了配合司法机关查明案件事实，其行为本身应当

---

① 《刑事诉讼法》第一百九十三条：经人民法院通知，证人没有正当理由不出庭作证的，人民法院可以强制其到庭，但是被告人的配偶、父母、子女除外。

算是为司法机关工作，所以其误工费应当由国家财政支出，而我国现行的制度将误工损失强加在了证人的工作单位头上，这明显是不恰当的。第一，由工作单位承担这部分损失就会导致工作单位强制或者通过其他途径要求证人不出庭作证，法律虽然规定了工作单位应当支持证人出庭作证，但是却没有规定工作单位不支持证人作证的后果，所以这一条款本身对用人单位的约束力并不大。同时这一规定仅考虑了有工作单位的证人，对于没有用人单位的证人而言，因出庭作证造成的误工费就只能由自己承担。第二，未规定具体的证人经济补助程序。因为程序的缺乏，导致证人根本不知道应当怎样申请经济补助，也不知道未收到经济补助应当寻求怎样的救济。由于对证人经济补助的制度规定的不完善导致制度难以在实践中落实，实践中出现了大量的证人出庭作证但是却没有经济补助的现象。

三、证人保护、出庭、补助制度的完善建议

（一）完善证人出庭的范围以及监督程序

现行立法规范对证人出庭作证的范围虽然从正反两方面进行了规定，但是保护范围本身仍然十分模糊，证人是否出庭作证大多都是由法官自由裁量。法官自由裁量权过大却没有相应的机关对其裁量权的行使进行监督，这就造成实践中很多法官滥用自由裁量权不允许与案件关系密切的证人出庭作证。要改变现状，就要对证人出庭作证的范围进行明确的限制以减小法官的自由裁量权，同时要对法官的自由裁量权的行使进行监督。

通知证人出庭作证首先是为了查明案件事实，所以对定罪量刑有重大影响的证人证言应当通知证人出庭作证，至于重大影响的界定，笔者认为可以借鉴欧洲人权法院的规定。欧洲人权法院认为证人证言是具有唯一或决定性的证据时就可认定为该证人证言对定罪量刑有重大影响，应当通知证人出庭作证，[①] 所以若证人证言是证明被告人有罪的唯一证据，或者是对案件结果有决定性影响的证据，证人应当出庭作证。

证人出庭作证不仅是为了查明案件事实，还为了保障质权的行使。在整个刑事诉讼中公诉方承担着收集证据的责任，所以整个案件中控方证人的数量远超辩方证人的数量，因此在整个庭审过程中对证人证言有异议的大多都是辩方，而侦查中心主义的传统导致我国控辩双方的地位无法达到平等，辩方在庭审中仍处于弱势地位，所以相较于控方而言，辩方的质权更容易遭受损害。因此，为使辩方对证人证言的质权顺利行使，笔者建议借鉴回避申请的处理行使，若辩方对法官作出的不准许证人出庭作证的决定不服，可以申请复议一次。

---

① 孙志伟. 关键证人出庭作证的欧洲模式及其借鉴意义[J]. 重庆大学学报(社会科学版),2017,23(2):97-106.

（二）完善证人保护制度

证人之所以不愿意出庭作证在很大程度上是害怕受到打击报复，而现行的相关立法对证人保护的力度不够，证人保护制度的落实不到位，所以证人遭受打击报复的现象屡见不鲜。为了让证人没有后顾之忧地出庭作证，我们应当对证人保护制度做相应的完善。

首先，扩大证人保护的范围。我国现行法律对证人的保护范围过窄，证人在作证时仍然会面对各种各样的威胁，这些都成为证人出庭作证的阻碍。消除阻碍的方法就是扩大证人保护的范围，将证人以及与证人关系亲密的利害关系人的人身和财产安全作为保护的对象，最大限度地为证人创建安全的作证环境。

其次，要明确公检法三机关对证人保护的具体职责。由于公安机关主要负责的是在侦查阶段的取证，所以在侦查阶段证人的安全应当交由公安机关负责；在审查起诉阶段对证人的保护就应当交由检察院负责，因为在这一阶段主要是检察院开展工作，其对证人的安全状况是最了解的，所以由其对证人进行保护最为合适；到了审判阶段案件移交到法院，证人的安全问题当然应当由法院负责，此时控辩双方处于对立的两边，再由检察院来保护证人明显就不合适了，此时法院作为中立的第三方正好可以实行对证人的保护。诉讼终结后还应当延续对证人的保护，此时应当由谁来保护证人呢？笔者认为此时应当仍然由法院对证人进行保护，因为法院较公安机关和检察院而言与证人没有直接利害关系，同时其又参与了整个案件的审理，能够判断出谁可能对证人不利。

最后，加强对证人的事前保护。要完善对证人的事前保护措施，扩大现行立法中的事前保护范围，将所有出庭作证的证人都纳入事前保护的范围。事前保护的目的就是阻断对证人的事后报复，因此应当特别注意对证人的身份及隐私的保护，虽然现行法律对特殊的几类罪行中的证人的身份及隐私保护做了规定，但是并没有具体规定操作措施。笔者认为法庭上可以设置特殊的证人席，证人席应当可以将证人与其他诉讼参与人隔离，但是这又不影响控辩双方对证人的质询，这在最大程度上保护了证人隐私和控辩双方对证人证言质权的行使。

（三）加强对证人出庭作证的制约

为确保证人出庭作证，我国设立了强制证人出庭制度以及对证人不出庭作证的惩罚，但是由于力度不够造成制度本身无法对证人形成制约。考察国外强制证人出庭制度的相关规定，我们会发现他们对证人不出庭作证的惩罚力度远大于我国。日本对证人无正当理由拒绝宣誓作证的，处 10 万元以下的罚金或者拘留。①德国对证人不出庭作

---

① 《日本刑事诉讼法典》第 150 条：违反到场义务的罚款、赔偿费用：被传唤的证人无正当理由拒不到场的，可以裁定处 10 万元以下的罚款，并可责令赔偿因其不到场而产生的费用。第 151 条：拒不到场罪：证人受到传唤无正当理由而不到场的，处以 10 万元以下的罚金或拘留。第 161 条：无正当理由而拒绝宣誓，或者拒绝提供证言的，处以 10 万元以下的罚金或拘留。

证也规定了严苛的处罚，如果证人在法庭第一次依法传唤时不到庭作证，则该证人需要承担因不出庭作证而造成的损失，同时还附加对该证人处以秩序罚款，若该证人经济上无法承担该罚款则对其处以秩序拘留。再次应传却仍不到庭作证的可叠加上述处罚。[1]

我国应当加强对拒不出庭作证的证人的处罚力度，在实践中我国对证人不出庭作证的处罚大多采取训诫的方式，但是训诫这种精神上的处罚对证人的约束力并不大，再加上由于现存立法仅规定情节严重的可以对证人处以拘留的处罚，但是没有规定情节严重的具体情况，所以实践中对拘留这种处罚方式的运用法庭还是持谨慎态度。法庭很少会对证人采取拘留措施，这更助长了证人不出庭作证的气焰。要约束证人出庭作证，首先就要将拘留这一措施落在实处，笔者认为对于案件中的关键证人，比如证人证言是整个案件中具有唯一或决定性的证据，但是证人又拒不出庭作证的，应当对证人采取拘留的处罚，严重时还可以追究其妨碍司法的刑事责任。其次笔者认为我国可以借鉴国外对拒不出庭证人的处罚，增加对拒不出庭的证人处以罚金规定，以罚金代替训诫对促使证人出庭更有效。除此之外我们要向公众宣传拒不出庭作证的惩罚措施，让他们事先清楚拒不出庭作证的后果，以此来对抗熟人社会造成的传统观念。这就是费尔巴哈所说的人们预先知道犯罪而受到刑罚惩罚的痛苦大于因犯罪所得到的快乐时，就会产生抑制其心理上萌生犯罪的意念，从而可以防止犯罪。[2]

（四）完善证人经济补助制度

追求利益是每个人行动的标杆之一，任何人为行为都是为了追求个人利益，若是行为会给其带去利益损失，我们就不能期待其为该行为。所以既然期待证人出庭作证，就必须要补助其作证期间产生的经济损失，因此要完善证人经济补助制度。

首先证人在接到出庭作证的通知后可以向法院请求预先支付经济补助，然后法院根据证人的信誉和证人的经济情况决定是否预先支付，这样可以提高证人出庭作证的动力，因为证人不用担心其利益因作证而受损。但是若证人提前收到经济补助后又不出庭作证，其就应当退还经济补助，同时法院还可以根据具体情况对其进行罚款。其次应当将误工费加入对证人的经济补助中，这不仅对证人的工作单位更加公平，使得用人单位真正做到支持证人出庭作证，同时对那些没有工作单位的证人也更加公平，没有工作单位的证人不会因为出庭作证而自行承担误工损失。最后增加证人经济补助

---

[1] 《德国刑事诉讼法》第51条：证人经依法传唤而不到场的，应当承担因此造成的费用。同时科处秩序罚款，不能缴纳罚款时易科秩序拘留。相应地适用第一百三十五条规定。证人再次应传不到的，可以再次科处秩序罚。第70条：证人无法定理由拒绝作证、宣誓的，应当承担因此造成的费用。同时科处秩序罚款，不能交纳罚款时易处秩序羁押。

[2] 张莉.新刑事诉讼法实施过程中证人出庭作证存在的问题和对策[J].山东审判,2016,32(2):54-58.。

的救济措施，若证人在出庭作证后没有收到其经济补助，可以向法院提出申请，若申请后仍然没有收到其应有的经济补助，或者对自己所得的经济补助的金额存疑的，可以向法院申请复议。

第五节　严格落实依法依证裁判规则

一、依法依证裁判规则的发展背景

自党的十八大提出纠正冤假错案以来，我国平反了一批冤假错案，这些冤假错案引起了大众的广泛关注，在为无辜者惋惜的同时大众也不禁对司法的公正性产生怀疑。习近平总书记如是描述冤假错案带来的影响，"我们要懂得 100-1=0 的道理。一个错案的负面影响，足以摧毁九十九个公正裁判积累起来的良好形象。执法司法中万分之一的失误，对当事人就是百分之百的伤害"①。由此可见冤假错案带来的损失是极大的，不仅会降低司法的公信力，同时还会给无辜者造成无法挽救的损害。

冤假错案的存在就是公正司法的致命伤，要想实现司法公正就要防止冤假错案的发生。回溯近年来发生的冤假错案，不难发现造成冤假错案的原因是侦查机关在"命案必破"的口号下为快速追求破案，在侦查阶段采取非法手段收集证据，再加上"侦查中心主义"的传统导致法院在审判阶段配合侦查机关了结案件。通过对冤假错案形成原因的反思，我们逐渐意识到实现司法公正首先要确立审判的中心地位，侦查、起诉等环节应当服务于审判阶段，审判应当完全独立进行，法庭应当严格依法依证作出裁判，而不受任何其他影响。

我国对于依法依证裁判规则的建立经过了漫长的时间，"文化大革命"时期对法制的破坏导致大量的冤假错案发生。此后，通过总结反思我国制定了 1979 年《刑事诉讼法》，提出对案件的裁判要在事实清楚，证据确实充分的情况下进行，要"重证据，重调查研究，不轻信口供"②。1979 年《刑事诉讼法》中体现出了依法依证裁判的思想，但是规定得并不具体。之后我国相继出台的《关于进一步严格依法办案确保办理死刑案件质量的意见》《办理死刑案件证据规定》以及 1996 年《刑事诉讼法》等法律规定中都体现了依法依证裁判的精神，但是对其都没有做具体的规定。直到 2012 年《刑事

---

① 参见习近平《在中央政法工作会议上的讲话》(2014 年 1 月 7 日)。

② 陈光中. 证据裁判原则若干问题之探讨[J]. 中共浙江省委党校学报, 2014, 30(6):16-21.

诉讼法》的出台才对依法依证裁判做了相对具体的规定，从此依法依证裁判规则在我国才慢慢开始发展。

二、严格落实依法依证裁判规则的价值

任何制度都必须要运用于实践才能彰显其优势，再完美的规则如果不能有效落实在实践中，就是纸上谈兵毫无用处。依法依证裁判规则作为实现审判中心主义诉讼制度改革的关键当然也应当落在实处，而不是就制度论制度的空谈。社会主义法治要求我们要做到有法可依、有法必依、执法必严、违法必究，所以法官依法裁判是符合社会主义法治要求的。再加上法官作为案件的居中裁判者，在审判案件时应当做到公平公正不偏私，但是法官本身又是具有情感的普通人，所以其对案件的裁判若不遵循一定的规则，就无法保证其审判的公平，所以法官应当依法裁判案件。

我国从 1979 年《刑事诉讼法》的颁布开始，我国刑事司法领域就一直强调依据证据进行裁判，证据裁判原则是刑事诉讼制度的基石。依据证据进行裁判是法官理性裁判的象征，法官依据证据作出裁判使法官能发挥出完全的理性，因为用客观的证据来证明未知的事实本身就是理性的体现。依据证据进行裁判还兼顾了实体正义和程序正义，既能保证过程的正义又能保证结果的正义。依据证据进行裁判原则彰显了现代诉讼的理性、文明和公正。

三、依法依证裁判规则在我国的适用情况

法律是最低的道德，法律也是实现公平正义的途径，法律的制定是为了指引人们的行为，让人们对自己的行为有一个预判。法律的制定是为了维护社会秩序，所以其应当被遵守，否则法律的意义将无法实现。而法院作为审判机关，承载着解决纠纷，维护正义的职责，其更应当在审判时依照相关法律的规定，依法依证作出裁判，这也是实现法官裁判公正性的关键。

2012 年《刑事诉讼法》对依法依证裁判规则做了详细的规定，其中首先强调了法院裁判案件要根据已经查明的事实、证据和有关法律的规定；然后规定裁判案件要重证据，重调查研究，不轻信口供，若除被告人供述外没有其他证据的，不能认定被告人有罪；最后对证据的证据资格以及证明力做了具体的规定，完善了非法证据排除规则，强化了非法证据应当予以排除的理念。十八届三中全会提出审判中心主义诉讼制度改革后，为推行审判中心主义，最高人民法院、最高人民检察院、公安部、国家安全部、司法部联合印发了《关于推进以审判为中心的刑事诉讼制度改革的意见》，其中再次强调要严格依法裁判，以及要按照法律规定的证据裁判要求，全面规范地收集、固定、审查、运用证据，确保案件裁判公平正义。之后最高人民法院为贯彻这一意见制定的《关于全面推进以审判为中心的刑事诉讼制度改革的实施意见》中也提出要坚持严格司法原则，熟练依法裁判理念，同时还具体规定要规范普通程序，确保依法公

正裁判，以及完善证据认定规则，切实防范冤假错案。依法依证裁判规则逐渐成为法官必须遵守的规则，这也是实现法官裁判的公正性的关键。

虽然依法依证裁判规则在我国法律中得到了全面的贯彻，但是由于依法依证裁判规则本身在我国推行的时间并不长，还处于探索阶段，制度本身就还存在许多不完善的地方，现实中法院对依法依证裁判规则的落实也不到位，所以在推行依法依证裁判规则时还存在许多问题。

第一，司法实践中法官并不仅仅在法律和证据的基础上作出裁判结果，法官对案件的裁判会受到各种因素的影响。首先是司法行政化导致法官在裁判案件时无法做到独立裁判。虽然我国宪法中规定了"人民法院依照法律规定独立行使审判权，不受行政机关、社会团体和个人的干涉"，但是由于体制、机制上的原因，我国司法机关在人财物上都受制于地方行政机关，再加上我国法院的组织结构以及管理方式方面的弊病，导致法院内部行政色彩浓厚。所以法官对个案进行的裁判不仅受法律的影响，还会受到行政机关以及其他人员的影响，这就导致法官作出的裁判无法体现出公正。其次是我国人情社会的传统导致法官在裁判案件时被人情干扰。中国社会自古以来就是熟人社会，注重人情往来，而法官也是普通社会成员，其自然会被这种人情压力所影响，在裁判案件时受其影响在所难免。再次法官司法腐败导致裁判结果偏离法律与证据。最后是社会舆论对法官裁判案件的压力导致法官裁判案件时易受舆论的影响。社会舆论虽然在一定程度上可以监督法院的裁判行为，但是随着大数据时代的到来，网络给了人们肆意行使其言论自由权利的机会，再加上法不责众的观念的影响，导致有心人士利用网络煽动大众，形成强大的舆论影响，法官在这种舆论压力下形成的裁判结果若不能满足大众，便会造成不知情的大众对司法的信任度下降，严重时还会引发大众对裁判法官的声讨，造成很多法官的裁判深受舆论的影响。所以实践中法官裁判案件并不仅受法律的规制，还会被外界的各种因素影响。

第二，"口供为王"的传统对法庭证据采纳的影响。在很长一段时间里法官审判案件都以口供为主，其他证据为辅，比如明律"吏典代写招草"条王肯堂笺释说："鞫问刑名等项，必据犯人之招草，以定其情。"① 清律同条夹注指出："必据犯者招草以定其罪。"《清史稿·刑法志》指出："断罪必取输服供词。律虽有众证明白即同狱成之文，然非共犯有逃亡，并罪在军流以下，不轻用也。"② 由于重口供的传统在我国存在了很久，所以虽然法律规定要重调查研究，不能轻信口供，但是短期内法官重视口供的固有思想还是无法改变，口供对法官作出的裁判结果还是存在很大的影响，自然导致依

---

① 此句明代王肯堂在其所撰《大律附例笺释》中写的，后清代的薛允升将其收在他编写的《唐明律合编》中，民国时期王云五出版《万有文库》时，又将《唐明律合编》（五）收在《万有文库》第二集七百种之 134 第 699 页，由商务印书馆在 1937 年 3 月出版。——著者注

② 陈光中. 证据裁判原则若干问题之探讨[J]. 中共浙江省委党校学报,2014,30(6):16-21.

法依证裁判规则落实不到位。

四、严格落实依法依证裁判规则的措施

严格落实依法依证裁判规则，应当确立法官绝对的独立审判地位。我国法官之所以无法依法依证作出裁判，在很大程度上是因为其没有实现独立，法官对于案件的裁判受到外界太多的影响。独立司法一直是我国所强调的，人民法院独立审判原则也是我国刑事诉讼法的基本原则，但是仅凭借这一原则性的规定并不能保证法官实现独立审判。法官无法实现独立审判很大的原因是行政权对其产生的影响，虽然法律明确规定行政机关不能干涉法院的审判，但是由于法院的财政、法官的提名任免等受控于行政机关，导致法官在对案件进行裁判时不得不考虑行政机关的态度。再加上法院内部管理过度行政化，导致法院内部"官本位"思想十分浓厚，大多数人将"一辈子都在审判案件"判定为自己职业生涯的失败，他们认为的成功与否在于行政级别的高低，所以法官的工作重心逐渐由裁判案件转移到对权力的追求上，此时法官在裁判案件时就会考虑自己未来的官途，自然就无法实现依法依证裁判。笔者认为要实现法官独立审判，就应当从内到外进行改变，既要改变内部管理，改变将法官作为普通的行政人员进行管理的模式，提高法官的待遇以及社会地位，让他们从"官本位"的思想中解放出来，回归到审判案件的本位上来，建立专业化职业化的法官队伍；又要改变外部体制，将法院的财政与人事任免从地方行政中独立出来，减小地方行政机关对于审判权的影响。

严格落实依法依证裁判规则，应当完善法官的职业道德和廉政教育，提高法官的业务水平。法官在审判阶段会面临钱色诱惑，面临权力的压力，但是法官又肩负着公正裁判的责任，这就导致法官的职业道德教育较其他行业而言要更加严格，法官只有具有良好的职业道德，才能正确地行使其审判权，所以要完善对法官的职业道德教育和廉政教育。《法官培训条例》第十四条的规定，"法官培训应注重法官的职业道德素质和业务素质教育，提高法官庭审驾驭能力、诉讼调解能力、法律适用能力和裁判文书制作能力。法官培训的具体内容应视不同培训对象的需求有所侧重。"但是该条例并没有规定具体的操作，这就导致司法实践中对于法官的培训教育流于形式。笔者认为在对法官的职业道德和廉政教育方面，应加强对法官的入职审核，将思想觉悟不高的法官阻隔在法院系统之外，同时做好法官的入职培训，帮助其树立正确的世界观、人生观，养成良好的生活作风以及自觉抵制各种腐败现象。同时还要定期开展法官职业道德教育，坚定其公正司法的决心。大多数法官在初入司法系统时都怀揣着实现司公正的决心，之所以之后会出现违法裁判，是因为没有坚守住作为法官的职业道德，所以在司法实践中要定期巩固法官的职业道德与廉政教育，时刻提醒其应当依法依证公正裁判。在对法官业务水平的教育方面，笔者认为要落实依法依证裁判规则，就应当对新出台的法律法规进行集中学习，正确理解规范背后的法意，法官在审判时才能正

确适用法律，做到依法裁判。同时要定期对非法证据排除等证据审查的方法进行学习，因为证据是整个案件裁判的基础，只有对证据进行了正确的审查，才能实现证据裁判原则。

严格落实依法依证裁判规则，完善对法官审判权的监督。首先要制定严密的监督机制，从立法上规范对法官的监督；其次要设立专门的机关对法官的审判行为进行监督；最后要从严处理法官的违法审判行为，将依法依证裁判规则落在实处，成为真正能约束法官裁判的规则。

严格落实依法依证裁判规则，应当加强对非法证据的排除。对于司法审判而言，刑事证据在其中起到了十分重要的作用。在案件中，刑事证据一般决定了司法人员对案件的认识，直接影响到案件的审判，司法实践中大多数冤假错案的产生都是因为法院在审判阶段没有排除非法证据。非法证据排除是落实依法依证裁判规则的基础和关键，要实现裁判结果的公平，就要加强对非法证据的排除。我国现行立法中虽然规定了非法证据排除规则，但是规定本身存在许多问题。首先对非法证据排除的法定标准过于宽松，强制排除的范围过于狭窄；其次对物证、书证等实物证据以及违反法定程序取得的证据，只要公诉机关作出合理的解释说明或补正，基本都不会被排除；再次基于刑讯逼供等非法手段被告人作出有罪供述，之后又对被告人进行重新审讯得到同样的供述的，人民法院基于一定的情形可以不予以排除；最后对于非法收集证据的证明责任由被告人承担，但是被告人除了能证明严重暴力取证的违法行为外，对于其他的违法行为的举证难度过大，导致很多情况下非法证据无法在审判阶段排除。①笔者以为要加大对非法证据的排除，就应当从以下几方面对非法证据排除规则进行修改。首先应当具体确定非法取证的手段，加大非法证据强制排除的范围，对于因侦查机关严重违反犯罪嫌疑人的合法权益而获取的证据应当基于对犯罪嫌疑人的保护而强制排除；其次对于侦查人员采取刑讯逼供等行为对犯罪嫌疑人、被告人进行审讯得出其有罪的供述后，下一次更换侦查人员再次对其进行审讯，无论其供述结果如何，都应当将其排除。因为本身犯罪嫌疑人、被告人就处于弱势地位，其在经历了刑讯逼供后对侦查机关本就存在恐惧心理，所以为了维护其合法权益，应当将该供述排除。最后要减小被告人对非法取证行为的证明责任。作为证据的收集者，侦查人员本身就有证明证据合法性的职责，所以被告人只需初步证明侦查人员存在非法取证的可能性，然后证明责任就转移到侦查人员身上。

---

① 刘磊. 非法证据排除规则的中国范式:困境与出路[J]. 武汉大学学报(哲学社会科学版),2018,71(6):152-169.